Thorsten Klein

Algokratie –
wie Algorithmen die Demokratie gefährden

Studien zur politischen Kommunikation
Studies in Political Communication

begründet und bis Band 11 herausgegeben von
founded and edited up to volume 11 by

PD Dr. Jens Tenscher (†)

Band / Volume 15

LIT

Thorsten Klein

Algokratie –
wie Algorithmen die Demokratie
gefährden

LIT

Gedruckt auf alterungsbeständigem Werkdruckpapier entsprechend
ANSI Z3948   DIN ISO 9706

Bibliografische Information der Deutschen Nationalbibliothek
Die Deutsche Nationalbibliothek verzeichnet diese Publikation in der
Deutschen Nationalbibliografie; detaillierte bibliografische Daten sind
im Internet über http://dnb.dnb.de abrufbar.

ISBN 978-3-643-14891-9 (br.)
ISBN 978-3-643-34891-3 (PDF)
Zugl.: Flensburg, Univ., Diss., 2020

© LIT VERLAG Dr. W. Hopf Berlin 2021
Verlagskontakt:
Fresnostr. 2   D-48159 Münster
Tel. +49 (0) 2 51-62 03 20
E-Mail: lit@lit-verlag.de   https://www.lit-verlag.de

Auslieferung:
Deutschland: LIT Verlag, Fresnostr. 2, D-48159 Münster
Tel. +49 (0) 2 51-620 32 22, E-Mail: vertrieb@lit-verlag.de

Für Jannis

INHALT

1 EINLEITUNG

1.1 MEDIENWELT IM WANDEL: ALGORITHMEN IN SOZIALEN MEDIEN UND IHRE AUSWIRKUNGEN

„Eine Demokratie ist Herrschaft auf Zeit und zeichnet sich zentral dadurch aus, dass die Minderheit die Chance haben muss, zur Mehrheit zu werden. Das setzt die Möglichkeit der offenen politischen Auseinandersetzung voraus, die von Grundrechten wie Meinungsfreiheit, Pressefreiheit und Versammlungsfreiheit gewährleistet wird. Werden diese Rechte übermäßig eingeschränkt, schnürt das – so die historische Erfahrung – der Demokratie die Luft ab.“[1] Das Zitat des Verfassungsrichters Andreas Voßkuhle macht deutlich, dass der freie Informationszugang für eine Demokratie essenziell ist. Dieser freie Zugang wird in Frage gestellt, wenn sich der Bürger[2] ausschließlich über soziale Netzwerke informiert. Dort nämlich werden die Informationen selektiert – nicht nach transparenten Kriterien, sondern von anonymen Algorithmen. Im Wechselspiel zwischen Medienmachern, Mediennutzern und Medientechnik entstehen neue Wechselwirkungen in den verschiedenen Disziplinen: von der Demokratietheorie über die Medienpolitik, von der Medienwissenschaft, der Politikwissenschaft, der Soziologie bis hin zur Psychologie. Dies stellt nicht nur die Kommunikation der öffentlichen Hand vor neue Herausforderungen. Welche Rolle der Kommunikation des Staats in der Demokratie zuteilwird, zeigt insbesondere die Leitentscheidung des Bundesverfassungsgerichts von 1977. Demnach ist staatliche Öffentlichkeitsarbeit nicht nur verfassungskonform, sondern auch notwendig. Schließlich habe der Staat den Bürgern nötige Informationen zur freien Meinungsbildung zur Verfügung zu stellen: Die Demokratie des Grund-

---

[1] Das komplette Interview ist im Internet abrufbar: https://www.waz.de/politik/verfa ssungsrichter-in-sorge-um-demokratie-in-usa-und-tuerkeiid210046853.html (Zugriff: 16.04.2017).

[2] Aus Gründen der Einfachheit und besserer Lesbarkeit wird ausschließlich das männliche Genus verwandt, womit selbstverständlich der Autor keine Diskriminierung des weiblichen Geschlechts oder anderer Geschlechter verknüpft.

gesetzes bedürfe weitgehenden Einverständnisses der Bürger mit der vom Grundgesetz geschaffenen Staatsordnung.[3] Im Urteil heißt es weiter, eine verantwortliche Teilhabe der Bürger an der politischen Willensbildung des Volkes setze voraus, dass der Einzelne von den zu entscheidenden Sachfragen, von den durch die verfassten Staatsorgane getroffenen Entscheidungen, Maßnahmen und Lösungsvorschlägen genügend weiß, um sie beurteilen, billigen oder verwerfen zu können. Hierzu sei staatliche Öffentlichkeitsarbeit notwendig. Je mehr Wissen der Einzelne abrufen könne, umso eher könne er seiner Rolle als selbstverantwortliches Glied der Rechtsgemeinschaft nachkommen. Aus dem Urteil lässt sich ableiten, dass der Staat eine Pflicht zur Herstellung von Transparenz hat und die Information dabei sachgerecht, objektiv gehalten, parteipolitisch neutral und allgemein verständlich sein muss.[4]

Allerdings: die Medienwelt hat sich geändert. „In einem medienhistorisch beispiellos kurzen Zeitraum hat sich ein breites Spektrum von Online-Medien herausgebildet, also von Medien, die Kommunikationsmöglichkeiten auf der Basis von vernetzten Computern öffnen. [...] Die Entwicklung ist längst nicht abgeschlossen, und ihre Dynamik wird durch immer neue Innovationen vorangetrieben."[5] Diese Innovationen lassen sich historisch einordnen, beginnend bei der Erfindung des Buchdrucks, über die Einführung und Entwicklung von Funk und Fernsehen, des Web 1.0, von Social Media bis hin zur mobilen Nutzung des Internets. Die Digitalisierung ist nicht aufzuhalten.[6] Es ist keine neue Erfahrung, dass auf eine technische

---

[3] BVerfG 44, 125 – Öffentlichkeitsarbeit, im Internet abrufbar: http://sorminiserv. unibe.ch:8080/tools/ainfo.exe?Command=ShowPrintText&Name=bv044125 (Zugriff: 22. Mai 2017).

[4] Vgl. ebd.

[5] Vowe, G. (2013). Politische Kommunikation in der Online-Welt. Welchen Einfluss hat das Internet auf die politische Information, Diskussion und Partizipation?. S. 87. In: Czerwick, E. (Hrsg.). Politische Kommunikation in der repräsentativen Demokratie der Bundesrepublik Deutschland. Festschrift für Ulrich Sarcinelli.

[6] Vgl. hierzu auch die Übersicht zur technologischen Entwicklung bei Wiedemann, H. & Noack, L. (2016). Mediengeschichte Onlinemedien. In: Altendorfer, O. & Hilmer, L. (Hrsg.) (2016). Medienmanagement. Band 2: Medienpraxis – Mediengeschichte – Medienordnung. Wiesbaden: Springer VS. S. 213–248.

Erfindung neue technische Möglichkeiten folgen, die wiederum neue Formen der Kommunikation zulassen; Stichwort: soziale Netzwerke.

Social Media verändern Öffentlichkeiten, die nach Thomas Pleil bislang verstanden wurden „als Summe frei zugänglicher Kommunikationsforen" und hergestellt wurden „durch Massenmedien und damit durch professionelle Kommunikatoren".[7] Zu diesen Massenmedien gesellt sich heutzutage das Internet dazu, das wiederum Grundlage dafür ist, dass sich laufend neue Öffentlichkeiten bilden können. „Untereinander können diese vergleichsweise kleinen Öffentlichkeiten hochvernetzt sein, ein Umstand, der für die Verbreitung von Themen bedeutsam ist. Zudem bestehen im Einzelfall Wechselwirkungen zwischen der klassischen Medienöffentlichkeit und den neuen virtuellen Öffentlichkeiten, wie sie im Social Web entstehen."[8]

Für die PR-Branche etwa konstatiert Pleil weiter, dass die ursprüngliche Annahme, Online-PR sei lediglich mit dem „Bedienen eines weiteren Kommunikationskanals gleichzusetzen"[9], inzwischen von der Kenntnis überholt worden ist, dass die Kommunikation über Online-Medien die gesamte Kommunikation und Ausrichtung einer Organisation verändert. Dies haben die oben genannten Ausführungen deutlich gemacht; sie können auch mit dem Begriff disruptiv umschrieben werden. Die Gründe hierfür sind in der von den technologischen Entwicklungen bedingten Veränderung zu finden. Social Media erfordern eine höhere Transparenz und führen zu einer zunehmenden Bedeutung der Rezipienten, die mit der Organisation in Interaktion treten, sich selbst in digitalen Öffentlichkeiten organisieren und mobilisieren können. Diese Mobilisierung setzt eine Vernetzung (Organisation) voraus, die dank der Digitalisierung niedrige Hürden aufweist. In Verbindung mit immer neuen Kommunikationskanälen und dem Wegfall der klassischen Arbeitszeiten stellt dies eine Organisation vor besondere Herausforderungen. Ulrich Sarcinelli sieht die Politik aufgrund der „Zunahme

---

[7]   Pleil, T. (2015). Online-PR. Vom kommunikativen Dienstleister zum Katalysator für ein neues Kommunikationsmanagement. S. 1020. In: Fröhlich, R., Szyszka, P. & Bentele, G. (Hrsg.) (2015). Handbuch der Public Relations. Wissenschaftliche Grundlagen und berufliches Handeln. Mit Lexikon. S. 1017–1038.

[8]   Ebd.

[9]   Ebd.

von Anbietern und Plattformen im Medienmarkt" unter Druck, eigene „expressive [...] Mittel zur Aufmerksamkeitsgenerierung" einzusetzen[10], um im Kampf um Aufmerksamkeit bestehen zu können.

Karl-Rudolf Korte sei in Ergänzung hierzu zitiert, der vom dauerhaften „Kommunikationsstress" spricht, der zwar nicht neu ist, aber unter den Bedingungen von „Überall-Medien" eine neue Dimension erreicht hat.[11] Die Politik und damit auch die politische Kommunikation – im speziellen Fall: die Regierungskommunikation – steht vor der Herausforderung, diese Komplexität zu managen. So pauschal die Regierungskommunikation hier genannt wird, so diffizil ist die Umsetzung. Sarcinelli nennt „sach- und machtpolitische Konstellationen, spezifische institutionelle Arrangements und die Einbindung in die Kontingenz politisch-historischer Ereignisse" als Gründe für „ganz unterschiedliche [...] Informationspraktiken und Kommunikationsweisen".[12]

Wir leben in einer Mediengesellschaft. Der Begriff der Mediengesellschaft lehnt sich hier an Schulz an, wonach „sich die Medien immer mehr ausbreiten und die publizistische Informationsvermittlung enorm beschleunigen", wonach „sich neue Medientypen herausbilden und immer tiefer die gesamte Gesellschaft durchdringen", wonach „Medien auf Grund ihrer Reichweite gesamtgesellschaftliche Aufmerksamkeit und Anerkennung beanspruchen".[13] Dabei steht laut Schulz die Medialisierung der Gesellschaft in Wechselwirkung mit Prozessen des technischen und ökonomischen Wandels sowie des allgemeinen sozialen Wandels und werde durch diese teils verstärkt, teils modifiziert. Die Digitalisierung und Konvergenz der Medientechniken wirken im Prozess der Medialisierung verstärkend; paral-

---

[10]　Vgl. Sarcinelli, U. (2011). Politische Kommunikation in Deutschland. Medien und Politikvermittlung im demokratischen System. S. 350.

[11]　Vgl. Korte, K.-R. (2013). Kommunikationsstress: Politisches Entscheiden unter den Bedingungen von Überall-Medien. S. 121. In: Czerwick, E. (Hrsg.). Politische Kommunikation in der repräsentativen Demokratie der Bundesrepublik Deutschland. Festschrift für Ulrich Sarcinelli.

[12]　Sarcinelli, U. (2013). Legitimation durch Kommunikation? Politische Meinungs- und Willensbildung in der „post-modernen" Demokratie. S. 99. In: Korte, K. & Grunden, T. (Hrsg.) (2013). Handbuch Regierungsforschung. Wiesbaden: Springer VS. S. 93–102.

[13]　Schulz, W. (2011). Politische Kommunikation. Theoretische Ansätze und Ergebnisse empirischer Forschung. S. 31.

lel werden die Medienmärkte liberalisiert. „Deren Folgen – zunehmender Wettbewerb und Kommerzialisierung der Medieninhalte – verändern die Arbeitsbedingungen in den Medien, die Inhalte und Formate der Medienprodukte. Zugleich wächst die Bedeutung von Massenkommunikation als Quelle der Orientierung und Sinnstiftung."[14] Die veränderten Arbeitsbedingungen wirken genauso auf die politische Kommunikation im Allgemeinen und die Regierungskommunikation im Speziellen.

Den hier angesprochenen Wandel der Medienwelt durch die Digitalisierung mitsamt den Auswirkungen auf die Arbeit des Kommunikators im Speziellen, auf die Branche im Allgemeinen und die Gesellschaft in Gänze hat der Autor dieser Studie in verschiedenen Funktionen erfahren. Daher stellte sich ihm auch die Frage, wie sehr die technologischen Entwicklungen Einfluss auf das Berufsbild nehmen und inwiefern sich der Alltag des Kommunikators weiter verändern wird. Die Digitalisierung nämlich setzt für die Medien- und PR-Branche eine Folgekette in Gang, die sich in etwa wie folgt darstellen lässt: Eine technische Erfindung führt zu neuen technischen Möglichkeiten, die wiederum neue Formen der Kommunikation zulassen. Hier sind insbesondere die sozialen Netzwerke zu nennen, die „nicht nur neue und direkte Kommunikationskanäle und Beziehungsmöglichkeiten zwischen Stakeholdern sowie zwischen Stakeholdern und Organisationen ermöglich[en], sondern in Organisationen auch Auswirkungen auf das PR-Verständnis bzw. die allgemeinen PR-Strategien haben [können]"[15].

Intention dieser Untersuchung war es deshalb, den Status quo zu erheben und einen Ausblick zu wagen. Hierzu bediente sich der Autor der qualitativen Erhebung mittels 16 Experteninterviews. Diese kann selbstredend keinen Anspruch auf Vollständigkeit erheben. Wohl aber lieferten die Interviewpartner – Journalisten, Blogger, Regierungssprecher, Medienpolitiker, politische Amtsträger, Informations- und Kommunikationswissenschaftler, Kommunikationsberater – dank ihrer Expertise und Perspektive wertvolle Hinweise und Sichtweisen, die einen sehr guten Gesamteindruck ergeben. Sie trugen ihren Teil dazu bei, ein Thema, zu dem es bislang keine Nachweisforschung gibt, explorativ neu zu ergründen.

---

[14]   Ebd.
[15]   Pleil, T. (2015), a. a. O.

Sie ermöglichen vor allem einen Eindruck von den Auswirkungen des Internets im Alltag, die sich in Zeiten der Digitalisierung und Globalisierung nicht regional oder national eingrenzen lassen. Sie machen vor Grenzen nicht halt und haben eine internationale Dimension. Ein twitternder US-Präsident Donald Trump sorgte mit seinen Äußerungen über einen digitalen Kanal für globale Folgen. Auch wenn der Blick auf das Globale lohnend scheint, soll hier doch der Schwerpunkt auf der deutschen Gesellschaft, dem deutschen Mediensystem und der deutschen Regierungskommunikation liegen. Die Beschränkung auf den nationalen Kontext wird damit begründet, dass zum einen Forschungslandschaft und Quellenlage hierzulande übersichtlich sind und mit der Schließung von Forschungslücken naheliegenderweise zunächst hierzulande begonnen werden sollte. Zum anderen ist auch die Expertise des Autors vor allem hier fokussiert; dementsprechend sind die Experten ausgewählt worden. Sie sollen mit ihrer Expertise eine Thematik neu ergründen, mit deren Ausleuchtung der Autor u. a. das Ziel verfolgt, Spuren für weitere Forschungsvorhaben zu legen.

Im Folgenden soll zunächst anhand der aktuellen wissenschaftlichen Literatur in Kombination mit relevanten Quellen aus den tagesaktuellen Medien der Wandel der Mediengesellschaft durch die Digitalisierung beleuchtet werden. Dabei wird auf bereits bekannte Phänomene wie beispielsweise Fake News oder Filterblasen eingegangen und deren neue Dimension durch die Technisierung dargestellt. Die Darstellung wird in zwölf Themenkomplexen zusammengefasst und zu je einer Leitfrage formuliert.

Zur Formulierung der Leitfragen dient die Klassifizierung von Jan-Hinrik Schmidt. Schmidt unterscheidet bei den möglichen Einschränkungen der Meinungsbildung in und mit sozialen Medien drei miteinander zusammenhängende Faktoren: psychologische, soziologische und technologische.[16] Aus der psychologischen Forschung sind hier die Strategien der selektiven Informationsauswahl sowie die Theorie der kognitiven Dissonanz zu nennen. Aus der soziologischen Forschung etwa ist die Homophilie bekannt, auf die die Redewendung „Gleich und gleich gesellt sich gern" zutrifft. Alle diese Merkmale treffen in den sozialen Medien auf technische Mechanismen, die diverse Effekte verstärken können.[17]

---

[16] Vgl. Schmidt, J.-H. (2018). Social Media, 2. Auflage, S. 67
[17] Vgl. ebd., S. 68.

Die vorgenommene Kategorisierung hilft, die Interviewaussagen in der Auswertung zu unterscheiden und zuzuordnen. Die Kategorie „Psychologisch" richtet dabei den Fokus auf den Menschen als Protagonisten, welche Auswirkungen sich auf ihn und seine Arbeitswelt ergeben. Unter „Soziologisch" werden jene Aspekte in den Mittelpunkt gestellt, die sich explizit auf die Organisation beziehen, was für diese Arbeit insbesondere eine Behörde bedeutet. Es geht darum, mit welchen Veränderungen sich das System des Öffentlichen Dienstes in der Regierungskommunikation auseinandersetzen muss. Die Kategorie „Technologisch" vereint jene Aspekte, bei denen neue technische (Hilfs-) Mittel für Konsequenzen in der Arbeitswelt sorgen. Diese Differenzierung sowie die Orientierung an Leitfragen geben den Rhythmus der Untersuchung vor, die sich auf zwei Methoden stützt: die qualitative Inhaltsanalyse nach Philipp Mayring sowie die Grounded Theory Methodology.

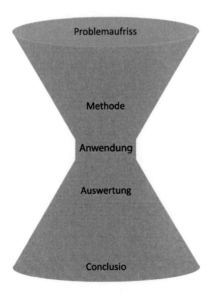

Abbildung 1: Untersuchungsdesign. Eigene Darstellung.

1.2 ANALYSE: EXPERTENMEINUNGEN UND -PROGNOSEN

Die vorliegende Untersuchung ist dem qualitativen Forschungsgedanken entsprungen, die Thematik über die durch die Digitalisierung sich verändernde Regierungskommunikation neu zu ergründen. Die in der Einführung beschriebenen Phänomene wie Fake News, Filterblasen, Echokammern und Agenda Setting sind zwar im nationalen Kontext in der Literatur bereits bekannt, allerdings nicht vor dem Hintergrund des digitalen Wandels. Erschwerend kommt hinzu, dass sich eine Technologie in einer Geschwindigkeit ausbreitet, die für eine wissenschaftliche Erhebung und Untersuchung des Status quo zu schnell voranschreitet. Eine Nachweisforschung existiert nach Recherchen des Autors kaum. Daraus resultierte der naheliegende Ansatz, Interviewpartner zu befragen, die mit ihrer jeweiligen Expertise einen Einblick in das Alltagsgeschäft zulassen. Die Leitfadeninterviews sollen einen Einblick geben, wie der jeweilige Befragte das Thema aus seiner Expertise heraus wahrnimmt, bewertet und damit umgeht. „Experteninterviews sind leitfadengestützte Gespräche mit Leistungsrollenträgern in gesellschaftlichen Teilbereichen.“[18] Laut Kaiser verfolgen Leitfadeninterviews das Ziel, „spezifische Informationen über ein zu untersuchendes Phänomen zu generieren, die anderweitig nicht zu erhalten wären“[19].

Das Ziel der Experteninterviews besteht in einer ersten Orientierung im Feld, in einer Schärfung des wissenschaftlichen Problembewusstseins und in der Hypothesengenerierung. Es geht nicht darum, bestimmte Informationslücken zu schließen. Sondern es geht darum, eine möglichst breite Palette an Informationen und Wissen zum Forschungsgegenstand zu erhalten. Bogner et al. sprechen in diesem Zusammenhang von explorativen Experteninterviews.[20] Als Indikator für Exklusivwissen gilt nach Blöbaum et

---

[18] Blöbaum, B., Nölleke, D. & Scheu A. (2016). Das Experteninterview in der Kommunikationswissenschaft. In: Averbeck-Lietz, S. & Meyen, M. (Hrsg.): Handbuch nicht standardisierte Methoden in der Kommunikationswissenschaft. S. 176.

[19] Kaiser, R. (2014). Qualitative Experteninterviews. Konzeptionelle Grundlagen und praktische Durchführung. S. 31.

[20] Vgl. Bogner, A., Littig, B. & Menz, W. (2014). Interviews mit Experten – Eine praxisorientierte Einführung. S. 23.

al. die berufliche Position.[21] Die persönlichen Interviews fanden zwischen August 2017 und Februar 2018 statt und dauerten je zwischen 40 und 90 Minuten.

Zur Auswertung ihrer Aussagen kam der explorative Ansatz der oben genannten qualitativen Forschungsmethoden zum Einsatz, mit denen sich verbale Inhalte analysieren lassen: die qualitative Inhaltsanalyse nach Philipp Mayring sowie die Grounded Theory Methodology (kurz: GTM) nach Barney B. Glaser und Anselm L. Strauss.

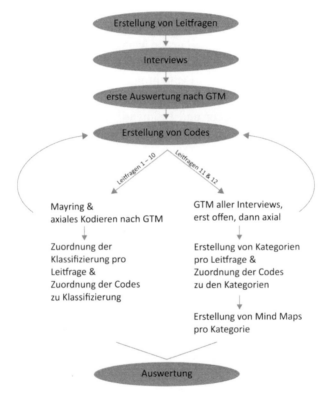

Abbildung 2: Methodische Vorgehensweise. Eigene Darstellung.

---

[21] Vgl. Blöbaum B., Nölleke, D. & Scheu A. (2016), a. a. O., S. 179.

1.3 AUSWERTUNGSMETHODE: QUALITATIVE INHALTSANALYSE NACH MAYRING UND GROUNDED THEORY METHODOLOGIE

Bei der Inhaltsanalyse nach Mayring handelt es sich nach Stefan Titscher et al.[22] um die am häufigsten angewandte Form textanalytischer Methoden. Philipp Mayring selbst beschreibt als Stärke der Inhaltsanalyse, dass sie „streng methodisch kontrolliert den Inhalt schrittweise analysiert. Sie zerlegt ihn in Einheiten, die sie nacheinander bearbeitet."[23]

Mayring und Fenzl[24] sehen in der Inhaltsanalyse ein Verfahren qualitativ orientierter Textanalyse, „das mit dem technischen Know-how der quantitativen Inhaltsanalyse [...] große Materialmengen bewältigen kann, dabei aber im ersten Schritt qualitativ-interpretativ bleibt und so auch latente Sinngehalte erfassen kann"[25]. Demzufolge werden neben den expliziten Inhalten des Textes auch dessen Entstehungskontext und Implikationen des Textmaterials erfasst.[26] Becker und Lißmann[27] nennen dies die „verschiedenen Schichten des Inhalts", die von der Inhaltsanalyse erfasst werden, weil mit ihr über den manifesten Inhalt und die formalen Aspekte des Texts hinaus gearbeitet wird. Dadurch werden auch subjektive Bedeutungen des Inhalts Gegenstand der Analyse.

Zur Bildung der Kategorien unterscheidet die Inhaltsanalyse zwischen zwei verschiedenen Vorgehensweisen: induktiv, also am konkreten Aussageninhalt entwickelt, oder theoriegeleitet-deduktiv, ein Ansatz, bei dem die genaue Definition der theoriegeleiteten Kategorien über die Zuordnung einer Textstelle zu einer Kategorie entscheidet.[28] Beide Grundformen der In-

---

[22] Vgl. Titscher, S., Meyer, M., Wodak, R. & Vetter, E. (2000): Methods of Text and Discourse Analysis. London: Sage. S. 55.
[23] Mayring, P. (2016). Einführung in die qualitative Sozialforschung. S. 114.
[24] Mayring P, & Fenzl, T. (2014). Qualitative Inhaltsanalyse. In: Baur, N. & Blasius, J. (Hrsg.) (2014): Handbuch Methoden der empirischen Sozialforschung. S. 543.
[25] Ebd.
[26] Vgl. Mayring, P. (2015). Qualitative Inhaltsanalyse, Grundlagen und Techniken. 12., überarbeitete Auflage. Beltz Verlag. Weinheim und Basel. S. 12f.
[27] Becker, J. & Lißmann, H. (1973). Inhaltsanalyse – Kritik einer sozialwissenschaftlichen Methode. S. 59. In: Adrian, W., Enke, E. & Schössler, D. Arbeitspapiere zur politischen Soziologie. Günter Olzog Verlag. München. S. 39–79.
[28] Vgl. Mayring, P. (2015), a. a. O., S. 85.

haltsanalyse können sowohl einzeln als auch in Kombination zur Sichtung und Auswertung des Inhalts angewendet werden.[29]

Nach der qualitativen Auswertung kann auch eine quantitative Weiterverarbeitung erfolgen.[30] Nach Mayring sollten qualitative und quantitative Analyseschritte nicht als Gegensätze verstanden, vielmehr sollten sie miteinander verbunden werden.[31]

Die Grounded Theory Methodologie ist nach Günter Mey und Katja Mruck mehr Forschungsstil als „einfache" Methode.[32] Strübing sieht in ihr eine „konzeptuell verdichtete, methodologisch begründete und in sich konsistente Sammlung von Vorschlägen, die sich für die Erzeugung gehaltvoller Theorien über sozialwissenschaftliche Gegenstandsbereiche als nützlich erwiesen haben."[33] Der Fokus bei der GTM liegt darauf, die Entwicklung neuer Theorien auf der Grundlage von „in der Sozialforschung gewonnenen Daten planvoll und systematisch zu generieren"[34] und dabei theoretische Vorannahmen möglichst weitgehend auszublenden.[35] Eine substanzielle Theorie entsteht demnach im Laufe der Arbeit, indem Forscher permanent kodieren und gleichzeitig auch analysieren, um Konzepte aus den Daten heraus zu entwickeln.[36] Die festgehaltenen Ergebnisse sollen in einen konzeptuellen Rahmen eingebettet werden, um eine umfassende und zu-

---

[29] Vgl. Mayring, P. (2000). Qualitative Content Analysis. Forum Qualitative Sozialforschung/Forum: Qualitative Social Research, 1(2). Online verfügbar: http://www.qualitative-research.net/index.php/fqs/article/view/1089/2383. Zuletzt abgerufen am 18.07.2018.

[30] Vgl. Rössler, P. (2014). Synergien zwischen Verschlagwortung und Codierung. Zur Verknüpfung von digitaler Erschließung und quantitativer Inhaltsanalyse. In: Sommer, K., Wettstein, M., Wirth, W. & Matthes, J. (Hrsg.). Automatisierung in der Inhaltsanalyse. Methoden und Forschungslogik der Kommunikationswissenschaft. S. 162–173.

[31] Vgl. Mayring, P. (2016). Einführung in die qualitative Sozialforschung. S. 117.

[32] Vgl. Mey, G. & Mruck, K. (Hrsg.) (2011). Grounded Theory Reader, 2., aktualisierte und erweiterte Auflage. S. 13.

[33] Strübing, J. (2014). Grounded Theory. Zur sozialtheoretischen und epistemologischen Fundierung eines pragmatischen Forschungsstils. S. 3.

[34] Glaser, B. & Strauss, A. (2010). Grounded Theory. Strategien qualitativer Forschung. Huber. Bern. 3. Auflage. S. 46.

[35] Vgl. Hussy, W., Schreier, M. & Echterhoff, G. (2013). Forschungsmethoden in Psychologie und Sozialwissenschaften für Bachelor. S. 201.

[36] Vgl. Taylor, S. & Bogdan, R. (1998). Introduction to Qualitative Research Methods. A Guidebook and Resource. S. 137.

sammenhängende Theorie zu entwickeln.[37] Der sich anschließende Prozess der Kontrastbildung dient dazu, die aus den Daten abgeleiteten Kategorien miteinander zu vergleichen und in Beziehung zu setzen.[38]

Beim anschließenden Kodieren, also der Zuordnung von Textinhalten zu Kategorien, unterscheidet man unterschiedliche Vorgehensweisen. Beim offenen Kodieren werden so genannte In-vivo-Codes generiert, indem Fall-zu-Fall-Vergleiche in möglichst kleinen Kodiereinheiten differenziert werden.[39] In-vivo-Codes werden definiert als Codes, die auf im Feld verwendete Begrifflichkeiten zurückgehen und während permanenter Vergleichsprozesse zu einer überschaubaren Anzahl von Kategorien zusammengefasst werden. Zentral hierfür sind die Konstrukte, denen die In-vivo-Codes untergeordnet sind.[40]

Beim selektiven Kodieren wird das Kategoriensystem gesättigt und eine vorläufige Leitidee entwickelt. Anhand von Fall-zu-Kategorien-Vergleichen werden Kategorien modifiziert. Dabei werden allgemeine, spezielle, gegensätzliche und inverse Fälle berücksichtigt. Einbezogen werden lediglich Kategorien und Ereignisse, die eine theoretische Beziehung zur Kernkategorie aufweisen.[41]

Beim theoretischen Kodieren wird die bestehende Leitidee ausdifferenziert, indem die Kernkategorie entwickelt wird. Das bedeutet auch, dass im Rahmen dessen die Beziehungen zwischen den Kategorien sowie die Bedingungen, unter denen diese Beziehungen gelten, ausgearbeitet werden.

Festzuhalten ist, dass die beiden methodologischen Ansätze, Inhaltsanalyse nach Mayring und Grounded Theory Methodology, grundlegende Gemeinsamkeiten aufweisen. Für diese Untersuchung, die erst die Inhaltsanalyse und die GTM verbindet und die in einem weiteren Schritt mit der

---

[37] Vgl. Strauss, A. & Corbin, J. (1996). Grounded Theory: Grundlagen qualitativer Sozialforschung. Beltz. Psychologie-Verlags-Union. Weinheim. S. 93.
[38] Vgl. Schmidt, J., Dunger, C., & Schulz, C. (2015). Was ist „Grounded Theory"? In: Schnell, M., Schulz, C., Heller, A. & Dunger, C. (Hrsg.). Palliative Care und Hospiz. Eine Grounded Theory. S. 35–59. Springer VS, Wiesbaden.
[39] Vgl. Glaser, B. (1978). Theoretical sensitivity: Advances in the methodology of grounded theory. Sociology Press.
[40] Vgl. Glaser, B. (1978), a. a. O.; Strauss, A. & Corbin, J. (1996), a. a. O., S. 50.
[41] Vgl. Übersicht 1 in: Mey, G. & Mruck, K. (Hrsg.) (2011). Grounded Theory Reader, 2., aktuallslerte und erweiterte Auflage. S. 36.

GTM arbeitet, sind insbesondere drei Übereinstimmungen beider Methoden relevant: das stete und kontinuierliche Überarbeiten der eigenen Ergebnisse, die Erfassung der tieferen Bedeutung des Textes sowie die Differenzierung zwischen deduktiver und induktiver Vorgehensweise, über die je nach Forschungsgegenstand frei entschieden werden kann.[42]

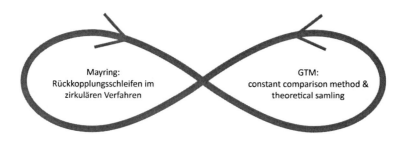

Abbildung 3: Integration von GTM und qualitativer Inhaltsanalyse. Eigene Darstellung.

---

[42] Untersuchungsmethode und Vorgehensweise sind hier nur verkürzt dargestellt, ausführlicher in: Klein, Thorsten: Algokratie – eine Gefahr für die Demokratie? Dissertation zur Erlangung des Grades Doktor der Philosophie an der Europa-Universität Flensburg. Feb. 2019.

2 EXPERTEN-BEFUND:
ALGORITHMEN GEFÄHRDEN DIE DEMOKRATIE

Unbestritten ist das Internet zu einem integralen Bestandteil des Alltags geworden. Mit der Bedeutung für die Bürger ist auch die Bedeutung des Internets als journalistisches Medium gestiegen. Im Internet werden nicht nur journalistische Arbeiten abgebildet und wiedergegeben, das Internet ermöglicht *user generated content*, also vom Nutzer generierten Inhalt. Daher wird mittlerweile die Frage nach der Relevanz dieses Mediums für die politische Meinungsbildung in der Demokratie diskutiert.[43] Was aber sind genau die Faktoren und Phänomene, die hier Einfluss gewonnen haben?

2.1 WANDEL DES NUTZUNGSVERHALTENS UND KONSEQUENZEN

Im Dreiecksverhältnis von Medienmacher (hier: Staat), Medientechnik (hier: Internet) und Mediennutzer (hier: Bürger) ist bei gleichem Produzenten und veränderter Technik ein potenziell verändertes Nutzungsverhalten interessant. Hierzu gibt es allerdings nur eine begrenzte Anzahl an hilfreichen Studien. Studien, deren Datenbasis vor dem Jahr 2000 erhoben worden ist, hat der Autor als überholt ausgemacht. Damals wurde das Internet nicht ausreichend genug als eigenständiges Medium ausgewiesen, die sozialen Netzwerke spielten keine Rolle und es wurden demzufolge auch keine Daten abgefragt.

Die erste Leitfrage zielt auf die Auswirkungen durch den Medienwandel ab. Sie befasst sich mit der Frage, inwiefern sich die Medienbranche psychologisch, technologisch und soziologisch durch die Digitalisierung verändert hat, welche Rolle die klassischen Medien einnehmen und welche Bedeutung den sozialen Netzwerken zukommt.

---

[43] Der vollständige Vortrag von Prof. Birgit Stark mit dem Titel: „Gefangen in der Echokammer? Politische Meinungsbildung auf Facebook" ist im Internet abrufbar: http://www.wwwagner.tv/?p=34923 (Zugriff: 16.04.2017).

Die Medienlandschaft befindet sich in einem stetigen Wandel, bei dem nur die Veränderung eine Konstante zu sein scheint. Ein treuer Begleiter war dabei der technologische Fortschritt – von der Erfindung des Buchdrucks bis hin zur Verbreitung von Social Media. Diese jüngste Entwicklung der Medienlandschaft sehen die für diese Untersuchung Befragten ambivalent. Die Einschätzungen reichen von der Ablösung der klassischen Medien durch Social Media über die zunehmende Bedeutung von klassischen Medien bis hin zum Internet, das nicht als Medium gewertet werden kann.

EINFLUSS VON SOCIAL MEDIA AUF KLASSISCHE MEDIEN

Unbestritten ist, dass die sozialen Netzwerke einen Einfluss auf die traditionelle Medienlandschaft haben. Drei Interviewpartner sprechen davon, dass soziale Netzwerke die klassischen Medien abgelöst haben bzw. ablösen werden. Dies wird damit begründet, dass es alleine in Deutschland „fast 30 Millionen Facebook-Nutzer" gibt und Facebook „für viele in den USA, das haben wir jetzt auch gerade im Trump-Wahlkampf gesehen, [...] eine der Hauptinformationsquellen überhaupt [war]. Die abonnieren keine Zeitung mehr und einen öffentlich-rechtlichen Rundfunk gibt es in den USA sowieso so gut wie gar nicht."

Vorausgesetzt, dass soziale Netzwerke die Hauptinformationsquelle sind, werden „die klassischen Medien [...] sukzessive abgelöst durch Informationen aus sozialen Medien". Dabei müsse man aufpassen, dass durch „die Zurückdrängung der klassischen Medien, insbesondere der Zeitung [...] insbesondere Ältere, [die] auf diese klassischen Medien angewiesen sind, [...] nicht von den Informationen [abgekapselt werden]". Gleichzeitig sinke laut einem Interviewten die Bedeutung der klassischen Medien für die Informationsbeschaffung, während ein anderer Interviewpartner feststellt, dass „die Formen in den neuen Medien, wie Informationen vermittelt werden, [...] nicht so wie in seriösen Zeitungen vermittelt [werden]. Das Ganze hat auch immer einen gewissen Unterhaltungsfaktor." Dieser Trend zur Unterhaltung darf als Begleiterscheinung der Boulevardisierung angesehen werden und steht in Verbindung mit der Popularisierung.

Die Entwicklung der herkömmlichen Medien wird wegen der Digitalisierung als schnelllebig und ihre Situation als „zunehmend prekär" beschrieben. Dabei gehe ein gewisser Einfluss von Social Media auf klassische Medien aus: „Wenn die klassischen Medien [. . .] Berichte schreiben oder ihre Nachrichtensendungen machen, sind sie in der Regel schon stundenlang von den Diskussionen auf den sozialen Plattformen berieselt worden." Dies wirkt sich damit auch auf das Agenda Setting aus, das in der siebten Leitfrage ausführlicher behandelt wird.

Kam den klassischen Medien beim Agenda Setting bislang eine tragende Rolle zu, so verändert sich mit dem Dasein von sozialen Netzwerken auch ein weiterer Aspekt, nämlich dass die klassischen Medien ihr „Alleinstellung[smerkmal], [. . .] um Nachrichten zu transportieren und um Menschen damit auch beeinflussen zu können, [. . .] weg [ist]." Der Grund ist, dass jeder dank der Technologie selber senden kann.

Wenn sich das Agenda Setting in Richtung Online-Welt erweitert und dort jeder Nutzer zum Produzenten werden kann, liegt es auf der Hand, dass sich auch die klassischen Medien verstärkt um ihre Online-Präsenz bemühen. Deshalb ist es nur konsequent, dass klassische Medien die sozialen bedienen bzw. zur Verbreitung der eigenen Informationen die sozialen Netzwerke nutzen. „Sie wollen ja auch irgendwie da sein, wo ihre neuen Publika herumturnen. Das sind immer noch die alten Medien, aber sie gehen über einen anderen Kanal." Umgekehrt bedienen sich die sozialen Medien der klassischen Medien in „großem Umfang", wenn klassische Medien ihre Nachrichten dort ausspielen. Davon profitieren dann inhaltlich auch die sozialen Netzwerke.

„Der Trend ist ganz klar, dass das, was digital [. . .] oder viral verbreitet wird [. . .], [. . .] weiter an Bedeutung gewinnen [wird]. Aber ich glaube, der Breakeven[-Point] ist noch nicht erreicht, wo man sagen kann, dass die klassischen Medien ihrer Rolle nicht mehr gerecht werden." Ähnlich sehen das zwei weitere Interviewpartner, nach denen klassische Medien nicht vor dem regelmäßig prognostizierten Aus stehen. Vor dem Hintergrund dieser Ausführungen liegt eine Komplementärfunktion nahe.

Drei Befragte halten demzufolge an der relevanten Bedeutung der klassischen Medien für die klassische politische Kommunikation fest, weichen aber die Grenzen auf: „Die Regierungskommunikation wird auch in Zukunft über die klassischen Medien kommunizieren, solange es sie noch gibt. Das heißt, die klassische Pressemitteilung, die klassische Pressekonferenz wird nicht überflüssig, aber die virale Kommunikation wird eine viel größere Bedeutung besitzen." Für zwei Interviewpartner kippt die Komplementärfunktion zugunsten der sozialen Netzwerke, sie sehen eine schwindende Bedeutung für klassische Medien. „Die Presse als Transmissionsriemen der Information verliert ein bisschen an Bedeutung. Weil die Bürger versuchen, sich selbst ihre Information zu holen und vor allem ihre Meinung zu äußern." Wenn den Bürgern diese Plattformen zur freien Entfaltung zur Verfügung stehen, lässt sich vom „Siegeszug des Internets" sprechen: „Wenn jeder gleichermaßen Sender und Empfänger ist, verändert sich automatisch die Rolle der Medien."

Wenn aber jeder Sender und nicht nur Empfänger sein kann, so kommt dem „Onlinebereich eine größere Bedeutung" zu. Wenn jeder senden kann, kann er auch seinen Emotionen freien Lauf lassen. Das bedeutet, dass Emotionen im Netz eine größere Rolle spielen. Die Journalisten klassischer Medien wiederum wissen, „dass im Netz die Emotionalität ein Hebel ist". Deshalb neigen auch sie zur emotionaleren Berichterstattung, womit eine Popularisierung bei den klassischen Medien begründet werden kann. Diese Popularisierung darf auch als eine Begleiterscheinung der Boulevardisierung und damit der Unterhaltung angesehen werden. Geht es nach einem der 16 Interviewpartner, so hat in der Unterhaltungswelt die Bedeutung der klassischen Medien stärker abgenommen, in der politischen Berichterstattung weniger stark.

Eine andere Perspektive der Komplementärfunktion ist, wie bedeutungsvoll soziale Netzwerke für klassische Medien sein können. „Mein Eindruck ist, dass das auch für Medien durchaus in gewisser Weise lehrreich ist, da sie gemerkt haben: Sie haben kein Alleinstellungsmerkmal mehr. Sie müssen sich selbst in Frage stellen, und da, wo sie Fehler machen, gibt es heute [...] wenigstens ein bisschen Fehlerkultur." Dies habe der Interviewpartner jahrzehntelang anders erlebt, nämlich dass die Kommunikationsabteilung keine Fehler machen durfte, Medien aber schon. Die Kommunikationsabteilung wurde dafür öffentlich gerügt, Medien nicht. Dies habe sich verändert. Nun können über soziale Plattformen auch klassische Medien kritisiert werden.

Ohnehin sind die Medien in ihrem Selbstverständnis derzeit gestört. In Zeiten, in denen Medien als Lügenpresse beschimpft werden, geht es nicht mehr um Verlautbarungs- oder Spiegelungsjournalismus. Ein Interviewpartner plädiert deshalb dafür, den klassischen Medien Zeit zu lassen. „Die klassischen Medien haben in der jüngeren Vergangenheit eine Erfahrung machen müssen, die zumindest in der Geschichte der Bundesrepublik Deutschland bisher unbekannt war. Nämlich, dass man nicht als Aufklärer angesehen wird, sondern mit dem Vorwurf der Lügenpresse, der Manipulation und der Kollaboration mit den herrschenden Eliten konfrontiert wird. Das ist neu." Daraus lässt sich ableiten, dass sich die klassischen Medien in einer Phase der Neuorientierung befinden. „Ich schließe aber nicht aus, dass es da einen Prozess geben wird, bei dem man den Wert der klassischen Medien wiedererkennt und auch die Wertschätzung wieder steigt. [. . .] Meine These ist aber: Mit Blick auf eine lebendige, funktionsfähige Demokratie, haben die klassischen Medien an Bedeutung nicht verloren. Sie sind schlechthin unverzichtbar."

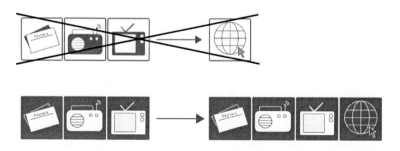

Abbildung 4: Das Internet als gleichberechtigtes Massenmedium. Eigene Darstellung.

BEDEUTUNG FÜR DIE DEMOKRATIE

Wenn klassische Medien für die Demokratie unverzichtbar sind, stellt sich die Frage, inwiefern soziale Netzwerke Einfluss auf das gewohnte demokratische System haben. Hierzu herrscht unter den Befragten keine Einigkeit. Die Einschätzung von Pörksen, wonach es eine fünfte Gewalt gibt, wird nur zum Teil geteilt. Klar ist, dass das Vorhandensein neuer Technologien und damit neuer Medien nicht spurlos an vorhandenen Strukturen vorbeigeht. „Natürlich spielt sich eine Menge im Netz ab", formuliert es ein Interviewpartner, aber „die meisten nehmen immer noch die klassische Mediendemokratie wahr". „Dass [...] der [klassische] Journalismus [...] in der Tat nicht ausgedient hat, sondern im Gegenteil wichtiger denn je ist und auch nicht ersetzt werden kann [...]", konstatiert ein weiterer Interviewpartner.

Wenn jeder Nutzer auch senden kann, liegt es auf der Hand, dass er seine Sicht der Dinge darstellen wird. Dies führt dazu, dass im Netz vorwiegend eigene Interessen publiziert werden. Deshalb werden Auswirkungen von Social Media auf die Demokratie kritisch gesehen, insbesondere wegen der parteiischen Darstellungsweise. Die Kommentierungen seien immer interessenorientiert. Dies darf als nicht konform mit den Grundzügen des Grundgesetzes angesehen werden. „[Denn] Demokratie lebt vom Diskurs, vom Austausch unterschiedlicher Meinungen. In den klassischen Medien findet das recht selbstverständlich statt. *Audiatur et altera pars* – da wird regelmäßig auch die andere Seite dargestellt. Das ist im Netz nicht so."

Zur Demokratie zählen auch die Ränder, linksextrem wie rechtsextrem. Hierzu hält ein Experte fest, dass „Parteien am rechten Rand in Social Media eine gewisse Stärke haben. Und natürlich die Abkopplung von den herkömmlichen Medien gerade in diesen Kreisen schon weit vorangeschritten ist." Ein anderer Befragter sieht in diesem Zusammenhang einen Prozess als problematisch an, nämlich „die Verabsolutierung der Mehrheitsregel und die Vorstellung, Demokratie und Rechtsstaat seien Gegensätze. [...] Dieser ‚wirkliche Wille des Volkes', den es in Wahrheit nicht gibt, wird versucht im Internet manipulativ herbeizuführen und dann brachial durchzusetzen. Das ist die typische, nicht selten erfolgreiche Vorgehensweise von Populisten und dabei ist das Internet ein unverzichtbares Hilfsmittel." Auch der nächste Befragte beschreibt die Gefahr der Manipulation, nämlich dahingehend, dass klassische Medien auf soziale Netzwerke zurückgreifen. „Das heißt, auch das wirkt meinungsbildend – oftmals [...] aber verfälscht, weil diese Diskussionen eben nicht repräsentativ sind und mittlerweile politische Akteure dort so gut vernetzt und aufgestellt sind, dass sie das nutzen um Meinung zu beeinflussen, bevor überhaupt die klassischen Medien in der Lage sind, einigermaßen objektiv Bericht zu erstatten."

Daraus lässt sich folgern, dass auf die klassischen Medien eine besondere Rolle im demokratischen System zukommt. Anders formuliert: „Solange wir noch eine einigermaßen intakte Medienlandschaft haben [...], gibt es natürlich auch noch genügend Instrumente gegenzusteuern." Diese besondere Rolle der Gegensteuerung darf auch als neue Rolle interpretiert werden. Unabhängig davon, ob Pörksens Einschätzung der fünften Gewalt geteilt wird, kann festgehalten werden, dass heutzutage unter Medien ein Diskurs herrscht, der bislang so nicht zu den Aufgaben zählte: Es findet eine wechselseitige Medienkorrektur statt, die beiderseitig angelegt ist – sowohl der klassischen Medien zu Social Media wie auch umgekehrt. Medien beobachten Medien und nehmen Einfluss auf das Agenda Setting. Auch dies gilt in beide Richtungen. „Die Medienlandschaft hat sich quasi revolutionär verändert."

ROLLE VON SOCIAL MEDIA

Trotz der Möglichkeit zielgerichteter Kommunikation werden die sozialen Netzwerke nicht als der vorrangige Kommunikationsweg angesehen. Eine Regierungskommunikation sollte sie einsetzen – aber nicht nur. Denn die Technologie ermögliche neue Wege der Kommunikation, die Chancen und Risiken birgt, die ein Interviewter wie folgt auf den Punkt bringt: „Technik kann nicht nur in eine Richtung das Gift sein, es kann auch das Gegengift sein." Dies bezieht er zwar auf das Aufbrechen von Filterblasen, die Aussage lässt sich aber auch als allgemeingültig verstehen.

Der gleiche Befragte beschreibt das „Netzrauschen" an anderer Stelle ebenfalls aus zwei Richtungen, diesmal mit entsprechender Medienwirkung. „Einerseits kann es natürlich ganz schnell aus einer Mücke einen Elefanten machen, andererseits haben Sie auch plötzlich so viele Elefanten um sich herum, dass der eine Elefant plötzlich gar nicht mehr diese Bedeutung hat, die er vielleicht früher einmal hatte." Dies ist auch eine Folge davon, dass jeder Nutzer selbst publizieren kann.

Wenn Bürger publizieren, steht der Staat als Institution ebenso unter Druck, seine Haltung zu veröffentlichen. Die Nutzung der sozialen Netzwerke wird deshalb als richtig und zwingend beschrieben: „Sie darf aber nicht zu einer Einschränkung der Seriositätsanforderungen führen. Auch die Information im Netz muss ebenso seriös und belastbar sein, wie in den klassischen Medien. Das macht sie vielleicht weniger affektiv, aber das ist hinzunehmen."

Ebenso ist hinzunehmen, dass es sich bei Social Media nicht um Journalismus im klassischen Sinne, also auf Grundlage des Pressekodex handelt. „Es werden einfach irgendwelche Behauptungen in den Raum gestellt, bei denen bei einem Menschen, der das nicht gelernt hat, die Qualität der Information erst einmal in den Hintergrund gestellt wird." Deshalb könnte laut drei der 16 Befragten, die in sozialen Netzwerken keine Informationsquelle sehen, die Seriosität der einzelnen Plattformen eine mögliche Lösung hierfür sein.

BEDEUTUNG DER INFORMATION

Da es sich bei Social Media nicht um klassischen Journalismus handelt, ist die Qualität der Information für die weitere Bewertung von sozialen Netzwerken essenziell. Zuerst soll deshalb das Informationsverhalten der Rezipienten thematisiert werden. Hierzu herrscht Einigkeit, dass das Medium Internet unterschiedlich genutzt wird. Ein Interviewpartner spricht exemplarisch von einer „Dreiteilung":

• Demnach gibt es 1. eine „gesellschaftliche Schicht, die schon [vor Nutzung des Internets] informiert – fast überinformiert – war".
• Dann existiert 2. ein Drittel, da „kann man machen, was man will", die haben einen „weniger großen Onlinezugang".
• Außerdem gibt es 3. „in der Mitte eine Gruppe, die das sehr unterschiedlich nutzt. Und das ist die Gruppe, auf die es letztendlich ankommt. Die hat sich aber in der klassischen Medienwelt genauso verhalten, wie sie sich jetzt in der Online-Medienwelt verhält."

Die Bedeutung der in der Online-Medienwelt transportierten Information ist laut einem Interviewpartner divergent, weil „die Zahlbereitschaft der Menschen für Informationen dramatisch ab[nimmt], je stärker und vielfältiger das kostenlose Informationsangebot da draußen ist. Deshalb hat sich die [. . .] Information nicht nur physisch, sondern [. . .] auch als Produkt verändert." „Für Nachrichten will der Deutsche einfach nicht bezahlen, weil er meint, er bekommt sie irgendwo umsonst. Er versteht auch nicht, dass die Nachrichten, die er umsonst bekommt, teilweise nicht aus Deutschland kommen." Die Nachrichten könnten auch manipuliert sein. Dies wird umso relevanter, als heutzutage als Information „ein Post oder eine Stellungnahme in einem sozialen Netzwerk [gilt]. Für viele sind Überschriften ja heutzutage schon die gesamte Geschichte." Damit verliert die inhaltliche Ausgestaltung einer Berichterstattung weiter an Wert, die der Überschrift nimmt zu. Dies erinnert an den Trend zur Boulevardisierung.

Da aber Meinungsbildung und Meinungsvielfalt als Grundpfeiler eines funktionierenden demokratischen Systems nicht auf Überschriften in sozialen Netzwerken basieren, braucht es „weiterhin einen großen Medienmix". Dies sieht auch ein weiterer Interviewpartner so, der es als „Quellenvielfalt" bezeichnet. Ob sich die Nutzer dieser Vielfalt bedienen, ist eine andere Frage.

Mit der Existenz neuer Technologien und einem veränderten Rezeptionsverhalten, so ein Experte, habe sich der Wert der Information verändert und man müsse „unterscheiden zwischen Informationen und vielleicht glaubwürdiger Information oder journalistischer Information". „Dies gilt umso mehr, da der Journalismus über Jahrzehnte Handwerkstechniken erarbeitet hat, mit denen er in der Lage ist, ein möglichst umfassendes Bild der Wahrheit zu bekommen. Ob das die Wahrheit am Ende ist, das weiß niemand ganz genau. Aber wir können durch unsere Techniken der Recherche [und] der Falsifizierung von Information [. . .] der Wahrheit möglichst nahekommen. Ich glaube, das ist am Ende der Handwerksbetrieb Journalismus, der immer noch ein anderer ist als das, was sonst im Netz [passiert]."

Demzufolge dürfen die klassischen Medien demokratietheoretisch als gesellschaftsrelevant angesehen werden. Sieben der 16 Befragten heben ihre herausragende Rolle als Filter hervor:

- Sie kontrollieren demnach nicht nur „staatliches Handeln,
- sondern sie filtern auch ein Stück weit die Informationen von relevant zu weniger relevant.
- Sie ordnen ein,
- interpretieren und
- geben insofern auch eine Orientierung."

Die Experten sehen darin eine Chance für die klassischen Medien in Abgrenzung zu Social Media:

- „Sie haben den Vorteil, dass sie eben Information strukturierter anbieten,
- dass die Breite der Debatte sich niederschlägt und
- nicht nur Selbstvergewisserung stattfindet."

Gleichzeitig habe sich die Medienwelt durch den Einzug neuer Technologien dahingehend verändert, dass es „die Einordnungskriterien zum Teil nicht mehr gibt". Die klassischen Medien zeichne im analogen Zeitalter aus, dass Aussagen auf ihre Faktizität geprüft wurden, bevor sie veröffentlicht wurden. Damit konnten sie der oben beschriebenen Einordnung dienen. Im heutigen digitalen Zeitalter verschiebt sich die Prüfung „ins Nachhinein – sofern sie denn überhaupt stattfindet"[44].

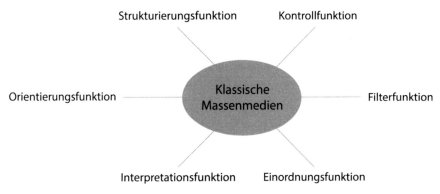

Abbildung 5: Bedeutung der klassischen Massenmedien. Eigene Darstellung.

Es darf aus der Sicht der quantitativen wie auch der qualitativen Bewertung festgehalten werden, dass die klassischen Medien in dieser Funktion des ordnenden Filters ein Alleinstellungsmerkmal aufweisen. Folgendes Beispiel verdeutlicht es: „Dass Medien Dinge seriös einordnen, ist das Wichtigste. Das gilt auch für eine klassische Tageszeitung, dass wenn ich auf die Seite eins schaue, eine Redaktion die Entscheidung getroffen hat, was sie für wichtig und was sie für weniger wichtig hält, mit der Frage des Umfangs eines Themas, mit der Frage, stelle ich ein Bild dazu oder nicht, mit der Frage, auf welcher Seite und an welcher Stelle ich etwas platziere.

---

[44] Sängerlaub, A. (2018). Feuerwehr ohne Wasser? Möglichkeiten und Grenzen des Fact-Checkings als Mittel gegen Desinformation. Juli 2018. Stiftung Neue Verantwortung. Think Tank für die Gesellschaft im technologischen Wandel. S. 6.

Auf Seite eins ist es sehr wichtig, auf Seite acht links unten ist es eben ein bisschen weniger wichtig. Und diese Entscheidung gibt Menschen Orientierung."

Frage von Glaubwürdigkeit und Vertrauen

Die oben genannte Seriosität darf als Basis für die Frage der Glaubwürdigkeit angesehen werden, die Glaubwürdigkeit wiederum als Kompass in einer unüberschaubar anmutenden Medien- und Informationswelt. Vier der 16 Befragten sehen die Glaubwürdigkeit von Medien deshalb als zentralen Aspekt. „Es sind alle Informationen verfügbar, aber nur die wenigsten werden genutzt – und ich muss sie auch nutzen können. Also ich muss ja auch gucken, welche Informationen sind es wert, welche sind wichtig, welchen vertraue ich. Und da kommen wieder Medien ins Spiel, weil das eigentlich deren klassische Aufgabe ist. Die ist nur heute wahrscheinlich noch wichtiger als vor hundert Jahren."

Die Bildung von Vertrauen ist zentrales Ziel des Markenmanagements. Dies gilt grundsätzlich und für die Medienwelt im Speziellen. Die Marke des Mediums wird demzufolge wieder umso wichtiger, weil sie für ein „bestimmtes Informationsangebot" steht. „Es kann ja sein, dass ich dann irgendwann in diesem Informationsmeer nur noch weiß, diese eine Insel da, da gibt es immer diese eine Art von seriöser, glaubwürdiger Information. Ich weiß genau, wie ich diese Insel ansteuere und wo die ist und da fühle ich mich auch wohl." Diesen Status müsse sich ein Medienhaus erarbeiten – ebenso wie eine Pressestelle; der Befragte nennt beispielweise die einer Regierung oder der Polizei. „Wenn du diese Glaubwürdigkeit einmal erreicht hast, dann kannst du in diesem Informations-Overkill eigentlich genau für das Gegenteil stehen [. . .], nämlich dass du einer bist, der wirklich informiert."

In diesem Informations-Overkill wird in den klassischen Medienmarken, die online auftreten, eine wichtige Instanz gesehen, weil sie „Vertrauensmarken" sind, „die weiter genutzt werden". Dies darf als grundlegend angesehen werden und bekommt dann eine besondere Bedeutung, wenn die Technologie jeden einzelnen Nutzer in die Lage versetzt, aus jeder vertraulichen Sitzung eine Information der Welt preiszugeben. In der Welt der klassischen Medien passiert dies nicht – bzw. erst standesgemäß nach vorheriger Anwendung des Pressekodex. Dies spiegelt sich auch in der Ein-schätzung eines Befragten wider, der glaubt, „der Journalismus wird sich zurückentwickeln zu einer Wahrhaftigkeitsorganisation, die eher später, da-für aber richtiger veröffentlicht".

INTERNET ALS MEDIUM

Dass Internet und soziale Netzwerke die Medienwelt verändert haben, ist unbestritten. Passen sie auch in die Architektur der Medienwelt? Social Media werden von einem Befragten gesehen als „zusätzliches Medium", mit dem sich gewisse Zielgruppen erreichen lassen. Gleichzeitig beschreibt ein Interviewter, man könne das Internet, zu dem Social Media gehören, nicht als Medium ansehen, „denn das wird der Architektur und dem Ag-gregatzustand des Netzes nicht gerecht. [. . .] Das Internet, die Vernetzung von Menschen und Dingen, gab es so in unserer Menschheitsgeschichte noch nie vorher und durchdringt einfach alles. Wir können jeden Gegen-stand, der sich jetzt hier im Raum befindet, ob das der Tisch ist oder der Stuhl, auf dem wir sitzen, [. . .] digital abbilden und darstellen. Wenn die Druckerpresse es geschafft hat, [. . .] durch die Alphabetisierung auch des normalen Volkes, dass sich Menschen [nicht nur mündlich, sondern auch schriftlich] mit anderen austauschen können, dann stehen wir jetzt an der Schwelle, dass wir nicht nur zwischen Menschen eine Vernetzung herbeige-führt haben, sondern auch zwischen Dingen oder zwischen Menschen und Dingen. Das ist noch einmal eine völlig andere Dimension [. . .]."Deshalb sei das Internet mehr als ein einfaches Medium.

ROLLE DES MENSCHEN FÜR DIE TECHNOLOGIE

Die Veränderungen, die sich für die Organisationen und Institutionen erge-ben, wirken sich auch auf die Protagonisten im System aus. Hierzu zählen insbesondere die Journalisten sowie die Rezipienten der Medien. Es ist be-kannt, dass ein soziales Medium von einem Algorithmus gesteuert wird. Es ist ebenso bekannt, dass dieser Algorithmus aus Menschenhand stammt. Demzufolge sei in einer sozialen Plattform „eine Kombination eines Algo-rithmus und menschlichen Handelns" zu sehen. Der hierzu Befragte spricht von „Entscheidungsgabelungen", wenn Menschen Algorithmen program-mieren. „Sie werden [. . .] immer einen Rest Subjektivierung des Algorithmus oder Sozialisierung haben. Ob sie Mann oder Frau sind, das macht einen Unterschied." Dementsprechend groß ist die Rolle des Menschen für die Technologie. „Die Frage, wie man [dies] möglichst objektiv [gestaltet], ist auch eine, die bei der Entwicklung von Algorithmen ein breites und kompliziertes Forschungsfeld hat."

ROLLE DER NUTZER VON SOCIAL MEDIA

Die Nutzer sind – wie bereits oben beschrieben – aus zweierlei Perspektiven zu sehen. Zum einen als Konsumenten, zum anderen als Produzenten. Beides bedingt sich. Ein Interviewpartner beschreibt die erstellten Inhalte, die er wahrnehme, als irrelevant: „Aus meiner Sicht kann ich nur sagen: Es ist dermaßen uninteressant, was da zum Teil verbreitet wird, dass ich mich wundere, dass es überhaupt Leute gibt, die diese Information abrufen." Dieser Eindruck wird bestätigt insofern, als ein Großteil der Information überhaupt nichts mit Meinungsbildung zu tun hat: „Ein Großteil der Sachen, die im Netz angeguckt und konsumiert werden, [. . .] sind ja total banal." Dies wirkt sich auf den Wert der online transportierten Information aus, er sinkt.

Fünf der 16 Befragten sehen in den Nutzern Produzenten und Konsumenten zugleich. „Jeder Bürger kann quasi zum kleinen Medienunternehmer werden und manche nutzen das ja auch häufig aus." Dabei ist die Einschätzung eines Befragten durchaus eher positiv, weil die Nutzer sich selbst verwirklichen könnten. Ihnen als Produzent darf man unterstellen, dass der Wert der von ihnen selbst verbreiteten Information für sie selbst relevant ist, sie verfolgen mit der Kommunikation eine Intention.

Diese Intention ist grundgesetzlich verankert. Denn „[d]ass jeder in der Lage ist zu publizieren und eigene Gedankenwelten, im Übrigen auch Meinungen im Sinne der grundgesetzlich garantierten Meinungsfreiheit einem größeren Kreis zugänglich zu machen [. . .], ist definitiv eine Errungenschaft, die gleichsam in der Praxis wiederum Einschränkungen erfährt." Diese Einschränkungen werden laut diesem Befragtem von privatwirtschaftlichen Unternehmen wie den Betreibern der sozialen Plattformen vorgenommen. Da die großen Betreiber ihren Sitz außerhalb der Bundesrepublik haben, sind sie auch nicht an das Grundgesetz gebunden.

Überträgt man die Eigenschaft, dass jeder publizieren kann, auf das Mediensystem, so liegt der Begriff des „Mitmach-Journalismus" auf der Hand. Ein Interviewpartner sieht darin eine „Bereicherung für die Medienwelt". Dies hat auch Folgen für den Umgang mit Gegendarstellungen. Heutzutage kann jeder gegen „aus seiner Sicht falsche [...] Darstellung, falsche [...] Interpretation oder Falschmeldung" angehen. „[Das] finde ich prinzipiell prima."

Gleichzeitig birgt die Möglichkeit, dass jeder Bürger selbst publizieren kann, die Gefahr, dass der im Pressekodex verankerte Grundsatz der Trennung von Meinung und Berichterstattung Schaden nimmt. Dies sehen drei der 16 Befragten so. Die „Vermischung von Meinung und Nachrichtenwert" nimmt zu. Dabei falle auf, dass Menschen mehr dazu neigen, überraschende Informationen zu teilen, da die Überraschung ein Nachrichtenwert ist. Dazu zählt im Übrigen auch die Emotionalität. Doch dazu später mehr.

Zweifelsohne eröffnet die Entwicklung digitaler Kommunikationsmittel neue Möglichkeiten. Produzent und Konsument zugleich sein zu können, hat auch Einfluss auf die Persönlichkeitsstruktur. Bundestagspräsident Wolfgang Schäuble sprach zum Tag der deutschen Einheit 2018 von neuen Freiheiten: „Wir sind mit der ganzen Welt verbunden – ohne oft noch unser Gegenüber wahrzunehmen. [...] Unter der unendlichen Fülle von Möglichkeiten schwindet die Verbindlichkeit. Freiheit kann überfordern, wir neigen zu Übertreibungen. Es braucht deshalb Selbstbeschränkung, Maß und Mitte. Der Mensch ist auf Bindungen angewiesen. Er lebt in gesellschaftlichen Beziehungen. Die Freiheit des Einen begrenzt die des Anderen."

AUSWIRKUNGEN VON SOCIAL MEDIA AUF MEDIENSCHAFFENDE

Man gewinnt den Eindruck, dass die von Schäuble genannten Übertreibungen auch vor den Medienschaffenden nicht halt machen. Dies lässt sich unter anderem mit der Schnelllebigkeit der Medienbranche begründen, die mit der Digitalisierung einhergeht, wie ein Experte betont: „Ob Rundfunk oder Zeitung, der Druck wird enorm." Dies hat Auswirkungen auf das Tun und Handeln von Journalisten. „Es wird weniger recherchiert. Es wird weniger rückversichert. Es gibt zu viele Schnellschüsse. Und das ist ein Problem." Journalistische Standards könnten so nicht mehr garantiert werden – ein

Befund, den der Interviewte auf Social Media bezieht, der sich aufgrund der Entwicklung aber auch auf die klassischen Medien übertragen lässt. Zu diesen Standards zählen auch zwei weitere Aspekte, die ein Befragter so zusammenfasst:

- „Als ich studiert habe, gab es noch den Begriff des Gatekeepers, also dass Journalisten letztendlich die Schleusenwärter für Nachrichten sind".
- „Und es gab auch Nachrichtenwerte, die man als wissenschaftlich fundiert angenommen hat, die [...] auch subjektiv waren."

Der amerikanische Journalist Rosen hat dies bei seiner Befragung deutscher Journalisten ebenfalls festgestellt. Er sieht die Rolle der Journalisten als Gatekeeper schwinden. „Heute sind sie nur noch eine Quelle unter vielen. Ihre Tätigkeit besteht zu einem nicht geringen Teil darin, über die Manöver herrschender Eliten zu berichten."[45] Je mehr das Vertrauen in diese Eliten schwinde, desto veralteter erscheine diese Art des Journalismus. Neu seien dann soziale Netzwerke, in denen sich Gleichgesinnte müheloser miteinander austauschen könnten – und zwar durchaus unter Ausschluss der Presse. Dieser Trend sei in Amerika weiter fortgeschritten.

Mit der Digitalisierung und dem oben beschriebenen Druck verändern sich die Arbeitszeiten von Medienschaffenden. Auch früher musste man zwar in permanenter Rufbereitschaft sein, so ein Experte. „Aber man hatte doch gewisse Regelzeiten und die gibt es überhaupt nicht mehr." Dies betrifft sowohl Medienvertreter wie auch Protagonisten der politischen Kommunikation.

In der veränderten Medienwelt, in der der Druck und die Schnelligkeit erhöht sind, nutzen Journalisten häufiger produzierte Inhalte aus den sozialen Netzwerken. „Wir müssen feststellen, was erstmal erfreulich ist, dass manche Medien das übernehmen, weil die gar nicht mehr die Chance haben, [Videos selber] zu produzieren." Demokratietheoretisch hält der Befragte das für fragwürdig.

---

[45] Rosen, J. (2018). Brief an die deutschen Journalisten. Gastbeitrag bei FAZ online. Im Internet abrufbar: http://www.faz.net/aktuell/feuilleton/debatten/jay-rosen-schreibt-ein en-brief-an-die-deutschen-journalisten-15765235.html (Zugriff: 01.11.18).

Auswirkungen von Social Media auf den Bürger

Ausgehend vom unterschiedlichen Nutzungsverhalten bezüglich der Medien wie auch der Inhalte beschreibt ein Experte eine Konsequenz, die er mit der „Fähigkeit zur Sekundärkommunikation" bezeichnet. „Man kann sich nicht mehr austauschen. Früher hat jeder die *Tagesschau* geguckt und dann hat man am nächsten Tag darüber geredet – das gibt es heute nicht mehr. Der gemeinsame Bestand an Information als Grundlage des demokratischen Diskurses schwindet."

Als Folge sieht er ein Auseinanderdriften der Gesellschaft:

- „Wenn es keine gemeinsame Basis mehr gibt,
- steigen die zentrifugalen Kräfte,
- steigt das Risiko des ‚Aneinander-Vorbeiredens',
- [steigt das Risiko] des ‚Sich-Missverstehens'.

Das ist ein wirkliches Problem."

Eine weitere Auswirkung der Social Media-Nutzung wird im organisierten Protest im Netz gesehen. „Das, was heute der Twitter-Sturm ist, das war früher die Postkarten-Aktion. Dann haben die Leute waschkörbeweise einheitliche Texte in das Kanzleramt oder in Parteizentralen oder Staatskanzleien geschickt. Es war damals schwerer zu organisieren. Heute geht es halt viel, viel leichter, wenn ich an Online-Petitionen denke, es geht halt heute viel, viel leichter [das] zu organisieren."

Derselbe Befragte geht aber gleichzeitig davon aus, dass sich mittels Social Media Massen nicht mobilisieren lassen. Er bezieht dies insbesondere auf die Altersklasse der 14- bis 29-Jährigen und begründet es damit, dass ihnen gewisse politische Themen gleichgültig seien. „Außer man produziert Skandale, dann kann man auch Zahlen mal kurzzeitig nach oben treiben." Dies wird auch als Clickbaiting bezeichnet, es erinnert an Pörksens Begriff der Empörungsdemokratie (vgl. FN 107).

Auswirkungen auf das Mediensystem

Der Begriff der Empörungsdemokratie ist nur deshalb entstanden, weil die Technologie die dort beschriebenen Facetten zulässt und befördert. Genauso wie die technischen Entwicklungen in der Geschichte der Menschheit stets für Zeitenwenden gesorgt haben. Deshalb ist der Blick auf die tech-

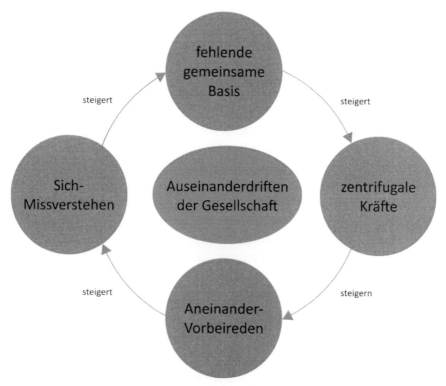

Abbildung 6: Gefahr des Auseinanderdriftens der Gesellschaft. Eigene Darstellung

nologische Weiterentwicklung in der Medienlandschaft essenziell. Sie hat selbstredend Auswirkungen auf die psychologische wie auch auf die soziologische Dimension.

Die Auswirkungen dieses bereits mehrfach erwähnten technologischen Fortschritts auf das Mediensystem werden von den Interviewpartnern wie folgt beschrieben:

• „In der Digitalisierung sind die Knappheiten weggefallen. Knappheiten in den medialen Quellenzugängen." Der Befragte nennt folgendes Beispiel: „Wenn Sie sich [...] das Fernsehen anschauen, hatten Sie eine natürliche Knappheit über Frequenz[en] gehabt. Bei analogen Kabeln 30 bis 34 Kanäle, beim Satelliten wurde es dann etwas mehr und das Internet ist völlig ohne Limits dabei. Das heißt, [es gibt] einerseits in der

Verfügbarkeit professioneller, redaktionell häufig auch qualitativ hochwertig aufbereiteter Quellen eine totale Öffnung in eine Vielfalt."

- Dies wirkt sich auf das Mediennutzungsverhalten aus. Der Befragte spricht von einer „Mediennutzungskaskade". „Wir haben mehr Medien, wir haben unterschiedlichere Medien, unterschiedlichere Quellen, aber auch unterschiedlichere Rezeptionsherangehensweisen."

- Die „Rezeptionskaskade" sei heute viel breiter als früher, „wo Sie eine Nachricht völlig aufbereitet in den Medien einfach nur zur Kenntnis genommen haben und später vielleicht noch in der Kneipe diskutiert haben. Das verändert alles sehr drastisch."

- Eine andere Perspektive ist die schnellere Produktion in Medienhäusern, die unabhängig von räumlichen Situationen passieren kann. Mittels der Technologie kommen die Nutzer heutzutage „schneller an [seine] News ran. [War man] früher in Urlaub, bis die Tageszeitung da war, waren bis zu drei, vier Tage vorüber. Heute [bekommt man] das sofort mit."

- Bei der Informationsbeschaffung werden durch die Digitalisierung Vorteile gesehen. „Man hat schnell viel."

Auch vor diesem Hintergrund wagt der gleiche Befragte die Prognose, dass „Newsfeeds, gute Apps, die verschiedene Plattformen zusammenführen, wo man verschiedene Quellen einfach bündelt, die [. . .] Zukunft haben [werden]". Das wiederum wird weitere Auswirkungen auf die Medienwelt haben.

BEGEGNUNG MIT DEM NUTZER

Fünf der 16 Befragten beschreiben, bedingt durch den technologischen Fortschritt, eine unmittelbarere Kommunikation und einen direkteren Zugang – einerseits zu Informationen, andererseits zum Nutzer. „[Es ist eine] Chance, wenn wir es als solche begreifen, dass wir uns als politische Kommunikatoren unmittelbarer an die Menschen im Land wenden können." Weitere Befragte sprechen von

- „direkte[r] Ansprache", von der Möglichkeit,
- „viel direkter und zielgerichteter Bürger zu informieren",
- „direkt mit Bürgern in Kontakt zu treten" und
- der Vereinfachung von „direkte[r], unmittelbare[r] Begegnung".

Die Technologie ermöglicht bei einer direkten Begegnung auch eine direkte Entgegnung. „Sie können Rückkanäle haben, Sie können Kommentare oder Fragen beantworten, Sie können bi-direktionale Kommunikation aufbauen, die glaube ich auch angenommen wird." Der Interviewpartner stellt fest, man habe „über das Internet gemerkt, dass die direkte Auseinandersetzung super ist, weil man da einen Dialog hinbekommt und die Leute auch halten kann". „Man kann unmittelbar reagieren", wie in einer reellen Begegnung, und trifft damit in der Definition von Social Media auf einen wesentlichen Bestandteil, nämlich die Ermöglichung von Interaktion. Dies bedeutet in der Folge, dass die Kommunikation „nicht mehr nur linear in eine Richtung" läuft. Dies sehen insgesamt drei Befragte so. Sie sprechen von einem „Rückkanal" oder einer „aktiven Kommunikationssituation".

Wegen der Technologie braucht es eine andere quantitative Einordnung von Messgrößen. Im Netz reichen weniger Rezipienten, um einen ungleich größeren Output zu erzeugen. Ein Experte beschreibt es wie folgt: Man dürfe einen Menschen, mit dem man „in einer aktiven Kommunikationssituation steh[t], [...] nicht gleichsetzen mit einem passiven Zuschauer einer *Tagesschau*, „wo der Fernseher im Hintergrund läuft. [Ich denke], dass ich im Netz deutlich weniger Zuschauer oder User brauche, um einen viel größeren Impuls oder eine größere Relevanz zu erzeugen. Ich kann Ihnen dafür keine Formel nennen, aber einfach nur damit es klar wird: Tausend aktive Netzkommunikationspartner setze ich für mich gleich mit hunderttausend passiven Fernseh- oder Radiokonsumenten."

Folgen durch Existenz diverser Plattformen

Wegen der Existenz diverser sozialer Plattformen ergibt sich durch die technologische Entwicklung eine veränderte Arbeitsweise für Medienschaffende, nämlich dass „plattformgerecht formulier[t]" werden muss. Die Existenz unterschiedlicher Plattformen führt ebenso dazu, dass die Entwicklung bei den sozialen Medien nicht nur eine schnelle, sondern auch schwierig vorhersehbar ist. Dies widerspricht dem Grundverständnis einer strategischen Planung in einer Regierungszentrale.

Ein anderer Interviewpartner sieht einen Vorteil darin, „dass Informationen schneller verbreitet werden können". Grundsätzlich sei dies positiv zu werten. Zur Kehrseite der Medaille zählten schwindende journalistische

Standards und eine Informationsflut – wie bereits oben erwähnt. Wiederum positiv wertet er, „dass [die Informationen] auch von Leuten abgerufen werden können, ohne dass dafür bezahlt werden muss" – wenngleich dies sich auf den Wert der Information auswirken kann. Der gleiche Befragte sieht auf die virale Kommunikation eine viel größere Bedeutung zukommen, was sich durchaus auf die Existenz diverser sozialer Netzwerke zurückführen lässt. Ein anderer Experte begründet eine „riesengroße Chance" für politische Kommunikation damit, dass man eine Erweiterung der vorherigen medialen Mittel und Möglichkeiten hat.

Kausalität von Technologie und Transparenz

Die Ambivalenz in den Aussagen der Befragten gilt auch in der Frage der Transparenz:

- Auf der einen Seite gebe es die Möglichkeit, „dass man die Transparenz der Entscheidung mit diesem System besser herstellt. Ich würde mir wünschen, dass die Politiker sich mehr diesem neuen System auch für die Unterscheidungsunterstützung bedienen." Daraus lässt sich ableiten, dass die Möglichkeit der technologischen Entwicklung positiv bewertet wird.
- Auf der anderen Seite kann die technologische Umsetzung Transparenz verhindern. „Wenn [Algorithmen] gut laufen, nimmt man sie nicht wahr. Das Problem ist ja, dass wir nicht sehen, was sie uns nicht zeigen." Dies wiederum trägt dem Gedanken einer besseren Transparenz nicht zu.

Führend in Deutschland zur Relevanz von Online-Intermediären für die Meinungsbildung forscht das Hans-Bredow-Institut in Hamburg. Danach ist bekannt, dass sich nur ein geringer Anteil von sechs Prozent der Deutschen ausschließlich online informiert.[46] Gleichzeitig weisen Hölig und Hasebrink darauf hin, „dass bei dieser Erhebung die sozialen Medien häufiger als die gedruckten Zeitungen als regelmäßig genutzte Nachrichtenquelle genannt werden"[47]. Dies sei ein starker Hinweis auf die wachsende Bedeutung dieser neuen Angebote im Nachrichtenbereich.

---

[46] Vgl. Hölig, S. & Hasebrink, U. (2016). Nachrichtennutzung über soziale Medien im internationalen Vergleich. Media Perspektiven 11/2016. S. 536.

[47] Ebd.

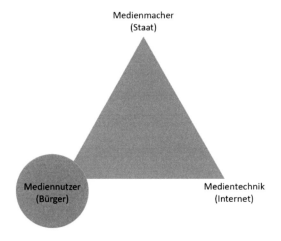

Abbildung 7: Der Mediennutzer im Dreiecksverhältnis. Eigene Darstellung.

Eine Übersicht zur Verbreitung sozialer Medien findet sich bei Taddicken und Schmidt. Sie stellen fest, dass sich diese Netzwerke in den vergangenen Jahren rasant verbreitet haben, sowohl in Deutschland wie auch in Europa und weltweit. „Soziale Medien haben in ihrer Verbreitung und Nutzung in den vergangenen Jahren erheblich zugelegt – und die Nutzungszahlen steigen weiterhin."[48]

Die ARD/ZDF-Studie „Massenkommunikation" zeigt die Bedeutung des Internets in der Mediennutzung und die exponentielle Steigerung zwischen 2000 und 2015.[49] Insbesondere bei der für die Zukunft Deutschlands interessanten Altersgruppe der 14- bis 29-Jährigen hat das Internet Fernsehen und Hörfunk überholt und liegt in der Nutzung pro Tag auf Platz eins.[50] Seit 2016 wurde die Methodik der Erhebung verändert. Die öffentlich-rechtlichen Rundfunkanstalten haben seither die Studienreihe „Medien und ihr Publikum" aufgelegt.[51] Die ARD/ZDF-Onlinestudie 2018 zeigt,

---

[48] Taddicken, M. & Schmidt, J. (2017). Entwicklung und Verbreitung sozialer Medien. In: Schmidt, J. & Taddicken, M. (Hrsg.) (2017). Handbuch Soziale Medien. S. 3–23.

[49] Vgl. Breunig, C. & Engel, B. (2015). Massenkommunikation 2015. Pressekonferenz 10. September 2015. Folie Nr. 9.

[50] Vgl. Breunig, C. & Engel, B. (2015). Massenkommunikation 2015. Pressekonferenz 10. September 2015. Folie Nr. 12.

[51] Vgl. Frees, B. & Koch, W. (2018). ARD/ZDF-Onlinestudie: Zuwachs bei medialer In-

dass „insgesamt 63,3 der 70,09 Millionen deutschsprachigen Bevölkerung ab 14 Jahren online [ist]. Dies entspricht 90,3 Prozent."[52] Die Studie belegt außerdem, dass die tägliche Nutzung besonders deutlich gewachsen ist, was auf mobile Endgeräte zurückgeführt wird.

Ansgar Koreng erinnert an Niklas Luhmann und geht so weit zu behaupten: „Was wir von der Welt wissen, wissen wir aus dem Internet."[53] Koreng schreibt weiter: „Während also noch am Ende des vergangenen Jahrhunderts die großen Zeitungsverlage und Rundfunkveranstalter die klassischen Gatekeeper-Funktionen für den Informationszugang innehatten, gehen diese Funktionen seit ungefähr zehn Jahren mehr und mehr auf Internetzugangsprovider und Suchmaschinenanbieter über."[54]

Die Zahlen zur Verbreitung und Nutzung von sozialen Medien zeigen „zum einen die Dynamik der Entwicklung und Verbreitung sozialer Medien; zum anderen zeigt sich, dass soziale Medien als gesellschaftlich etabliert gelten können. Die Nutzung sozialer Medien ist – sowohl in Deutschland als auch in Europa und den USA – für den Großteil der Bevölkerung zum regelmäßigen Bestandteil ihrer Kommunikation und Interaktion geworden."[55]

Auch wenn aktuell das zentrale Nutzungsmotiv nach Taddicken/ Schmidt[56] die Vernetzung mit Freunden und Bekannten, also die Beziehungspflege ist, auch wenn sich die Bürger gegenwärtig nur in relativ geringer Zahl ausschließlich online über Nachrichten oder Politik informieren, gibt es durchaus Indizien dafür, dass das Internet weiter an Bedeutung auch als Informationsquelle gewinnen wird.

---

ternetnutzung und Kommunikation. Ergebnisse aus der Studienreihe „Medien und ihr Publikum". S. 398. In: Media Perspektiven 9/2018. S. 398–413.

[52]   Ebd., S. 399.
[53]   Koreng, A. (2014). Netzneutralität und Meinungsmonopole. In: Stark, B., Dörr, D. & Aufenanger, S. (2014). Die Googleisierung der Informationssuche. Suchmaschinen zwischen Nutzung und Regulierung. Berlin, Boston: De Gruyter. S. 245.
[54]   Ebd.
[55]   Taddicken, M. & Schmidt, J. (2017), a. a. O.
[56]   Vgl. ebd.

2.2 Filterblasen und Echokammern

Die Bedeutung der sozialen Netzwerke lässt sich weiter und dezidierter hinterfragen. Bürger, die in sozialen Netzwerken nur ihren Interessen folgen, bekommen auch nur Informationen aus ihrem Interessensgebiet angezeigt. Nach welchen Kriterien, das beantworten die anonymen Algorithmen nicht. Bürger befinden sich damit – in der Mehrheit unbewusst – in begrenzten so genannten Filterblasen mit Informationen, die von Algorithmen ausgewählt worden sind. Allgemein formuliert, gibt ein Algorithmus eine Vorgehensweise vor, um eine Lösung für ein Problem zu finden und so den Alltag zu erleichtern.

Filterblasen, die in der Literatur auch Filterbubbles genannt werden, gelten nach Birgit Stark[57] als Voraussetzung für Echo Chambers, die mit Echokammern übersetzt werden. Im Prinzip muss man sich erst aktiv in die Filterblase hinein bewegen, um in einer Echokammer anzukommen und zu bleiben. Mit dem Begriff der Echokammer bezeichnet Christian Stegbauer abgegrenzte Teile des Internets, „in denen nur geringe Variationen an Informationen und Meinungen vorhanden sind. Es handelt sich beispielsweise um Gruppen auf Facebook, oft sind diese sehr homogen. Dort ist nur eine geringe Diversität vorhanden."[58] Beide Begriffe helfen dabei, die Diskussion zu strukturieren.[59]

Uwe Hasebrink bestätigte gegenüber *Zeit online*, dass „nur wenige belastbare empirische Befunde" zu Phänomenen wie Falschmeldungen und Filterblasen vorliegen. Die Gesellschaft brauche unbedingt ein „realistisches Bild davon, wie sich Menschen heute ihre Informationen zusammenstellen und welche Rolle sie dabei professionellen Journalisten zuweisen"[60] – und ob Nutzer in der Lage seien, die Glaubwürdigkeit einzelner Quellen einzuschätzen. Der Forschungsstand ist demnach überschaubar.

---

[57] Der vollständige Vortrag von Prof. Birgit Stark mit dem Titel: „Gefangen in der Echokammer? Politische Meinungsbildung auf Facebook" ist im Internet abrufbar: http://www.wwwagner.tv/?p=34923 (Zugriff: 16.04.2017).

[58] Stegbauer, C. (2018). Shitstorms. Der Zusammenprall digitaler Kulturen. S. 67.

[59] Vgl. Stark, a. a. O.

[60] Zit. nach Hamann, G. (2017). Facebook: 14 Millionen Dollar für Studien zu Fake-News. Im Internet abrufbar: http://www.zeit.de/digital/internet/2017-04/facebook-millionen-dollar-falschmeldungen-news-integrity-initiative (Zugriff: 14.10.2018).

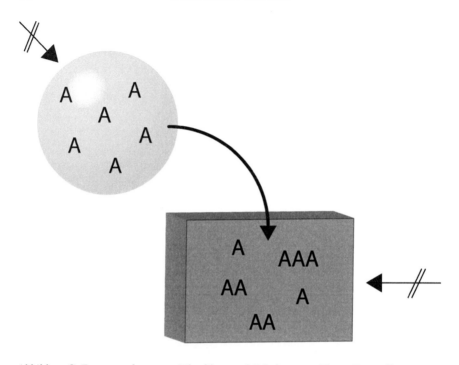

Abbildung 8: Zusammenhang von Filterblase und Echokammer. Eigene Darstellung.

Sascha Hölig verweist darauf, dass die Zahl derjenigen, die Social Media für Nachrichten nutzen, zunimmt. Das habe auch mit der Strategie der Anbieter zu tun, auf Facebook vertreten zu sein. „Aber wir bewegen uns hier noch im einstelligen Prozentbereich. Man sollte das nicht überschätzen, das sind nicht unbedingt die Menschen, die an Nachrichten oder politischen Themen interessiert sind."[61] Die Angst vor der Filterbubble halte er deshalb für übertrieben.

Empirisch belegt ist dies nicht. An fast allen aktuellen Studien, die den Einfluss von Facebooks Algorithmen auf das Weltbild seiner Nutzer untersuchen, gibt es Schwächen. „Einige beruhen auf veralteten oder unvoll-

---

[61] Hölig, S. (2017). „Angst vor der Filterblase ist übertrieben". Interview in: heise online vom 22.02.2017. Im Internet abrufbar: https://www.heise.de/newsticker/meldung/ Medienforscher-Angst-vor-der-Filterblase-ist-uebertrieben-3632255.html   (Zugriff: 02.05.2017).

ständigen Daten, teilweise fehlen Kontrollgruppen. Vor zwei Jahren veröffentlichte Facebook selbst eine Untersuchung im renommierten Fachblatt *Science*. Fazit der Wissenschaftler: Die Filterblase ist längst nicht so dicht wie gemeinhin angenommen, der Einfluss der Algorithmen geringer als befürchtet."[62] Das hat Facebook über sich selbst herausgefunden. An dieser Studie gibt es deshalb und auch darüber hinaus Kritik, nämlich unter anderem, dass die Grundgesamtheit nicht alle Nutzer waren, sondern ausgewählte.

Auch der Internetaktivist Pariser, der in seiner Publikation im Jahr 2011 das Phänomen der Filterblase aufgenommen hatte, kritisiert die Studie: Tatsächlich habe die Untersuchung einen signifikanten Einfluss von Algorithmen gemessen. Facebooks Filter führten dazu, dass Nutzer im Durchschnitt sechs Prozent weniger Inhalte angezeigt bekommen, die ihrer Weltanschauung zuwiderlaufen. Das sei zwar weniger, als er selbst vermutet hätte, aber eben auch kein Grund zur Entwarnung.[63]

Zumal Pariser nicht nur politische Polarisierung befürchtet, sondern auch Verdummung. Er argumentiert laut *Süddeutscher Zeitung* so: „Facebook will Geld verdienen. Je länger Nutzer auf Facebook klicken und wischen, desto mehr Anzeigen sehen sie, desto mehr Geld verdient das Unternehmen. Also versucht Facebook, seine Mitglieder lange auf der Plattform zu halten und zeigt ihnen möglichst interessante Inhalte an. Die meisten Menschen interessieren sich kaum für Politik, entsprechenden Links folgen sie nur selten. Das registrieren Facebooks Algorithmen und bevorzugen Hochzeitsfotos und Katzenvideos gegenüber harten Nachrichten."[64]

Nach einer breit angelegten Untersuchung gibt es in sehr strenger Deutung praktisch keine voneinander abgeschotteten Filterblasen um die deutschen Parteien herum. Zwischen fast allen Milieus der politischen Parteien gebe es Verbindungen. Die *Süddeutsche Zeitung* zitiert Katharina Kleinen

---

[62] Hurtz, S. & Tanriverdi, H. (2017). Filterblase? Selbst schuld!. In: Süddeutsche digital. 2. Mai 2017. Im Internet abrufbar: http://www.sueddeutsche.de/digital/facebook-filterblase-selbst-schuld-1.3479639 (Zugriff: 02.05.2017).

[63] Vgl. Pariser, E. (2015). Did Facebook's Big Study Kill My Filter Bubble Thesis? Im Internet abrufbar: https://backchannel.com/facebook-published-a-big-new-study-on-the-filter-bubble-here-s-what-it-says-ef31a292da95 (Zugriff: 02.05.2017).

[64] Hurtz, S. & Tanriverdi, H. (2017), a. a. O.

von Königslöw von der Universität Hamburg so: „Der Großteil der Bevölkerung steckt nicht in einer Filterbubble. Abgespalten ist nur die AfD."[65]
Diese besondere Stellung der AfD lasse sich ihrer Auffassung nach eher mit dem Bild der Echokammer, in der bestimmte Meinungen stetig widerhallen, besser fassen als mit dem einer abgeschlossenen Filterblase. Eine Echokammer nutzen Tonstudios, um einen Halleffekt zu erzeugen. Auf das Internet übertragen bezeichnet dieser Ausdruck einen abgegrenzten Bezugsraum, in dem Aussagen im Inneren verstärkt werden. Auch Sascha Hegelich lässt sich zitieren – mit Zustimmung zu dieser Einordnung: „Dieser Begriff ist realitätsnäher. Informationen bewegen sich innerhalb dieser Echokammern schneller. Die Meinung der eigenen Gruppe ist präsenter als die Gegenmeinung."[66]
Walter Quattrociocchi hat ein italienisch-amerikanisches Forscherteam angeführt, das in den USA und in Italien Facebook-Accounts verglichen hat: Solche, die sich redlich um wissenschaftlich und journalistisch geprüfte Information bemühen, und andererseits Link-Schleudern, die Unsinn offerieren. Die Erkenntnis der Forscher lautet: „In den Echokammern der sozialen Netzwerke verbreitet sich dank der Likes und Shares Desinformation durchaus schneller und flächendeckender als die grau-schattierten Nachrichten seriöser Informations- und Nachrichtenanbieter."[67]
Hinzu komme, so Stephan Russ-Mohl, ein Mechanismus, nach dem sich Fakes wie ein Lauffeuer ausbreiten können: „Wir vertrauen eben [. . .] Family and Friends. Auch das ist freilich nichts Neues: [. . .] Seit Paul Lazarsfeld wissen wir, dass Meinungsführer oftmals Vermittlerrollen ausüben, wenn es darum geht, Nachrichten zu verbreiten. Das funktioniert online ganz ähnlich wie offline, nur dass im Netz der Multiplikatoreffekt um ein Vielfaches größer sein kann."[68]

---

[65] Brunner, K. & Ebitsch, S. (2017). Von AfD bis Linkspartei – so politisch ist Facebook. In: Süddeutsche digital. 2. Mai 2017. Im Internet abrufbar: http://www.sueddeutsche. de/politik/2.220/politik-auf-facebook-rechte-abschottung-ohne-filterblase-1.3470137 (Zugriff: 02.05.2017).

[66] Ebd.

[67] Zitiert nach Russ-Mohl (2017). Die informierte Gesellschaft und ihre Feinde. Warum die Digitalisierung unsere Demokratie gefährdet. S. 103.

[68] Russ-Mohl (2017), ebd.

Für Jacob Nelson lassen sich der Kosmos der Fake News und die reale Nachrichtenwelt nicht voneinander trennen, sondern die eine Seite infiltriert absichtsvoll die andere. Und wer in der Welt von Fake News und Verschwörungstheorien beheimatet ist, werde sich eben nicht bei glaubwürdigen Medien informieren, um seine Vorurteile zu entkräften. Stattdessen werde er sich auf diese Weise womöglich bestätigen lassen, wie „falsch" die eigentlich reale Welt sei.[69]

Es liegt auf der Hand, dass die präsente Meinung der eigenen Gruppe insbesondere dann ihre Kraft entfaltet, wenn sie erste oder gar einzige Anlaufstelle für Informationen ist. Ferner ist davon auszugehen, dass Meinungen, die sich via Social Media im Kopf festgesetzt haben, nur noch schwer zu verändern sind. Umso bedeutender könnte das Medium soziale Netzwerke sein bzw. werden. Deshalb lautet die zweite Leitfrage an die Experten: Welche Bedeutung kommt den beiden Phänomenen Filterblase und Echokammer aufgrund der Digitalisierung psychologisch und technologisch zu? Bei bei der Auswertung der Interviews ist aufgefallen, dass die Experten beide Begriffe – Filterblase und Echokammer – synonym verwenden – ohne die Differenzierung, wie sie etwa Birgit Stark vornimmt.[70]

AUSMASS DES FILTERBLASEN-EFFEKTS

Keiner der 16 Experten kann sich auf wissenschaftlich fundierte Quellen zum Effekt von Filterblasen oder Echokammern berufen. Daher stehen die subjektive Erfahrung und der persönliche Eindruck im Vordergrund. Es wird kritisiert, dass die Betreiber von sozialen Plattformen relevante Daten nicht preisgeben. „Ich glaube, es gilt immer noch, dass wir die informierteste Bevölkerung aller Zeiten sind, dass tendenziell wahrscheinlich eher die Filterblasen [...] durchbrochener sind. Und wie stark jetzt der algorithmisch erzeugte Filterblaseneffekt auf den sozialen Medien ist, das müssen wir ganz, ganz dringend untersuchen. [...] Aber diese akademische Diskussion der Filterblase – ich habe keine Geduld mehr, weil wir einfach nicht wissen, wie groß der Effekt wirklich ist." Ohne Preisgabe der Daten, die für

[69] Vgl. Nelson, J. (2017). Is 'fake news' a fake problem? Im Internet abrufbar: https://www.cjr.org/analysis/fake-news-facebook-audience-drudge-breitbart-study.php (Zugriff: 02.05.2017).

[70] Vgl. Stark, a. a. O.

die Betreiber der Plattformen allerdings nur unter Fortführung der Geheimhaltung ein Geschäftsmodell darstellen, lässt sich keine wissenschaftlich hochwertige Erhebung durchführen und damit keine Aussage zum Vorhandensein von Filterblasen oder Echokammern treffen. Eine gewisse Skepsis gegenüber diesem Phänomen ist deshalb nachvollziehbar: „Wenn man sich mit Suchmaschinenforschern unterhält, wird da einiges bezweifelt. [...] Der Grad der Personalisierung ist relativ überschaubar. Sehr, sehr gering, im einstelligen Bereich. Insofern möchte ich das Thema Filterblase [...] mit einem Fragezeichen versehen."

Gerade weil es über Filterblasen und ihre möglichen Auswirkungen nur wenig wissenschaftlich fundierte Erkenntnis gibt, gehen die Meinungen hierzu weit auseinander. Sascha Lobo sieht ihre Existenz durchaus als erwiesen. Dabei geht er so weit, dass er sozialen Medien zutraut, eine neue Wirklichkeit in den Köpfen der Rezipienten zu erschaffen: „Und weil Facebook eine kollektiv verstärkende, vernetzte Gefühlsmaschine ist, ist die entstandene Wahrnehmung der Wirklichkeit eine hyperemotionale."[71] Das Realitätsgefühl sei die Realität des 21. Jahrhunderts und von Social Media erzeugt.

Unabhängig davon, ob es diesen Effekt gibt, und abhängig davon, wie groß die Auswirkungen eines möglichen Effekts sein könnten, positioniert sich ein Befragter sehr deutlich zur digitalen Technologie: Er wirft die Frage auf, was die Alternative dazu wäre, was „wir heute Echokammer oder Filterblase nennen? Die Alternative wäre die Rückkehr ins komplett Analoge".

TECHNIK ALS HILFSMITTEL

Die Meinungen zur Existenz von Filterblasen gehen auseinander. Für Befürworter gibt es „natürlich [...] Filterblasen, und das Digitale macht es nur noch einfacher". Erklärt wird das Phänomen mittels personalisierter Werbung. „Wenn ich ein Freund von Waschbären bin und habe mich [...] geoutet, dann bewege ich mich auch nur noch darin und bekomme dann nur noch diese Informationen. Wenn ich jetzt [ein] großer Freund von Wasch-

---

71   Lobo, S. (2018). Nicht einmal Facebook versteht Facebook. Eine Kolumne. Im Internet abrufbar: http://www.spiegel.de/netzwelt/web/soziale-medien-das-realitaetsgefuehl-ist-die-neue-realitaet u 1232508 html (Zugriff: 01.11.18).

bären bin, dann bekomme ich natürlich mehr Sympathieartikel zugeliefert durch das Digitale, durch den Algorithmus, als wenn ich nur ein Abonnement bei Waschbär & Co. habe. Ich werde damit natürlich in eine Blase hineingezogen, wo ich sehr, sehr einseitig zugeschüttet werde."

Nutzer suchten bewusst nach ihresgleichen. Ein Experte beschreibt dies am Beispiel von rechtsextremen Gruppierungen. „Das ist an allen Rändern der Gesellschaft vorhanden. Ich vermute nicht, dass die linksautonome Szene anders organisiert ist [als die AfD] oder sich anders informiert als über Echokammern und die eigenen Kanäle. [...] Für die gibt es dann auch noch kaum andere Themen. Und die suhlen sich dann in der gleichen Suppe. [...] Das ist eine sehr relevante, große Gruppe." Es gebe auch „partikulare Gruppen, die sich thematisch komplett isoliert haben" – aus Gründen der „Systemkritik, Demokratiefeindlichkeit [oder] dem Gefühl, nicht wahrgenommen zu werden". „Durch das Internet und die digitale Information sind die Möglichkeiten sich abzuschotten und sich Inseln zu machen, enorm gewachsen." Dies darf man durchaus als Filterblase bezeichnen.

Wegen der Existenz von Filterblasen müsse man heutzutage „sehr viel individueller kommunizieren, als Sie das noch vor zehn oder vor zwanzig Jahren getan haben," meint ein Experte. „Da reichte ein Auftritt in der *Tagesschau* oder das Interview in einer großen Zeitung, das wurde dann von allen anderen abgeschrieben. Das funktioniert heute nicht mehr so. Die Technologie ist einerseits Ihr größter Feind, könnte aber auch Ihr Helfer sein. [...] Ich glaube, dass die Technologie helfen kann, diese [...] Filterblase [...] zu durchbrechen."

Die Technik wird damit als Hilfsmittel angesehen, in eine Filterblase zu gelangen. Allerdings seien dem Staat dabei die Hände gebunden. Setzt die Regierung Hilfsmittel ein, wittern Nutzer „Verrat, Indoktrination, Manipulation – und das muss man vermeiden". Er verdeutlicht seine These anhand von Facebook. „Wir bekommen [...] ja immer die Ergebnisse dieser Blasen mit, indem die Leute uns da anpöbeln. Und wir antworten dann immer ganz höflich, dass das leider falsch und Folgendes richtig ist. Und viel mehr können wir auch nicht tun. Wir können nur darauf hoffen, dass der eine oder andere aus dieser Blase dann sein Gehirn einschaltet und feststellt, dass wir vielleicht doch Recht haben. [...] Wir können [...] nicht jedem ordentlichen Regierungsgegner gezielt positive Nachrichten über diese Regierung zukommen lassen. Das kann man nicht machen."

Das Aufbrechen von Filterblasen kann auch programmiert werden. Man spricht von der so genannten Discovery-Funktion, „wenn Sie etwas zugespielt bekommen, womit Sie nicht gerechnet haben. Das bedeutet, dass Sie etwas Neues entdecken." Die Discovery-Funktion sei in der Suchmaschinenforschung eine große Herausforderung. „Also ich finde, diese klassische Discovery [-Funktion], gerne auch außerhalb Ihrer persönlichen Interessen- und Komfortzone, ist das Beste, was Internet-Dienstleistungen bislang mitgebracht haben, weil es Sie gerade aus irgendwelchen [...] Repertoires oder Filterblasen herausreißt."

Neben der Discovery-Funktion gibt es einen weiteren Aspekt, wonach technische Mittel nicht zur Bildung von Filterblasen führen. Dies wird begründet mit den Interessen der virtuellen Freunde in sozialen Netzwerken. „Zu sagen, nur weil Google, Facebook und Co. einen Algorithmus über mich streifen, komme ich erst gar nicht mehr in Kontakt mit irgendwelchen Dingen, die mich nicht interessieren, ist [...] ein Irrglaube, denn da setzt das Social Web ein. Ich habe gute Freunde, [einer davon ist] ein Sportfreak vor dem Herrn und er sorgt [mit seinen Posts] dafür, dass in meiner Timeline ab und zu auch mal eine [...] Sportnachricht erscheint."

Gleichzeitig gibt es einen umgekehrten Effekt, ermöglicht durch die Technologie. „Diese Selektion, die durch Elternhaus, Bildung oder wie auch immer geprägt ist, gab es in den klassischen Medien schon immer und gibt es demzufolge auch im Netz. Ich erlebe es umgekehrt, dass man im Netz sogar sehr viel mehr in Kontakt mit anderen Gruppen kommt. Wer kennt das nicht: Sie setzen sich an den Computer und wollen gezielt nach etwas suchen und sitzen eine Stunde später immer noch da und sind plötzlich ganz woanders als da, wo Sie ursprünglich mal hinwollten. Das kommt immer ein wenig zu kurz in dieser doch sehr abgehobenen, elitären und akademischen Sichtweise. Meine Lebensrealität und Medienrealität ist das nicht. Wenn ich mir meine Kinder anschaue, dann haben die heute mehr Zugang und mehr unterschiedliche Weltsichten, als ich das noch hatte, und ich bin als Journalist mit *Spiegel, Süddeutscher* und *Tagesschau* aufgewachsen. Sogar jemand völlig unpolitisches kommt heute mit viel mehr Quellen in Berührung, ob er will oder nicht." Die Allmacht der Algorithmen existiere auf dem Papier, aber in der Praxis sehe es nicht mehr „so schwarz oder weiß aus".

Bedeutung für die Demokratie

Der bereits beschriebene Einsatz von technischen Hilfsmitteln für den Staat ist die eine Perspektive, eine andere ist die Bedeutung, die das technologische Vorhandensein von Filterblasen auf demokratische Systeme hat. „Das, was wichtig für eine Demokratie ist, ist dass man eine Vielfalt an Meinungen abbilden kann, damit es so etwas wie einen gesellschaftlichen Diskurs zu wichtigen Themen gibt. Wenn sich das weiter zuspitzt, werden wir genau den nämlich nicht mehr haben. Zumindest in einem breiten Teil nicht mehr, in dem sich die Bevölkerung nicht mehr informiert. Die Medien bilden das nach wie vor ab – die einen mehr, die anderen weniger gut. Aber wenn schon im Vorfeld gefiltert wird, welche Information wer bekommt, weil er auf ein bestimmtes Banner geklickt oder einen bestimmten Dienst einer politischen Vereinigung abonniert hat, dann erzeugen wir diese Echoblasen. [...] Und das birgt eine hohe manipulative Gefahr."

Die manipulative Gefahr wird auch von anderen Befragten gesehen. „Das Internet eröffnet die Möglichkeit, dass man sich in Foren wiederfindet, in denen nur noch Gleichgesinnte zusammenkommen, sich immer wieder dieselben Geschichten erzählen und das so häufig tun, bis alle selbst daran glauben. Das sind für mich Selbstvergewisserungsblasen. Das ist viel Raum für Verschwörungstheorien. Da gibt's kein Gerücht, das man nicht verbreiten kann. Für unser demokratisches System ist das hochproblematisch. Demokratie lebt vom Diskurs, vom Austausch unterschiedlicher Meinungen."

Diese Meinungsvielfalt wird als essenziell für das demokratische System angesehen. Eine Einstellung, die der Mensch als Programmierer des Algorithmus entsprechend berücksichtigen könne. „Meiner Ansicht nach können Sie Ihrem Medienassistenten sagen, von der Grundeinstellung her bin ich beispielsweise sehr pluralistisch. Ich möchte also eine Meinungsvielfalt zu jedem Programm, leg mir bitte von allen drei großen Parteien die Stellungnahmen zu diesen Problemen vor." Diese Möglichkeit bringt die technologische Veränderung mit sich.

Filterblasen als Folge menschlichen Verhaltens

Wie bereits oben beschrieben, steht auch bei Filterblasen als Folge technologischer Veränderung der Mensch als Programmierer und Rezipient im Fokus. Drei der 16 Befragten meinen, dass es Filterblasen schon immer gegeben habe. Insbesondere deshalb, weil es menschlich sei, sich Menschen mit gleichen Ansichten zu suchen.

- Dies gelte zum einen für den Umgang mit Menschen, was die Soziologie bereits belegt habe, „dass die Menschen sich in der Regel in dem Umfeld bewegen, das in irgendeiner Weise auch ihrem Meinungsbild entspricht". Deshalb dienten Filterblasen weniger der Beschaffung von Mehrheiten, sondern mehr der Bestätigung und Verstärkung. Davon sind vier der 16 Befragten überzeugt. Die Gefahr von Filterblasen sei für jeden einzelnen allerdings heute kleiner als früher. Wegen der Medienvielfalt könne man es nicht auf die Medien schieben, wenn „einer dafür anfällig ist, sich sehr schnell in solchen Gruppen [Gleichgesinnter] zu bewegen".
- Zum anderen gelte dies aber auch für das Verhalten bei der Informationsbeschaffung. „In meiner Studentenzeit hatten wir in der WG [...] ein Zeitungsabonnement. Meistens zwei. Eine Zeitung für das Lokale und dann hat man sich, je nach Gusto und politischer Veranlagung, noch *FAZ*, die *Süddeutsche* oder gar die *taz* geholt. *FR* war auch noch dabei. [...] Und never ever wäre die *Welt* oder die *Bild* reingekommen. [...] Man kann nicht erwarten, dass jeder Mensch objektiv unterwegs ist."

Der Mensch sei nun einmal subjektiv, weshalb sechs der 16 Befragten angeben, dass *wir alle* Filterblasen betreiben. „Es ist nur die Frage, wie das im Hintergrund gesteuert wird. Natürlich entscheide ich, was ich lesen möchte. Ich blättere jede Zeitschrift nach interessanten Themen durch. Niemand liest das von Beginn bis Ende. Und ich entscheide auch, welche Zeitschrift ich kaufe und welche nicht. Insofern ist es ja nur menschlich und nachvollziehbar, dass so etwas im Netz auch passiert." Betroffen seien deshalb viele Gesellschaftsschichten, um nicht zu sagen: Alle. Der Begriff der Filterblase sei nicht neu, er habe nur eine neue Dimension erreicht.

Diese neue Dimension lässt sich auf die technologische Entwicklung zurückführen und für den Menschen wie folgt beschreiben. „Nach wie vor [...] sind *bad news good news*. Und wenn Sie eine Dauerberieselung über den Bürgerkrieg in Syrien bekommen, von der Krise in der Ukraine, von der Hungersnot in Darfur und so weiter und so fort, dann ist das natürlich viel unmittelbarer, als das früher war. Das erzeugt eine gewisse Ohnmacht. [...] Und das führt meiner Ansicht nach dazu, dass sich viele Menschen generell abwenden und sagen: Ich gehe den anderen Weg und interessiere mich nur ganz partiell für ganz wenige Dinge. Das ist das, was man teilweise als Blase bezeichnet."

Gefahr durch Filterblasen

In dieser oben genannten neuen Dimension sehen vier Befragte folgende Gefahren für jeden einzelnen Bürger.

- Eine Gefahr lautet „Manipulation" mit der Folge von
- „Verschärfung und Zuspitzung" und einer
- „Segmentierung einer Gesellschaft" sowie der
- Aufspaltung in „eigene Milieus". „Du hast nur noch unterschiedliche Gruppen, [...] die komplett voneinander losgelöste Weltbilder haben. Und die auch im Zweifel nicht mehr durchbrechen. Sondern im Gegenteil sich darin verstärken."
- Eine weitere Gefahr ist, unbeabsichtigt und ohne eigenes Zutun in solche Blasen zu rutschen. „Vielleicht bekommst du das auch gar nicht mit. Das ist dann ein bisschen wie der Frosch, der ins kalte Wasser gesetzt wird und die Temperatur [...] steigt. Wenn da noch unerkannt einer zündelt und anfängt mit Algorithmen zu operieren, vielleicht bist du dann einfach verloren. Vielleicht kommst du dann irgendwann einfach in eine Situation, in der du das Ganze dann wirklich glaubst und der Meinung bist, du bist komplett informiert. Und das um dich herum nicht mehr siehst, dich aber nicht mehr davon abbringen lässt."
- Eine weitere Gefahr wird darin gesehen, dass eine Regierung ja umfassend informieren soll. „Ich möchte nicht, dass ich etwas anderes erfahre als mein Nachbar, der vielleicht eine andere politische Einstellung vertritt." Dadurch könnten „nicht unwesentliche Teile der Bevölkerung entkoppelt" werden und es könnte eine Parallelgesellschaft entstehen. Eine Regierung hat jedoch genau das Gegenteil zur Aufgabe. Diese Parallelgesellschaft entsteht dadurch, dass *wir alle* in einer Echokammer leben. „Wir sind in bestimmten Berufskontexten, [...] Bildungskon-

texten, [...] familiären Kontexten. Und ich glaube, dauerhaft wird sich niemand mit Leuten umgeben, die einem ständig widersprechen [...]. Dann reduziert man Freundschaften." Das soziale Gefüge erzeuge demnach die erste große Filterblase. „Ich habe den Eindruck, dass sich die Entwicklung [im Netz] hin zu Selbstvergewisserungsblasen, in denen man sich nur noch die eigene Meinung bestätigt, verstärkt." Und: „Man nennt die auch Alu-Hüte, [die] also jegliches Argument [abstrahlen]."

UMGANG MIT FILTERBLASEN

Vor diesem Hintergrund stellt sich die Frage nach dem Umgang mit Filterblasen. Es herrscht Einigkeit darin, dass es die Aufgabe insbesondere der Regierungskommunikation ist, alle Bürger zu informieren. „Wir können nicht nur eine Gruppe informieren. Wir müssen immer alle gleich informieren." Dieser Anspruch steht einer Filterblase oder Echokammer diametral entgegen.

Zwei Befragte sind sich einig, dass die Öffnung von Echokammern schwierig sei. Jede Filterblase oder Echokammer müsse individuell behandelt werden. Klar ist aber für fünf der 16 Befragten, dass es notwendig sei, mit den Menschen in Filterblasen oder Echokammern ins Gespräch zu kommen. Die Basis hierzu wird darin gesehen, die Entwicklung technisch wie gesellschaftlich aktiv zu beobachten, davon zu lernen und sie zu verstehen. Die Befragten sehen zum Umgang mit Filterblasen folgende Möglichkeiten:

- Ein Instrument ist die klassische Stakeholder-Kommunikation: „Früher hat man gesagt: ein runder Tisch. Das gab es in der Politik schon immer, das gab es auch bei Unternehmen schon immer. Sprechen hilft. Sprechen kann digitales Sprechen sein. [...] Wenn man verschiedene Gruppen und Für- und Widersprecher an einen Tisch holt, kommen keine Filterblasen zustande."
- Ein weiterer Ansatz liegt in einer „sehr viel" individuelleren Kommunikation.
- Eine andere Möglichkeit liegt tiefgründiger, weil „viel früher": Man müsse sich viel früher Gedanken machen, „ob wir die Themen erreichen, ob wir die Sprache der Menschen auch sprechen, und wenn wir da Lösungen bieten, dass die sagen: Irgendwie verstehen die uns. Dann sind

die auch eher bereit das aufzunehmen, was wir sagen. Wenn sie uns aber nicht verstehen, dann rutschen sie natürlich ab zu denen, die vorgeben sie zu verstehen. Das ist dieses klassische Rattenfänger-System."

• Ein sehr praktischer Ansatz lässt sich aus dem Zeitungsgeschäft ableiten, in dem Leserbeiräte über aktuelle Themen diskutieren. Heute sei der Beirat in dieser klassischen Zusammensetzung überholt. „Ich brauche einen Weltbeirat. Ich muss ja die Menschen aus allen unterschiedlichen Schichten [haben], auch die, die mit der Zeitung nichts zu tun haben [...]. Die krieg ich im Netz." Ein solcher auf die jeweiligen Bedürfnisse ausgerichteter Beirat könnte auch öffentlichen Institutionen wichtigen Input liefern, ihnen die unterschiedlichen Ansichten darlegen und so sensibilisieren dafür, welche Themen relevant sind, die eine Institution möglicherweise nicht im Blickfeld hatte.

2.3 REIZÜBERFLUTUNG IM DIGITALEN ZEITALTER

Filterblasen und Echokammern zeichnet aus, dass der User heutzutage nicht mehr nur Endverbraucher von Nachrichten, sondern Produzent und Konsument in einem, ein so genannter „Prosumer" oder „Prosument", ist. Dies gilt auch für das Internet insgesamt jenseits von abgeschlossenen Blasen und Kammern. Früher war die Anzahl der Sender in der Medienwelt überschaubar, heute nicht mehr. Deshalb ist die Frage nach der Kompetenz der Sender berechtigt. Jeder Nutzer kann heutzutage sofort und selbst öffentlichkeitswirksam reagieren. Es gibt keine einflussreiche und vertrauensvolle Institution mehr, die einordnet und erklärt. Die direkte Kommunikation führt dazu, dass vermeintlich ähnliche Positionen eins zu eins übernommen werden können. Bernhard Pörksen beschreibt es als eine Art Instabilität durch zu viele Informationen und nennt es „Desinformations-Informations-Paradox"[72]. Demnach flüchtet der Nutzer in das Denkschema, dem er sich gedanklich zugehörig fühlt. Das ist der Weg des geringsten Widerstands, er wird insbesondere dann gern genommen, wenn eine Reizüberflutung vorliegt.

---

[72] Bernhard Pörksen referierte über „Die Skandalgesellschaft. Vom Ende der Kontrolle im digitalen Zeitalter" an der Universität Freiburg am 12. Januar 2017. Der Autor nahm selbst an der Veranstaltung teil.

Russ-Mohl verfolgt für das Entstehen einer desinformierten Gesellschaft einen weiteren Ansatz, nämlich dass Werbe-, Marketing- und PR-Fachleute sowie Propaganda-Strategen und Spindoktoren meist mehr über die Art und Weise, wie Informationen verarbeitet werden, wissen – und damit auch mehr über alle irrationalen Schwächen.[73] Demzufolge lässt sich ein Informationsfluss steuern mit dem Ergebnis, dass nur auserwählte Informationen empfangen werden können. Dieser gesteuerte Informationsfluss kann eine Reizüberflutung zur Folge haben.

Welche Folgen aber haben Reizüberflutung und gefühlte Überflutung an Information technologisch und psychologisch, bedingt durch eine größere Anzahl an Medien, eine Vielzahl an potenziellen Informationsquellen und Algorithmen, die Informationen gezielt steuern?

FOLGEN DER REIZÜBERFLUTUNG FÜR DIE NUTZER

„Wir sind [...] in einer sich verändernden Gesellschaft. Wir dürfen und können uns neuen Kommunikationswegen nicht verschließen", betont ein Experte. Dass die Digitalisierung nicht mehr unumkehrbar ist, ist inzwischen eine weit verbreitete Erkenntnis. Deshalb ist es notwendig, sich auf neue Instrumente einzulassen. Dabei bestehe die Gefahr, dass „Menschen nicht mehr wissen, worauf sie sich verlassen können und worauf nicht [und] dass Menschen vor der Informationsflut generell zurückschrecken und sich bewusst gar nicht mehr informieren, sondern sich einfach nur noch berieseln lassen." Es sei die Flut, die es zu beherrschen gilt, die viele Menschen aber gar nicht beherrschen können – oder gar nicht wollen. Zwei Experten sehen in der Masse der Informationen ein Hindernis für eine fundierte Information: „Wir sind *over-newsed but under-informed.*"

Für die veränderte Informationsaufnahme sehen die Interviewpartner folgende potenzielle Gefahren:

- Zwei Befragte sprechen von einer Ohnmacht durch Reizüberflutung, ein weiterer von einem „Informations-Overkill". „Das höchste Interesse der Menschen betrifft ihre eigene Umgebung. Die Informationen aus ihrer eigenen Umgebung konnten sie durch die lokalen Medien oder das Fern-

---

[73] Russ-Mohl (2017). Die informierte Gesellschaft und ihre Feinde. Warum die Digitalisierung unsere Demokratie gefährdet. S. 62.

sehen [...] wahrnehmen. Sie haben heute permanent Zugang zu allen Ereignissen dieser Welt." Der permanente Zugang kann zu einer gefühlten Dauer-Information führen mit weiteren Folgen:

- Die Masse an Informationen kann zu einer „Abwendung von Information" führen – mit der Folgekette, dass man die Wahrheit von Informationen leugne und sich dadurch eine Legitimation verschaffe, man müsse sich nicht für alles interessieren. Die Abwendung von Information wird beschrieben mit einem Gefühl des Überdrusses („Lasst mich mit diesem ganzen Quatsch in Ruhe"), wonach „die Menge des Informationsmülls [...] mittlerweile total unüberschaubar [ist]". Deshalb könne sich das Informationsverhalten ins Gegenteil verkehren. Insbesondere dann, wenn [...] sich [die Rezipienten] überfordert fühlen.
- Die Kombination aus Überforderung und Verunsicherung könne eine gewisse Aggressivität auslösen. „Ein verunsicherter Hund klemmt erst den Schwanz ein. Und wenn er das lange genug gemacht hat, fängt er irgendwann an zu bellen. Das ist einfach: Angst. Und die sucht sich ein Ziel, und zwar die Regierung."
- Auf ein Mehr an Medien und Quellen folgt auch „deutlich mehr Arbeit aufgrund der Fülle – und es erfordert auch noch eine Auswertung der Informationen, die man hat. Das gab es früher nicht. [...] Das ist vielfältiger geworden, es ist extrem arbeitsintensiver."
- Hinzu komme, dass man sich insbesondere wegen der vermeintlichen Informationsflut „disziplinieren muss, sich auch Zeit zu nehmen für andere Sichtweisen. Die Wahrscheinlichkeit, dass ich nur noch das lese, was mir gefällt [...], ist groß."
- Vor diesem Hintergrund ist der „Ruf nach Orientierung [...] logisch und nachvollziehbar. Und je wilder und reißender die Informationsflut wird, umso logischer und nachvollziehbarer ist dann auch das Bemühen der einzelnen Leute, eine Struktur hineinzubekommen."

Grundsätzlich ist aber den Experten zufolge „ein Mehr an Informationen nicht zwingend negativ".

FOLGEN DER REIZÜBERFLUTUNG FÜR MEDIENSCHAFFENDE

Die Ausführungen zeigen, dass die Anforderungen an die Nutzer bei der Informationsaufnahme gestiegen sind. Dadurch stellen sich für Medienschaffende neue Fragen, um nicht zu sagen: „Ein Umdenken [ist] notwendig." Die Fülle an Informationen führe dazu, dass der Aspekt des Alleinstellungsmerkmals an Relevanz gewinnt. Genau dieses müssten die Medienschaffenden herausarbeiten, was bei der wachsenden Zahl von Medienkanälen als Herausforderung angesehen werden darf.

Zum Umgang mit der Reizüberflutung ist relevant, dass die Nutzer eher „kurze Informationshappen" aufnehmen, wobei sich die wenigsten Themen so pointiert zuspitzen lassen. Als ebenfalls relevant gilt, sich mehr auf Themen denn auf Personen zu konzentrieren und bei diesen Themen verstärkt das Instrument der Erklärung anzuwenden: „Der Erklärfaktor von Politik wird zunehmend wichtiger, nicht nur die Nachricht, sondern warum wir diese Nachricht rausgeben." Die Nachricht müsse dabei nicht mehr dem Journalisten, sondern dem Bürger gefallen. Der zweite Befragte nennt die Vorgehensweise „Erklärbär": „Das ist auch die einzige Möglichkeit, die wir haben. Und ehrlich gesagt, halte ich das auch für richtig. Weil in dieser ganzen Aufregung [. . .] das das Einzige ist, womit man Leuten das Gefühl geben kann, dass der Staat seriös ist." Die Technologie der Algorithmen werde für den Staat dann relevant, wenn er Menschen nicht erreichen könne, weil er mit seinem Tun und Handeln in sozialen Netzwerken nicht in den Algorithmus passe. Deshalb folgt ein Blick auf die Technologie:

BEDEUTUNG DER TECHNIK FÜR DIE REIZÜBERFLUTUNG

Die technologische Entwicklung fördert eine neue Dimension von Reizüberflutung oder Informationsflut. Diese Überflutung wird angetrieben durch eine neue Rolle der Dimensionen Raum und Zeit. Informationen in sozialen Netzwerken orientieren sich nicht an regionalen oder nationalen Grenzen. Insofern hat sich die räumliche Dimension verändert. Deshalb dringen im Vergleich etwa zu einer klassischen Tageszeitung de facto mehr Informationen aus aller Welt durch. Beschleunigt wird dies durch die Technik, womit in kürzerer Zeit mehr Informationen zur Verfügung stehen, auf die die Rezipienten reagieren, antworten und eine Reaktion verlangen können. Die Technik führt damit in eine „Welt der Echtzeitdiskussion [. . .]. Das macht es anstrengender und komplizierter, aber ich glaube, man muss es auch machen [und auf die Rezipienten eingehen]. Früher wollte der Leser auch eine Antwort auf seinen Brief haben, heute will er eben innerhalb

von drei Stunden eine Antwort in Facebook, bei Instagram oder sonst wo haben [...]."
Diese Reizüberflutung wird auch ausgelöst durch den Trend zur Transparenz möglichst vieler Informationen. In diesem Kontext sei auf den Begriff der „Open-Data-Kultur" verwiesen, die ebenfalls erst durch die Technologie ermöglicht wird. Es ist heutzutage möglich, einen kompletten Prozess in seiner Gänze auf einer Online-Plattform aufzuzeigen, ihn quasi just in time zu aktualisieren und auf Updates hinzuweisen.
Der Trend zur Transparenz kann allerdings auch ins Gegenteil umschlagen. Gerhard Loewenberg nennt dies ein „Paradox der Transparenz"[74]. Ulrich Sarcinelli erklärt das Paradoxon so: „Mehr Öffentlichkeit gibt gerade in jene Merkmale des Gesetzgebungsprozesses Einblick, die den Erwartungen der Bürger widersprechen – seien es zeitraubende und schwerfällige Verhandlungen oder unattraktive Kompromisse."[75] Daraus lässt sich ableiten, dass das Transparent-machen von Informationen wohl überlegt und sorgfältig abgewogen sein sollte, bevor die Technologie hierzu herangezogen wird.
Andere sehen in der Technologie der Suchmaschinen und Algorithmen die Lösung der Reizüberflutung, weil „sie die Kompetenz zur Auflösung dieses [Desinformations-Informations-] Paradoxon bei den jüngeren und im Internet geschulteren Nutzergruppen" haben. Algorithmen können dazu beitragen, Suchergebnisse nach Interessen der Nutzer zu sortieren, entsprechend geordnet zu präsentieren und damit eine Struktur in die Welt der Informationen bringen. Wer das von Pörksen beschriebene Paradoxon auflösen kann, könnte sich besser im Informationsmeer zurechtfinden. Da Algorithmen dies zugetraut wird, können sie als geeignetes Hilfsmittel angesehen werden.

---

[74] Loewenberg, G. (2007): Paradoxien des Parlamentarismus. In: Zeitschrift für Parlamentsfragen 38 (4), S. 816–827.
[75] Sarcinelli, U. (2013). Legitimation durch Kommunikation? Politische Meinungs- und Willensbildung in der „post-modernen" Demokratie. S. 98. In: Korte, K. & Grunden, T. (Hrsg.) (2013). Handbuch Regierungsforschung. Wiesbaden: Springer VS. S. 93–102.

AUSWIRKUNGEN AUF MEDIENSCHAFFENDE

Die oben skizzierten Technologien stellen Institutionen vor neue Herausforderungen: „Die Behörden, die ich heute kenne, sind im Bereich der digitalen Ausstattung noch ziemlich in den 70er Jahren. Das muss man auch konstatieren." Der Experte spricht davon, dass Behörden „definitiv im Bereich einer Aufholjagd" sind, „eine Aufholjagd, die ein Marathon wird". Der Regierungssprecher habe dabei eine „Herkulesaufgabe" zu leisten. Er müsse als Vorbild die Technik erst „selbst antizipieren, entsprechende Methoden aufbauen und dann Überzeugungsarbeit [in der Behörde] leisten".

Dazu zählen „neue Wege der Kommunikation" – auch technisch gesehen –, der Einsatz von Video-Technik statt Texten wie auch die Entwicklung neuer Formate dank neuer Technologien. Dazu zählt auch, dass die verschiedenen Plattformen zielgerichtet eingesetzt werden müssen, was ein entsprechendes Wissen voraussetzt. Die Distribution von Informationen je nach Plattform erachten fünf der 16 Befragten als wichtig.

Um Informationen gezielter auf den Plattformen verteilen zu können, ist eine Analyse der dort diskutierten Themen, also ein Monitoring notwendig. Dies sehen fünf der 16 Befragten so. „[Wir] brauchen [...] eine größere Sensibilität, um zeitig zu reagieren oder selbst, wenn man schon mitbekommt, dass etwas sein könnte, hier gegenzusteuern." „Die Beobachtung der neuen Medien in Echtzeit wird die große Herausforderung für die Regierungskommunikation der Gegenwart und der Zukunft sein." Diese Beobachtung ist deshalb sinnvoll, weil Themen wegen der technischen Verfügbarkeit von Plattformen nicht nur schnell entstehen, sondern auch ebenso schnell verbreitet werden können. Je schneller die Verbreitung, desto schwieriger wird es für den Staat, auf Themen zu reagieren und diese noch richtigstellen zu können. Die Flut an Informationen stellt somit Institutionen wie den Staat vor die Herausforderung, die „Auseinandersetzung im Informationswettstreit" zu gewinnen. Dies gilt strukturell und personell wie auch für das operative Geschäft, wie die nachfolgenden Ausführungen zeigen.

AUSWIRKUNGEN AUF DIE REGIERUNGSKOMMUNIKATION

Für Behörden hat eine kommunikationstechnologische Aufholjagd begonnen. Dies lässt sich auch übertragen auf die Fähigkeiten und Fertigkeiten im

Umgang mit sozialen Netzwerken. Konkret sehen die Befragten folgende Aufgaben auf die Regierungskommunikation zukommen:

- Digitale Medien sollten quasi täglich ausgebaut werden.
- „Die Onlinekommunikation [muss] zum integralen Bestandteil der Gesamtkommunikation" werden, um den gesetzlich abgeleiteten Auftrag breit, umfassend und maßgeschneidert zu informieren, gerecht zu werden.
- Die Regierung wird dabei „immer mehr zum Produzenten" – und das darf als Paradigmenwechsel angesehen werden.
- Gleiches gilt für die Devise „Content first". Erst der Inhalt, dann die Form. Früher sei die Form wichtiger gewesen.
- Die Kommunikation muss stärker auf Zielgruppen ausgerichtet werden, was sieben der 16 Befragten als essenziell ansehen. „Wenn man teilweise die Probleme mit Wählerverhalten und Demokratieverständnis hat, ist es umso wichtiger, die Algorithmen auch für uns zu nutzen. Um ganz spezifisch diese Zielgruppen zu erreichen, um hier für Demokratieverständnis zu werben, für ihre Arbeit zu werben, politische Prozesse zu erklären."
- „Der Köder muss dem Fisch schmecken, nicht dem Angler. Deshalb muss Regierungskommunikation so aufbereitet sein, dass sie interessant und nachvollziehbar ist. Dafür braucht es journalistische Expertise." „Deshalb halte ich das Definieren von Zielgruppen für das A und O."

Sechs der 16 Befragten sehen durch das Mehr an Informationen im Netz einen dringenden Bedarf an mehr Personal und führen folgende Gründe an:

- Pressestellen arbeiten verstärkt sieben Tage die Woche.
- Vorhandene homogene Teams werden als nicht mehr zukunftsfähig beschrieben. Eine „heterogene Gruppe [ist] immer besser". Dies bezieht sich auch auf das Alter. Wolle man junge Menschen in ihren Netzwerken erreichen, müsse man junge Menschen aus diesen Netzwerken im eigenen Team integrieren.
- Es sollte Mitarbeiter geben, die sich ausschließlich um Social Media kümmern.
- Das Personal müsse in der Lage sein, die „Behördensprache" in eine „Alltagssprache" zu übersetzen. Dabei sei es egal, ob „Sie die Behördensprache digital kommunizieren oder wie früher per Brief oder auf

Steintafeln meißeln. Wenn es [das] Gegenüber nicht versteht [...], dann funktioniert es nicht."

Daraus wird geschlossen: „Das heißt, das, was man braucht an Apparat, an Manpower, um damit umzugehen, um darauf reagieren zu können, um entscheiden zu können, worauf reagiert man und worauf nicht, wird in Zukunft viel größere Ressourcen verlangen, als das jetzt noch der Fall ist." Die Entscheidung, worauf reagiert wird, trifft allerdings zwingend ein Mensch – unter der Bedingung technischer Vorgaben.

Abbildung 9: Auswirkungen auf die Regierungskommunikation. Eigene Darstellung.

2.4 FAKE NEWS

Zur Reizüberflutung trägt insbesondere die Tatsache bei, dass neben Presse, Funk und Fernsehen heutzutage auch das Internet zu den Massenmedien gehört. Es kommt aber nicht einfach ein neues Medium hinzu, sondern ein Medium mit einer Vielzahl diverser Kanäle. Es kann demnach in der Medienwelt keine Unterscheidung mehr geben zwischen virtueller und realer Welt. Dies zeigte spätestens die Twitter-Regentschaft von Trump. „Von Alt-Bundeskanzler Gerhard Schröder ist sein Credo überliefert, zum Regieren benötige er nur BILD, BAMS und Glotze. Bei Trump hatte sich dies bereits drastisch verschoben: Er braucht erkennbar [...] vor allem Twitter sowie die anderen sozialen Netzwerke als Link-Schleudern."[76]

---

[76] Russ-Mohl, S. (2017). Die informierte Gesellschaft und ihre Feinde. Warum die Digitalisierung unsere Demokratie gefährdet. S. 31.

Die Online-Welt ist selbstverständlich geworden und jederzeit von jedermann erreichbar. Vertreter von Einzelmeinungen finden schneller Mitstreiter, erreichen Unbekannte und mobilisieren. Der Blogger Sascha Lobo sieht es so: Sie sind Teil einer Welle, glänzen aber dennoch als einzelnes Teilchen. Früher haben Journalisten Informationen verteilt, heute sind es „wir alle" – und nimmt dies als Grundlage zu seiner These der „Krise des Wir", in der er auch die Folgen der Globalisierung für Verschwörungstheorien und Minderheiten-Meinungen aufzählt.[77]

Dies scheint insbesondere für populistische oder politisch extreme Gruppierungen zu gelten.[78] Sie bauen sich ihre eigenen Geschichten zusammen. Sie arbeiten mit Fake News, um den vermeintlichen Nerv der Gesellschaft zu treffen und ihre Positionen zu verbreiten. Die Basis für Fake News lautet Angst und Verunsicherung. Fake News sind jedoch kein neues Phänomen, es gibt sie spätestens seit den gefälschten Hitler-Tagebüchern im *Stern*. Und: Laut *Zeit online* sind Desinformationen insbesondere seitens Russland Fake News erster Güte.[79]

Dabei dürfe Peter Schaar zufolge nicht ausgeblendet werden, dass Halb- und Unwahrheiten und bewusst unscharfe Botschaften seit eh und je zur Kommunikation und auch zum politischen Geschäft gehören.[80] „Das wirklich Neue an dem Phänomen Fake News besteht darin, dass Lügen [...] in einem veränderten technologischen Umfeld erzeugt und verbreitet werden. Ihre Wirksamkeit entfalten Fake News vor allem deshalb, weil sie vorbei an den klassischen Medien direkte massenmediale Wirkung erreichen."[81] Fake News umgehen damit den Qualitätsfilter seriöser Medien.

---

[77] Vgl. Lobo, S. (2017). Vorschlag zur Aufrechterhaltung der liberalen Demokratie. Blog-Eintrag des Autors vom 23.04.2017. Im Internet abrufbar: https://saschalobo .com/2017/04/23/vorschlag-zur-aufrechterhaltung-der-liberalen-demokratie/ (Zugriff: 19.11.2018).

[78] Vgl. Schmidt, J., Merten, L., Hasebrink, U., Petrich, I. & Rolfs, A. (2017). Zur Relevanz von Online-Intermediären für die Meinungsbildung. S. 13.

[79] Vgl. Dobbert, S. (2017): „Falschmeldungen – Fake-News made in Russia". Im Internet abrufbar: http://www.zeit.de/politik/ausland/2017-02/falschmeldungen-fake-news-russ land-propaganda-putin-donald-trump/komplettansicht (Zugriff: 15.04.2017).

[80] Schaar, P. (2017). Wie die Digitalisierung unsere Gesellschaft verändert. In: Schröder, M. & Schwanebeck, A. (Hrsg.) Big Data – In den Fängen der Datenkranken. Die (un-) heimliche Macht der Algorithmen. S. 110.

[81] Schaar, P. (2017), a. a. O., S. 111.

„Desinformation ist die Pest der digitalisierten Gesellschaft. Sie breitet sich nicht nur epidemisch aus, sie verändert auch unsere Wahrnehmung dessen, was wir für wahr halten."[82] Demzufolge besteht die zentrale Herausforderung für seriöse Medien, für die Demokratie und für freiheitliche Gesellschaften laut Russ-Mohl darin, diese Pest zu bekämpfen. „Wir müssen uns damit auseinandersetzen, wie sich Info-Müll und mentale Umweltverschmutzung eindämmen lassen."[83]

Für Russ-Mohl spielt das Vertrauen in die traditionellen Instanzen eine entscheidende Rolle. „Vor allem ist der Vertrauensverlust gegenüber Journalismus und den Medien Teil eines generellen Vertrauensverlusts von Institutionen, der in Europa und den USA weit fortgeschritten ist. Ohne diesen Glaubwürdigkeitsverfall hätten Desinformations-Strategien weit geringere Erfolgschancen."[84]

Russ-Mohl beschreibt eine Folgenkette für eine „Welt, in der jeder von uns tagtäglich mit einem Übersoll an Info-Müll bombardiert wird, zudem die Aufmerksamkeitsspanne kürzer wird... Je kürzer diese Spanne ist, desto weniger Kontext-Wissen wird in einer hyperkomplexen Welt aufgenommen. Damit einhergehend dürfte sich unser aller Anfälligkeit für Fake News vergrößern."[85] Es stellt sich die Frage: Wie beeinflusst die Digitalisierung psychologisch, soziologisch und technologisch gesehen das Phänomen der Fake News?

AUSWIRKUNGEN DURCH NEUE TECHNOLOGIEN

Fake News gab es schon immer, denn: Dass die Verbreitung von Gerüchten in der politischen Kommunikation so alt ist wie die politische Kommunikation selbst, darf als unbestritten angesehen werden. Im digitalen Zeitalter haben sich allerdings die technologischen Möglichkeiten zur Verbreitung verändert. Auf diese Entwicklung ist die exponentielle Steigerung von Fake News zurückzuführen. Drei der 16 Befragten nennen als Gründe hierfür insbesondere die Geschwindigkeit der Verbreitung und die Multiplizität. „Das macht sie sehr gefährlich."

---

[82]   Russ-Mohl, S. (2017), a. a. O., S. 22.
[83]   Ebd.
[84]   Russ-Mohl (2017), a. a. O., S. 122.
[85]   Russ-Mohl (2017), a. a. O., S. 123.

Die veränderte Geschwindigkeit bestätigen Vosoughi et al. in ihrer Studie aus dem Jahr 2018, bei der mehr als 125.000 Twitter-Beiträge untersucht wurden. Im Ergebnis halten sie fest, dass sich Unwahrheiten im Netz sechs Mal schneller als wahre Nachrichten verbreiten.[86] Einer der befragten Experten spricht davon, dass „unglaublich schnell Krisen auf[ge]baut werden können. Er nennt zu Fake News folgendes Beispiel: „Das erinnert mich immer an diesen wunderschönen James-Bond-Film, bei dem der ganze Krieg nur durch die Medien ausgelöst wurde. Weil ein Medienmogul das gemacht hat. Und das war erstmal völlig utopisch. Aber ich glaube, so eine Sache kann man eben heute machen. Und das ist gefährlich."

Das, was früher Fiktion im Fernsehen war, lässt sich heutzutage dank der technischen Mittel realisieren. Anders formuliert: Kampagnen mit gefälschten Informationen gab es schon immer. „Aber die Möglichkeiten [...] sind vielfältiger [und] zahlreicher geworden. Insofern [sind Desinformations-Kampagnen] ein dauerhafter Begleiter [...] in meiner beruflichen Tätigkeit."

So, wie aus Fiktion Realität werden kann, so kann aus einer gefälschten Information in Social Media eine Nachricht in den klassischen Medien werden. „Die andere Seite der Fake News ist – und das haben wir auch schon öfter erlebt –, dass die den Weg aus der virtuellen in die reale Welt finden. Nämlich genau dann, wenn sich in den Sozialen Medien irgendjemand was ausdenkt, das postet, das von einem klassischen Medium aufgegriffen wird, und in dem Moment, in dem es – im schlimmsten Fall – bei einer [Nachrichten-] Agentur liegt, ist das dann real." In dem Moment spielt es keine Rolle, ob die klassischen Medien ihren Pflichten nach dem Pressekodex nachgekommen sind. Was in der Welt ist, wird gelesen, geteilt, kommentiert und weitergesagt: Sängerlaub et al. haben zur deutschen Bundestagswahl 2017 zehn Case-Studies ausgewertet. Demnach erzielen „Fake News [...] wesentlich höhere Reichweiten als deren Richtigstellungen, vor allem wenn an deren Verbreitung auch noch große Medienhäuser beteiligt sind".[87]

---

[86] Vgl. Vosoughi, S., Roy, D. & Aral, S. (2018). The spread of true and false news online. In: Science Issue 6380, S. 1146–1151. Im Internet abrufbar: http://science.sciencemag .org/content/359/6380/1146 (Zugriff: 05.11.2018).

[87] Sängerlaub, A., Meier, M, & Rühl, W.-D. (2018). Fakten statt Fakes. Verursacher, Ver-

Technischer Umgang mit Fake News

Das Schwierige an Fake News ist ihre Aufdeckung, die die Voraussetzung für eine Richtigstellung ist. Deshalb muss im Fall der Regierungskommunikation – wie bereits oben angedeutet – großer Wert auf das Monitoring gelegt werden. Werden im Monitoring Fake News entdeckt, ist die Entscheidung über den Umgang damit zu treffen. In dieser Entscheidungsfindung ist ein entscheidender Aspekt zu berücksichtigen: „Im Ergebnis ist [es] eine Frage der Reichweite. Bei Dingen, die verbreitet werden, bei denen ich erkennen muss, dass sie eine hohe Reichweite haben – zum Beispiel, wenn sie auf sozialen Plattformen vielfach geteilt werden, das ist ja relativ einfach nachvollziehbar – muss man sehr schnell und sehr hart einschreiten. Aber auch das hilft nur bedingt, wenn man solche Dinge vom Netz kriegt, wenn sie schon millionenfach geteilt sind." Um dies besser einordnen zu können, kann die Technik hilfreich sein.

Während technische Hilfsmittel wie Social Bots (siehe unten) Lügen in exponentiell steigender Geschwindigkeit verbreiten können, hinkt der Mensch als Rezipient hinterher. Deshalb muss man „wegkommen von der manuellen Löschung. Das funktioniert ja nicht, weil die Fake News ja in solcher Masse auftreten. Wenn Sie da Leute hinsetzen, die sich das durchlesen und das löschen – bringt nichts. Das muss automatisiert werden. [. . .] Wenn man da ein bisschen investiert, kriegt man Fake-News-Löschsysteme hin." Dieses System muss von einem Menschen gesteuert, aber mittels einer technischen Lösung umgesetzt werden.

Zu diesem Fake-News-Löschsystem gibt es bereits eine Parallele, nämlich beim Mail-Verkehr: „Wenn Sie überlegen: 90 Prozent der Mails, die Sie kriegen, [sind] ja Spam. Die [werden] ja heute professionell weggefiltert. Ich glaube, das nächste ist der Fake-News-Filter, den wird man auch bauen."

Ein weiteres technisches Mittel, um mit Fake News umzugehen, ist die Herstellung einer Quellenvielfalt „[. . .] und diese Quellenvielfalt [dann] möglichst gut benachbart zu präsentieren". Dann könne der Nutzer selbst

breitungswege und Wirkungen von Fake News im Bundestagswahlkampf 2017. Im Internet abrufbar: https://www.stiftung-nv.de/de/publikation/fakten-statt-fakes-verursacher-verbreitungswege-und-wirkungen-von-fake-news-im. (Zugriff: 05.11.2018).

sehen, welche Information korrekt ist. Die bekannten Suchmaschinen wie
Google arbeiten bereits ähnlich, wobei sich die Frage nach der Medienkompetenz der Rezipienten stellt, nämlich ob diese sich in der Lage sehen, die
Quellenvielfalt wahrzunehmen und eine objektiv wahrhafte Quelle auszuwählen. Mit den entsprechenden Herausforderungen für die Medienpolitik
wird sich eine weitere Leitfrage befassen (siehe unten).

ZUM PSYCHOLOGISCHEN PHÄNOMEN FAKE NEWS

Auf die historische Existenz von Falschnachrichten ist bereits hingewiesen
worden. Für sechs der 16 Befragten sind Fake News so alt wie die Menschheit. „Fake News gab es schon immer – es sind schon Kriege entstanden
aus Fake News. Emser Depesche nur als Stichwort." Einer der Befragten
beschreibt „einfach [...] eine falsche Schlagzeile oder einen falschen Artikel" in einer Tageszeitung als Fake News – das sei „kein neues Phänomen".
Der Mensch habe sich schon immer mit Lügen auseinandersetzen müssen,
wie es drei der 16 Experten formulieren. „Fake News sind Unwahrheiten,
die verbreitet werden, und zumindest in meinem Bereich einen politischen
Hintergrund haben. Entweder ein Thema, um inhaltlich zu irritieren, oder
jemanden zu verleumden und damit seine Glaubwürdigkeit in Frage zu stellen."

Vor dem Hintergrund dieser historisch anmutenden Einordnung geht
ein Befragter davon aus, dass „der Umgang mit Fake News heute besser
ist, weil die Nutzer besser vorbereitet sind. Weil sie wissen, es gibt Fake News. Solche Wolkenkuckucksheim-Geschichten werden auch schneller entlarvt." Hier lässt sich eine Verbindung zur Medienkompetenz und
damit zur Bildungspolitik herstellen.

UMGANG MIT FAKE NEWS

Im Hinblick auf die Antworten der Experten fällt auf, dass ein Großteil als
beste Eigenschaft auf der Seite der Stakeholder die Sachlichkeit im Umgang mit Fake News sieht:

• Sieben der 16 Befragten geben an, man müsse Falschnachrichten entlarven und richtigstellen. Dabei wird relativiert, man sei „relativ hilflos",
aber „du kannst es nur entlarven, als Lüge entpuppen und das auch mit
aller Deutlichkeit in die Welt setzen".

- Die Vorgehensweise müsse „schnell, hart und klar" sein. „Ich denke, das ist wirklich das A und O, weil Fake News sich so rasant in sozialen Netzwerken verbreiten."
- „Klar, bestimmt, aber sachlich orientiert und gelassen die Auseinandersetzung führen. Nicht Gleiches mit Gleichem vergelten."
- „Wenn das Gerücht in der Welt ist, sollte man gelassen, aber bestimmt die Dinge klarstellen. [...] Nicht aussitzen, sondern klar und konsequent dagegenhalten. Aber nicht übernervös und nicht mit Schaum vor dem Mund."
- Man müsse sich „zurücknehmen, [...] reflektieren, Sicherheit der Quellenlage vor Schnelligkeit setzen und auch Gründlichkeit vor Schnelligkeit setzen. Das ist ein bisschen die Anti-Entwicklung, die wir im Netz erlebt haben, da war ja schneller, besser, alles online."
- Für Regierungen gelte ohnehin das Neutralitätsgebot. Dazu sagt ein Befragter: „Wenn das Gerücht in der Welt ist, sollte man gelassen, aber bestimmt die Dinge klarstellen. Dann vermittelt man [auch nicht] den Eindruck, dass man irgendwie erwischt ist."
- Man dürfe sich „nicht übermäßig verunsichern lassen. Man muss weiter versuchen, mit guter Arbeit zu überzeugen", auch wenn man gegen Lügen „ein stückweit machtlos" sei.
- Gleichzeitig sollte man beachten, dass man „durch [ein] Dementi etwas überhaupt erst in den Bereich des Möglichen zieht... Man muss nicht auf jede Nachricht, die nicht stimmt, einsteigen, weil man oft sogar Gefahr läuft, dass man sie dadurch erst verbreitet. Das ist ja das Gefährliche, dass wenn ich erkläre ‚Die Nachricht ist falsch' [...] der eine oder andere sagt: ‚Na ja, vielleicht stimmt sie ja doch.'" Demnach besteht für jeden Rezipienten latent die Gefahr, mit einer Reaktion die Fake News erst zu verbreiten.
- Man solle es nicht nur bei der „Negation der Falschinformation [...] belassen, sondern neue Narrative, also Erzählstrukturen [...] finden".
- Eine grafische Darstellung könne bei der Erklärung des Sachverhalts helfen.
- Wichtig beim Fact-Checking sei es, dass man „nicht das Weltbild des Gegenübers herausfordern darf – gerade im Zusammenhang mit politischen Fake News ist dies allerdings fast immer der Fall". Manche Rezipienten

seien Fakten gegenüber offen, andere wendeten sich von den Medien ab; Stichwort: Lügenpresse.

Ein Befragter erlaubt den Blick hinter die Kulissen, der beispielhaft und stellvertretend steht: „Wir hatten einmal den Fall – natürlich Freitagabends – dass wir hier Anfragen von arabischen Botschaften bekamen, ob es zutrifft, dass die Bundeskanzlerin ein Dekret erlassen hätte, nachdem muslimische Unternehmen während des Ramadans von der Steuer befreit seien. Da muss man erst einmal draufkommen. Das Ganze wurde belegt durch eine Meldung von Russia Today Arabien. Und da war es belegt durch einen Screenshot einer Website der Bundesregierung, auf Englisch. Meine erste Reaktion war: Das können sowieso nur die Russen sein. Weil es bei uns kein Dekret gibt. Keine Kanzlerin, kein Bundespräsident, keiner kann in Deutschland ein Dekret erlassen. Und das war einfach eine nackte Fälschung. Bei der Website, die da angezeigt wurde, haben sie zwei Buchstaben vertauscht. Das war nicht die Seite bundesregierung.de, sondern bundesERgierung.de. Und das war eine ganz klare Fälschung. Da haben wir dann am Freitagabend noch einmal alle Maschinen hier hochgefahren und Rechtsanwälte in Marsch gesetzt und haben dann bei der Denic erreicht, dass die Seite gesperrt wurde. Und nach einer Woche wurde das dann auch gelöscht. Das war dann in Hongkong registriert. Also ganz nebulös. Und das war ganz klar eine Fälschung. Und das haben die uns dann auch geglaubt, dass das eine Fälschung war. Aber so für sechs Stunden war erst einmal allgemeine Verwirrung. In solchen Fällen muss man einfach beinhart einschreiten."

Allerdings scheitere der Versuch einer Korrektur häufig, hält Pörksen fest: „Die Schwierigkeit liegt darin begründet, dass typische Fake-News-Inhalte in Form sofort verständlicher, oft schockierend wirkender, narrativ infektiöser Geschichten erzählt werden. Sie werden geglaubt, weil sie als scheinbar plausible Aufreger taugen, die ohnehin kursierende Vorurteile bestätigen."[88] So werden die Nachrichtenwerte Überraschung und Erwartbarkeit kombiniert.

---

[88] Pörksen, B. (2018). Die große Gereiztheit. Wege aus der kollektiven Aufregung. München: Carl Hanser Verlag. S. 34.

Relativierend ist anzumerken, dass etwa Sängerlaub klare Grenzen sieht und einschränkt, was die Vorgehensweise des Fact-Checking leisten kann. Er führt dies zurück auf

- die Zeitverzögerung zwischen Veröffentlichung der Desinformation und der Richtigstellung sowie
- auf die Eigendynamik der Nachrichtenlogik, „die Fake News fast immer reichweitenstärker macht"[89].
- Darüber hinaus sei das „postfaktische Zeitalter" mehr als nur ein Schlagwort, sondern auch empirisch nachweisbar.

Zur Zeitverzögerung merkt er an, dass diese „schon einmal 24 bis 72 Stunden" dauern könne: „Sowohl, weil das Richtigstellen teils aufwendige journalistische Recherchen erfordert, oder die Verbreitung der Falschinformation erst später festgestellt wird."[90]

UMGANG DER REGIERUNGSINSTITUTION MIT FAKE NEWS

Es ist bereits vermehrt angeklungen, dass Fake News zur politischen Kommunikation dazu gehören. Und „[es] ist schwer [mit ihnen umzugehen], da gibt es kein digitales Ja und Nein". Wie sich eine Organisation auf Fake News einstellen sollte, dazu gibt es keine repräsentative Untersuchung, wohl aber verschiedene Ansätze.

Aus den Interviews geht hervor, dass der Umgang stets eine Einzelfallentscheidung sein solle, was unter anderem auf der potenziellen Verbreitung und der Relevanz des Themas fußt.

- Ein Befragter spricht von einer Güteabwägung. „Ist es ein kleines Scharmützel, dann reicht auch der kollegiale Finger oder der persönliche Anruf, dann kann es auch unter dem Begriff Lausbubenstreich funktionieren. Aber man muss auch aufpassen, denn viele Lausbuben versauen einem auch das komplette Terrain."

---

[89] Sängerlaub, A. (2018). Feuerwehr ohne Wasser? Möglichkeiten und Grenzen des Fact-Checkings als Mittel gegen Desinformation. Juli 2018. Stiftung Neue Verantwortung. Think Tank für die Gesellschaft im technologischen Wandel. S. 8.

[90] Ebd., S. 9.

- Ein weiterer Befragter spricht von einer „Selbstregulierung" in sozialen Medien, wonach auch eine Netzgemeinde in der Lage ist, Fake News selbst aufzudecken und sie klarzustellen.

- Zwei Befragte plädieren für eine journalistische Überprüfung der Fakten und bemühen den Begriff des Faktenchecks: „Stell mal eine Recherche an, mach da mal eine Gegenmeinung und stell die daneben. Das ist der Weg, glaube ich, wo es hingehen soll und [es] gibt einige gute Initiativen, wo genau das, also redaktionelle Arbeit und technologische Mittel, sinnvoll und klug verknüpft werden, um diesem Phänomen jedenfalls einen Rahmen zu geben, dass man [es] ertragen kann." Für die Glaubwürdigkeit einer Organisation sei der Faktencheck „wahrscheinlich Paragraph eins [...] und nicht mehr Paragraph zwei, drei, vier oder fünf, sondern Paragraph eins".

- Ein weiterer Experte berichtet davon, dass mit dem Instrument der Bürgerdialoge versucht werde, Fake News frühzeitig entgegenzuwirken. Ein Regierungschef treffe im Rahmen eines solchen Formats auf Menschen aus Problemvierteln, zu denen er sonst wenig Kontakt habe. So könne er seine Ansichten vermitteln.

ÜBERGEORDNETE ORGANISATIONEN

Für alle übergeordneten Organisationen gelten Rahmenbedingungen. Journalisten arbeiten im Regelfall in Treue zum Pressekodex. Gleiche Richtlinien gibt es auch für PR-Agenturen. Ähnliches ist für eine Regierungskommunikation in Recht und Gesetz verankert. Deshalb sei klar: „Das Recht zur Lüge hat die Regierung nicht, auch wenn sie mit Lügen und Unwahrheiten angegriffen wird." Dazu zählt auch, dass „die Glaubwürdigkeit und Deutungshoheit auf verschiedene Themen" ein permanenter Auftrag seien, die mittels einer Falschnachricht nicht verspielt werden dürften. Fake News als Kommunikationsinstrument sind für die Regierungskommunikation tabu, wohl aber muss sie damit umgehen können.

Medienschaffende wie PR-Berater, Pressesprecher oder Agenturen dürfen demnach auch nicht meinungsmanipulativ agieren. „Wir ahnden das auch, dafür gibt es eine branchenübergreifende Ehren- und Einspruchsstelle und die bearbeitet auch so Fälle wie [die] österreichische Pistenraupe, die [...] an den falschen Ort [geliefert worden war], wo rauskam, das war gar kein Irrtum, sondern ein geplanter PR-Gag. Wo man dann wirklich merkt, da hat jemand die Öffentlichkeit betrogen und belogen."

2.5 BEDEUTUNG VON EMOTIONEN

Emotionen spielen bei Fake News eine immer größere Rolle, gleichzeitig wird der Reflexionsbogen immer kürzer. Die Nutzer unterscheiden nicht mehr zwischen der Kommunikation von Führungskräften und Normalbürgern. Der Status von Autorität und Popularität hat sich verändert. Es findet keine Differenzierung der Ebenen etwa zwischen politischen Mandats- oder Amtsträger-Aussagen und Jedermann-Beiträgen statt. Selbst die klassischen Medien differenzieren nicht mehr: Sie lesen in Talkshows Meinungen von Social Media-Nutzern vor – ohne zu wissen, ob Gerd Müller auch wirklich Gerd Müller ist. Die Anonymität war früher eine Chance. Heute gilt das nur noch für Attacken gegen Diktatoren, aber nicht mehr bei Gehässigkeiten bis hin zur strafrechtlich relevanten Beleidigung gegen Andersdenkende.

In den USA weichen Kommunikatoren des Weißen Hauses mit der Begründung „alternativer Fakten" aus, wenn sie mit Zahlen, Daten und Fakten konfrontiert werden. Prominentes Beispiel war die Anzahl der Gäste bei der Inauguration von Präsident Donald Trump.[91] Fakten treffen auf Interpretationen. Fakten sind dabei objektiv und nachprüfbar; Interpretationen sind bestenfalls subjektiv. Umso schwieriger ist es, sich in der politischen Kommunikation auf rationaler Ebene zu begegnen. Dabei ist die ureigene Aufgabe politischer Institutionen die Kommunikation rationaler Informationen. Der Staat setzt mit Recht und Gesetz die Rahmenbedingungen für die Gesellschaft. Dies wird jedoch in Frage gestellt, wenn im Zeitalter der digitalen Kommunikation und der Existenz von Social Media die kognitive Ebene regelmäßig verlassen wird und die affektive in den Vordergrund tritt. Deshalb soll hier der Frage nachgegangen werden, welche Rolle Emotionen aus psychologischer Perspektive insbesondere in der Regierungskommunikation spielen.

---

[91] Mehrere deutsche Medien haben darüber berichtet, auch die *Tagesschau*. Im Internet abrufbar: https://www.tagesschau.de/ausland/trump-praesident-cia-105.html (Zugriff: 16.04.2017).

Der Mensch lebt und wird gelenkt von Emotionen. Politik wird von Menschen gemacht. Damit liegt auf der Hand, dass Politik immer etwas mit Emotionen zu tun hat. „Es ist jedenfalls nicht mein Verständnis von Politik, dass sie nur nach Gesetzen von Mathematik oder Physik agiert. [...] Die Frage ist, auf welches Niveau sich Politik einlässt und da muss sie aus meiner Sicht vorsichtig sein," äußert ein Experte. Es ist in sozialen Netzwerken zu beobachten, dass sich Regierungsmitglieder zu Aussagen, die als direkter Angriff auf Nutzer gewertet werden können, hinreißen lassen und sich damit angreifbar machen oder einen Shitstorm auslösen können. Vor diesem Hintergrund lässt sich der Begriff Niveau einordnen. Zur Vorsicht wird auch deshalb geraten, weil durch „die Möglichkeit der Manipulation in Verbindung mit der Anonymität" sich das „Risiko der Emotionalisierung von Prozessen, die eigentlich rational sein müssten", erhöht. Reagiert die Regierungskommunikation hierauf sozusagen auf niedrigerer Augenhöhe, besteht die Gefahr, dass in dieser verbalen Auseinandersetzung eine Deutungshoheit für die Regierungskommunikation nicht mehr möglich sein wird.

In bestimmten Fällen seien aber auch Behörden gefordert, mit Emotionen zu arbeiten: „Ich merke [...] zunehmend, dass den Menschen die Region, in der sie leben und wohnen, wichtig ist. Und alle Sachen, die damit irgendwie zu tun haben und ihnen irgendetwas bringen, machen sie dann auch glücklich und zufrieden. [...] Wir haben vieles einfach viel zu abstrakt gemacht. Und da gibt es auch ein Umdenken in der Arbeit der Verwaltung." „Und deshalb muss man ein bisschen Lebensgefühl vermitteln." Dazu eignen sich soziale Netzwerke. Themen emotional aufzuladen, liege im Ermessen eines jeden Politikers selbst, wobei dieser bei jeder Äußerung hierzu in der Lage sei: „Es ist doch Emotion, wenn ich sage: Es muss Schluss sein mit versifften Räumen, in die es rein regnet. [...] Und je mehr ich die Zustände beschreibe, umso mehr spiele ich mit Emotionen. [...] Das kann Politik machen, das darf sie machen, das macht sie auch." Deshalb ist es legitim und Usus, wenn die Regierung soziale Netzwerke nutzt, um eine gewisse Emotionalisierung zu erzielen. „Aber wir können das natürlich nicht so schön plakativ und werbend machen, wie es vielleicht ein Unternehmen macht." Ein Interviewpartner beschreibt Facebook als „schöne Möglichkeit, Backstage-Momente zu zeigen. Also die menschliche Seite der Politiker zu zeigen. Das sind auch normale Menschen, die das machen. Das sind keine Politikroboter."

Emotionen in der Kommunikation sind demzufolge wichtig. Dafür gibt es mehrere Gründe:

- Emotionalität ist ein Nachrichtenwert: Je eher Emotionen aktiviert werden, desto höher ist ebenfalls ihre Verbreitungswahrscheinlichkeit.[92]
- „Eine Emotionalisierung [macht] greifbar und spannend," betont ein Befragter. In der täglichen Arbeit werde dies anhand praktischer Beispiele umgesetzt, bei denen „irgendein Missstand [...] abgestellt [wird] – keine Roaming-Gebühren beim Telefonieren mehr – und das kann man dann sachlich darstellen oder man kann sagen: ,Sie haben sich bestimmt auch schon darüber geärgert. Damit ist jetzt Schluss.' Und so hat man mit einem kleinen Kunstgriff die Leute emotional in das Thema hineingezogen."
- Die Regierung hat „nicht nur zu informieren, sondern auch [zu beraten.] Das Schwierigste [dabei] ist die Persuasion, also wirklich Leute zu überzeugen. Man muss ja auch unliebsame Dinge oder Verhaltensänderungen herbeiführen, das ist auch eine Aufgabe, fast die wichtigste der Regierung, aber sehr schwierig. Da spielt natürlich die Emotion auch eine ganz große Rolle." Im Zusammenhang mit dem Fact-Checking weist Sängerlaub darauf hin, dass „der Einstellungswandel psychologisch gesehen ein komplexer und ressourcenintensiver Vorgang ist"[93].
- Bildern in sozialen Netzwerken kommt als Eye-Catchern eine besondere Bedeutung zu. Drei der 16 Befragten sehen in der Verwendung von Bildern einen Zusammenhang zu den Emotionen. Ein Befragter bemüht die Redewendung, ein Bild sage mehr als 1000 Worte. „Wir versuchen die so genannte emotionale Ebene über die Bildsprache anzuspielen. Das ist, glaube ich, der einfachste Weg, Emotionen in einer doch sehr sachorientierten Informationsausspielung mitzuliefern."
- Fakten wirken nicht immer gleichzeitig auch überzeugend: „Oft ist [...] das große Missverständnis im Netz, dass man meint, dass [die] Fakten

---

[92] Vgl. Sängerlaub, A. (2018). Feuerwehr ohne Wasser? Möglichkeiten und Grenzen des Fact-Checkings als Mittel gegen Desinformation. Juli 2018. Stiftung Neue Verantwortung. Think Tank für die Gesellschaft im technologischen Wandel. S. 10.

[93] Ebd., S. 8.

höherwertig zu bewerten sind als Emotionen. Es tut mir leid, aber auch wenn die Fakten mir Recht geben, also auf einer objektiven, kognitiven Kommunikationsebene, dann kann [man] trotzdem einer Frau ihre Gefühle nicht absprechen und sagen, [...] du [hast] Unrecht. Wenn sie sich abgehängt fühlt, aber es geht ihr heute besser als vor zehn Jahren, dann mag das faktisch vielleicht sogar stimmen, aber dann wirst du ewig [an] diesen Menschen vorbeireden, weil sie das Gefühl haben, du verstehst sie nicht."

- „Die Emotionalität [ist gerade in sozialen Netzwerken] ein Hebel, um überhaupt Informationen transportieren zu können". Andererseits sagt der gleiche Experte auch, „man kann nicht – oder nur schwer – jede politische Entscheidung emotionalisieren". Als Beispiel nennt er eine Reform der Gewerbeordnung.

- Plattformen befördern Emotionen, indem man bei Facebook mit Like, Lachen, Love, Trauer, Wow und Wut auf einen Post reagieren kann. „Damit forciert die Plattform mehr affektive Reaktionen als kognitive Auseinandersetzungen mit Kontext und Inhalten. [...] Inhalte passen sich an diese Logik wiederum an, beispielsweise durch Clickbaits, also emotionalisierte und überspitzte Überschriften und Zusammenfassungen, die wiederum die Interaktion der Nutzer [...] forcieren sollen."

Ein Befragter lenkt den Fokus auf das gesprochene Wort: „Durch die Emotionalität in der Stimme kommt etwas rüber, das, wenn Sie es schriftlich haben, nicht mehr da ist." Dies spricht für Audio- und audio-visuelle Formate in der operativen Umsetzung.

Zusammenfassend lassen sich die vorgenannten Aspekte überführen in die von Pörksen aufgestellte Grundregel, wonach in sozialen Netzwerken alles funktioniere, was emotionalisiert: „Was überrascht und erregt, was Begeisterung und Wut, Mitgefühl und Hass auslöst, wird geteilt, erscheint als Nachricht von Freunden, die man für gewöhnlich ebendeshalb nicht unmittelbar anzweifelt."[94]

---

[94] Pörksen, B. (2018). Die große Gereiztheit. Wege aus der kollektiven Aufregung. München: Carl Hanser Verlag. S. 35.

UMGANG MIT EMOTIONALISIERUNG

Wird man selbst mit Emotionen konfrontiert, empfehlen fünf Befragte mehr
Sachlichkeit, um sich gegen den Affekt durchzusetzen: „Ich finde, man
muss [...] in dem Moment, in dem die Emotionalität überhandnimmt,
sprich die Sachinformation [...] überlagert [wird und] die[se] nicht mehr
zum Tragen kommt, [dann] muss man gegensteuern." Demokratietheoretisch wird dies unterstützt: „Der aufklärerische Ansatz der Demokratie
heißt doch: Es ist möglich im Wege der rationalen politischen Debatte,
die notwendigen demokratischen Entscheidungen herbeizuführen, und es
ist möglich im demokratischen Diskurs sich am Ende gegen den Affekt
durchzusetzen."

Wird es emotional, ist es für eine Pressestelle möglich, Emotionalitäten
in sozialen Netzwerken soweit wie möglich technisch auszublenden, was
als redaktioneller Eingriff verstanden werden darf: „Wir löschen wenig, wir
blenden sie einfach aus. Das ist viel einfacher. Der, der den Post gesendet
hat, krakelig, beleidigend, der sieht seinen Post, meint er wäre damit noch
online, aber die Welt sieht es nicht mehr." Auch so lasse sich Sachlichkeit herstellen. Grundsätzlich gelte, dass der „Staat selbst nicht emotional
kommunizieren [solle]. Aber zu demonstrieren, dass man zuhört, dass man
die Hauptemotionen versteht, und auf die dann konkret zu antworten, auch
auf Fehlinformationen zu antworten." Dabei wird zu „maximaler Nüchtern-
heit" geraten: „Natürlich haben ein Regierungssprecher und seine Mitarbeiter immer die Aufgabe, Dinge aus [...] einer Perspektive [...] darzustellen, stets aber unter Einhaltung einer ziemlich staubtrockenen Information." „Ich glaube, je emotionaler und dadurch je oberflächlicher, subjektiver
und persönlicher die Diskussionskultur in den Netzwerken auch zu uns zurückschwappt, desto nüchterner, klarer und sachlicher muss die Kommunikation von Regierungsstellen [...] sein." Das widerspreche der gängigen
Praxis, man müsse die Sprache der Menschen sprechen. Die müsse man
schon beherrschen, aber nicht jede Emotionalität mitmachen. „Du kannst
den Hochlauf der Emotionen und dadurch auch der vorherrschenden Subjektivität der Äußerungen [...] nicht mitmachen und auch nicht gewinnen.
Ich glaube, irgendwann ist die Argumentationsfähigkeit im Netz endlich."

Der Zusammenhang zwischen emotionaler und rationaler Ebene liegt allerdings auf der Hand: Man müsse die emotionale Ebene nutzen, um den Transport der Information, also die rationale Ebene, zu gewährleisten. Dies deckt sich mit den Ausführungen eines anderen Interviewpartners, der Rationalität und Emotionalität als miteinander verschränkt beschreibt und sich dazu auf das Neuromarketing beruft: „Der gängige Weg ist ja, dass man versucht, über klassische emotionale Momente oder Darstellungsweisen Aufmerksamkeit zu erregen. Also über die *soft moves* zu den *hard moves*. [...] Letztendlich muss ich mich ein Stück weit auf das Nutzungsverhalten meiner Rezipienten einlassen, wenn ich überhaupt gehört werden will. Das heißt jetzt nicht, dass ich einen Ministerpräsidenten [...] ständig eine Katze streichelnd darstellen muss, damit die irgendwann etwas über Tierversuche sagen können. Weil auch da der schmale Grat zum Kitsch und von Seriosität zu Albernheit nah beieinander ist. Wir versuchen das zum Teil, [nämlich] mit Emotionalität Aufmerksamkeit zu erzeugen für rationale Nachrichten." Man solle dabei aufpassen, dass der Inhalt nicht zu sehr zurückgedrängt werde und die Frage der Inszenierung zu stark im Fokus sei. Letzten Endes können Sachlichkeit und Rationalität auch zu erhöhtem Vertrauen führen. Es erscheint gewinnbringender, „lieber langfristig das Label Verlässlichkeit, Seriosität und Vertrauen zu bekommen, anstatt kurzfristig in der Lage gewesen zu sein, emotional in allen Debatten mitzumachen."

2.6 Social Bots

Der oben skizzierte Zusammenhang zwischen Rationalität und Emotionalität ist umso gravierender, als in sozialen Netzwerken mittlerweile Social Bots eingesetzt werden – übersetzt: soziale Roboter, also künstliche Intelligenz. Sie bedienen fast ausschließlich Inhaltserwartungen von Gleichgesinnten – auf emotionaler Ebene. Social Bots sammeln Informationen und Daten und setzen bewusst Trends in sozialen Medien. Ihr Effekt lässt sich empirisch nur schwer nachweisen. Dennoch wird in ihnen eine Gefährdung für den Meinungsbildungsprozess in einer Demokratie gesehen, wobei sich Experten uneinig über die Wirkung sind.[95] Prominente Beispiele hierzu sind

---

[95] Vgl. Lobe, A. (2016). Gefährden Meinungsroboter die Demokratie? Im Internet

der US-Wahlkampf 2016 mit dem Rennen zwischen Donald Trump und Hillary Clinton oder auch die Brexit-Debatte.

Laut einer Studie des Büros für Technikfolgen-Abschätzung beim Deutschen Bundestag (TAB) ist der Kreis der nationalen und internationalen Autoren zum Forschungsfeld Social Bots überschaubar. Genannt werden Emilio Ferrara von der University of Southern California, Simon Hegelich von der Hochschule für Politik München, Sam Woolley von der University of Washington und Philip Howard von der University of Oxford.[96]

Hans-Georg Maaßen, der ehemalige Präsident des Bundesamtes für Verfassungsschutz, fasste die Existenz von Fake News, Social Bots und Big Data in einem demokratischen System wie folgt zusammen: „Propaganda, die wir in sozialen Netzwerken in Teilen feststellen, ist teilweise falsch, ist überzogen und ist oftmals emotional und verleitet dazu, dass die Menschen sich eine andere Meinung, eine fehlerhafte Meinung von der Realität machen."[97] Hieran hätten Social Bots einen nicht unerheblichen Anteil.

Russ-Mohl geht davon aus, dass auch dank solcher technischer Hilfsmittel die „Schwarmdummheit womöglich im Verbund mit destruktiven Kräften gegenüber der Schwarmintelligenz die Oberhand"[98] gewinnt.

Martin Emmer betont, dass noch nicht erforscht sei, was ein Bot mit einem Nutzer anstellt. Natürlich kenne man die Grundlagen aus der Kommunikationsforschung: „Da ist es so, dass für so eine Art der Kommunikation vor allem solche Leute ansprechbar sind, die nur ein geringes Involvement in die verwendeten Themen haben. Sobald Menschen ein stärkeres Interesse an einem Thema haben, haben sie auch ein höheres Wissen und eine höhere Motivation sich mit Fakten und Informationen auseinander zu set-

---

abrufbar: https://www.spektrum.de/news/gefaehrden-meinungsroboter-die-demokratie /1426157 (Zugriff: 18.11.2018).

[96] Vgl. Kind, S., Jetzke, T., Weide, S., Ehrenberg-Silles, S. & Bovenschulte, M. (2017). Social Bots. TA-Vorstudie. TAB-Horizon-Scanning Nr. 3. April 2017. S. 19. Im Internet abrufbar: http://www.tab-beim-bundestag.de/de/aktuelles/20170912.html (Zugriff: 05.11.2018).

[97] Maaßen, H.-G. (2016). Infrastrukturen in Deutschland völlig unzureichend geschützt. Im Internet abrufbar: http://www.deutschlandfunk.de/cyberattacken-und-gehackte-rout er-infrastrukturen-in.684.de.html?dram:article_id=373154 (Zugriff: 18.11.2018).

[98] Russ-Mohl, S. (2017). Die informierte Gesellschaft und ihre Feinde. Warum die Digitalisierung unsere Demokratie gefährdet. S. 112.

zen. Und dann wird es schnell schwierig. Interessanter sind solche Bots in Kontexten, bei denen es darum geht, mal eben schnell, nebenbei viele Leute zu mobilisieren."[99] Und das sei vor allem auf Facebook der Fall. Facebook als Medium, als Plattform für private Alltagsmobilisation, sei für Social Bots ausgesprochen attraktiv, weil man da zwischen dem Austausch von netten Bildchen und einem Chat mit ein paar Freunden, mal auf ein Like klickt und dann mal eben nebenbei solchen Dingen auf den Leim gehen kann.[100]

Russ-Mohl beschreibt die Grundlage für einen erfolgreichen Einfluss auf die Meinungsbildung wie folgt: „Wenn die Produktionskosten für Fake News und Stimmungsmache mithilfe von Bots gegen Null gehen, obendrein keine wirksamen Kontrollen und keine ernst zu nehmenden Sanktionen drohen und die Verursacher, die mit solchen Programmen arbeiten, noch nicht einmal feststellbar sind, dann herrschen jedenfalls für all diejenigen, die mit Desinformation und Desorientierung ihren Vorteil suchen, paradiesische Ausgangsbedingungen."[101] Manchmal seien es auch Forscher, die nicht wahrhaben wollen, was sein könnte – nur weil sie es empirisch (noch) nicht beweisen können. Es liegt nahe, dass Russ-Mohl damit auf Soziologen zielt, die Bots keinen Einfluss auf die Meinungsbildung nachsagen.

Emotional aufgeladene Empörungen und falsche Nachrichten lassen sich nach dem viralen Effekt verteilen – und diese Verteilung lässt sich vermeintlich grenzenlos steigern, nämlich durch den technischen Einsatz von Robotern in sozialen Netzwerken. Deshalb stellt sich die Frage, ob Social Bots manipulativ wirken. Ihre psychologische, soziologische und technologische Bedeutung und Zukunft in der Kommunikation ist die nächste Leitfrage, der hier nachgegangen werden soll.

BEDEUTUNG DES FAKTORS MENSCH

Wo Menschen auf Menschen treffen, spielen Emotionen eine große Rolle, wie oben gezeigt wurde. Eine emotionale Bindung ist auch gleichzuset-

---

[99] Zit. nach: Heinrich-Böll-Stiftung (2017). Social Bots. Im Internet abrufbar: https://www.boell.de/de/2017/02/09/social-bots (Zugriff: 10.11.2018).
[100] Vgl. ebd.
[101] Russ-Mohl (2017), a. a. O., S. 113.

zen mit einem Vertrauensverhältnis. Der Mensch vertraut seinen Nachbarn, Freunden und Bekannten – kurz: Mitgliedern seiner Peergroup – mehr als einer Zeitung oder einem Experten. Deshalb kommen Bots, die möglicherweise eine Peergroup steuern oder sich als solche Mitglieder ausgeben, eine tragende Rolle zu, betont ein Experte. „Der Mensch, das Humane, vertraut einem Computer enorm." Auch deshalb müsse man sich mit der Existenz von Social Bots auseinandersetzen. Übertragen auf die Funktion in der politischen Kommunikation bedeutet dies: „Ein Regierungssprecher [...] sollte sich auf jeden Fall mit diesem Thema beschäftigen", um beispielsweise in Krisensituationen zu wissen, wie man Bots einsetzen könne. Andererseits müsse man wissen, „was das eigentlich heißt", wenn andere Bots einsetzen.

Relevant beim Einsatz von Bots sei allerdings nicht nur die Technik, sondern vielmehr der Mensch: Ob Roboter eingesetzt werden, um einen Prozess der politischen Meinungsbildung zu destabilisieren, „hängt [...] von dem ab, der so ein Ding einsetzt". Bei jedem Algorithmus, der von einem Menschen programmiert wird, gibt es einen „Rest Subjektivierung".

Damit verknüpft ist die grundsätzliche ethische und moralische Haltung, die für vier der 16 Befragten eine entscheidende Rolle beim Einsatz von Social Bots spielt. Diese Haltung reicht von „Man sollte die ethischen Gesichtspunkte nicht zu hoch hängen" bis hin zu einer Art Delegitimierung. Denn der Rezipient müsse auf der einen Seite von einem nicht existenten Willensbildungsprozess ausgehen, auf der anderen Seite davon, dass eine real existierende Person dahinterstecke. „Das [ist] perfide." Die real existierende Person wiederum sei aber für das Demokratieprinzip essenziell: Dieses Prinzip gehe „vom Geist des Menschen aus [...] und der Geist des Menschen findet seine Einschränkung da, wo der Geist die Individualität nicht mehr gewährleistet". Diese Frage kann nur jede Organisation für sich entscheiden. Im Bundestagswahlkampf 2017 hatten sich die demokratischen Parteien verständigt, auf Social Bots zu verzichten.

Bedeutung für die politische Kommunikation

Dass über Social Bots diskutiert wird, zeigt auch: Sie zählen inzwischen zu den Instrumenten der politischen Kommunikation dazu. „Politik wirbt mit ihren Positionen für sich. Sie macht das heute nur mit anderen Kommunikationsmitteln." Diese lassen sich zwischen „gut" und „böse" unterscheiden: „Ich glaube, das gehört einfach zum Arsenal. Es gibt ja den Social Bot in der positiven Variante [...]. Es gibt aber auch manipulativen Gebrauch von Social Bots wie es zum Beispiel bei der Wahl des [amerikanischen] Präsidenten vorgeführt wurde."

Einer der befragten Experten sieht im Einsatz von Bots einen „Quantensprung für die PR,

- weil [der Bot] individualisiert [arbeitet],
- weil [er] schnell ist,
- weil [alles] automatisiert geht."
- Politische Grundsatzprogramme ließen sich sekundenschnell an relevante Zielgruppen schicken.

Auch die Medienlandschaft könnte von Social Bots profitieren, wenn diese beispielsweise Verkehrs-, Wetter- oder Sportmeldungen übernähmen: „Wenn wir Algorithmen schaffen, [...] dann hat das [...] einen Vorteil, weil wir schneller sind [...] und wir können uns auf das konzentrieren, was den Journalismus wirklich ausmacht und das ist ja die tiefgehende Recherche, die Analyse, die Untergrundreportage. Mehr Zeit für unseren Journalismus zu haben und dafür Dinge outzusourcen." Deshalb sei es ein Fehler, Bots nicht zu nutzen.

Diese positive Einstellung wird nicht von allen geteilt. Bots müsse man nehmen „wie schlechtes Wetter". Diese technischen Hilfsmittel sind in der Lage, eine Art Cyberkrieg auszulösen, „in dem sich CDU und SPD auch noch ein paar Bots kaufen". Das sei ein „Wettrüsten, das zu nichts führ[t]. Weil das ja keine Wählerstimmen sind". Der Interviewte sieht in Bots einen Störfaktor, „weil sie eben diese Stimmverstärkung ein weiteres Mal um den Multiplikator X verstärken". Dieser Multiplikator X speist sich aus dem viralen Effekt von sozialen Netzwerken. Darüber hinaus sei noch die Diskussion zu führen, wie man in einem politischen Diskurs mit jemandem umgehe, „den es im Zweifelsfall gar nicht gibt. Beziehungsweise wo auf der anderen Seite das Interesse nicht wirklich da ist, diese sehr eindimensionale, populistische Sicht durchzuziehen."

Umgang mit Social Bots

Es verwundert nach diesen Ausführungen wenig, dass sieben der 16 Befragten zum Ergebnis kommen, dass Social Bots eine Gefahr für die Demokratie darstellen. Denn die Idee des Social Bot ist die „Verfälschung der politischen Willensbildung. Als Instrument der Regierungskommunikation scheiden sie meines Erachtens jenseits der bloßen Informationsweitergabe von vorneherein aus. [. . .] Weil der Eindruck erweckt wird, dass es einen politischen Willensbildungsprozess gibt, der tatsächlich nicht existiert. Das ist nicht in Ordnung." Deshalb seien sie abzulehnen.

Diese Haltung trifft bei fünf der 16 Befragten zu, die sich dafür aussprechen, als demokratische Institutionen nicht mit Bots zu arbeiten. „Politische Kommunikation muss wahrhaftig sein. Wenn wir Botschaften über Social Bots und damit über nicht erkennbare Absender schicken, halte ich das für einen großen Fehler." „Also der Staat kann nicht die Technik auf die Wähler hetzen. Das ist [. . .] erstens nicht erlaubt, sondern auch moralisch nicht zu vertreten. Also wir können doch keine Cyberattacke auf die Bevölkerung ausführen."

Bots als Hilfsmittel

Die Bewertung der technologischen Auswirkungen ist zweigeteilt. Die positive Bewertung betrifft Bots als technische Hilfsmittel. Damit lassen sich Prozesse automatisieren, um Ressourcen freizusetzen und so mehr Zeit zu haben, mit Bürgern reell in Kontakt kommen zu können. Aus einem Mehr an direktem Bürgerkontakt und dadurch mehr Möglichkeiten, in den politischen Diskurs gehen zu können, lässt sich schlussfolgern, dass sich damit „Demokratien festigen" lassen.

Der Einsatz von Bots kann auch als eine moderne Lösung für die altbewährten FAQ angesehen werden, „und die kann man tatsächlich auf jede einzelne individuelle Frage herunterbrechen. Stellen Sie sich einen Saal vor und da sind tausend Leute anwesend und Sie würden jeden einzelnen eine Frage stellen lassen, dann sitzen Sie noch in drei Wochen da. Hier könnten Sie tatsächlich auf jeden einzelnen eingehen, wenn Sie durch Bots Fragen oder Fragegattungen gruppieren, indem Sie einmal eine Antwort geben, die Sie aber an tausend Leute individuell ausspielen können. Da sehe ich eine große Chance."

Die Bedeutung des Monitorings wurde bereits im Zusammenhang mit Fake News behandelt. Diese ausfindig zu machen, können Bots ihren Beitrag leisten. „Wir sitzen jetzt nicht in jedem einzelnen Unternehmen und überwachen persönlich den Twitter-Kanal des Unternehmens. Dafür gibt es zum Glück Bots, die das tun und die mich dann alarmieren." In Medienunternehmen könnten Bots schreibende Tätigkeiten übernehmen und Medienschaffenden mehr Zeit für den Journalismus einräumen.

Zur ambivalenten Bewertung der Bots zählt auch, dass das Ziel der politischen Kommunikation bestehen bleibe, nur die Technik sich verändert habe. Dies gelte sowohl für die beabsichtige Information wie auch für die beabsichtigte Desinformation. Zu dieser ambivalenten Bewertung zählt ebenso, dass Social Bots nichts anderes seien als „personalisierte Werbung für eine Partei".

KRITISCHE REFLEKTION

Wie bereits oben erwähnt, ist die Bewertung des technologischen Einsatzes von Bots ambivalent. Roboter werden in den Interviews dieser Arbeit stets in Verbindung mit dem Thema Manipulation gebracht. Dies betont auch das Büro für Technikfolgen-Abschätzung (TAB) beim Deutschen Bundestag. In der Studie des TAB heißt es: „Das Phänomen Social Bots ist noch recht jung. [...] Wirkungszusammenhänge auf die (politische) Willensbildung [sind] noch kaum belegt. Dennoch wird den Social Bots ein durchaus schadhaftes bis gefährliches Einflusspotenzial unterstellt. Social Bots werden momentan im Wesentlichen dafür eingesetzt, Diskussionen inhaltlich zu verzerren sowie die Wichtigkeit von Themen oder die Popularität von Personen und Produkten zu beeinflussen."[102]

Als potenzielle Gefahren, die von Social Bots ausgehen, werden genannt:

- Social Bots hätten das Potenzial, „die politische Debattenkultur im Internet durch die massenhafte Verbreitung von (Falsch-) Nachrichten zu

---

[102] Kind, S., Jetzke, T., Weide, S., Ehrenberg-Silles, S. & Bovenschulte, M. (2017). Social Bots. TA-Vorstudie. TAB-Horizon-Scanning Nr. 3. April 2017. S. 7. Im Internet abrufbar: http://www.tab-beim-bundestag.de/de/aktuelles/20170912.html (Zugriff: 05.11.2018).

verändern und durch eine ‚Klimavergiftung' das Vertrauen in die Demokratie zu unterlaufen"[103].

- Social Bots seien eine Art technische Lüge, wenn „über Social Bots Individualität vorgespiegelt wird, die tatsächlich nicht vorhanden" sei. Bei der reinen Information gebe es keine Probleme, so ein Befragter.
- Wie groß der Einfluss von Bots auf die politischen Entscheidungsprozesse ist, hänge dabei von der Knappheit einer Wahlentscheidung ab.[104]
- Bots können das Kunden- und Kaufverhalten Einzelner oder auch ganze Märkte manipulieren. Als Beispiele werden hierfür das Influencer-Marketing oder der Börsenhandel genannt.[105]
- Social Bots seien abzulehnen, wenn sie vortäuschten, jemand anderes zu sein. Das sei manipulativ. „Man kann einen Bot auch ganz klassisch benennen, [indem] man am Anfang auch sagt: Ich bin ein digitaler Ansprechpartner, ich helfe Ihnen," wie ein Experte betont.
- Es sei befremdlich, wenn ein Bot ein Eigenleben führt, weil „eine Kommunikation zustande käme, die nicht vollständig nachvollziehbar und vollständig einer Person zuzuordnen ist". Dies wirkt umso schwerwiegender, wenn man Bots wie Kettenbriefe betrachtet, die stets den gleichen Text wiedergeben, wie ein Interviewpartner hervorhebt.
- Ist eine Diskussion oder eine Debatte notwendig oder gilt eine Bewertung noch als ausstehend, seien Social Bots auszuschließen: „Sie können keinen Diskurs anregen, sie können keine politische Ideologie vermitteln. [...] Alles, was aber Politik ausmacht, nämlich der Diskurs um das beste Argument, das Ringen um die beste Lösung, kann ich mir bei den Social Bots schlecht vorstellen," meint ein befragter Experte.

2.7 Agenda Setting im digitalen Zeitalter

Die Kombination aus Fake News und Social Bots, die Nachrichten verbreiten, scheinen die Veränderungen der Mediengesellschaft komplexer und komplizierter zu machen; destruktive Kräfte wirken schneller. Nach Luhmann verzerren Massenmedien nicht die Realität, sondern sie erzeugen sie.

---

[103] Ebd.
[104] Ebd.
[105] Ebd.

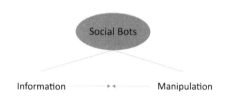

Abbildung 10: Social Bots zwischen Information und Manipulation. Eigene Darstellung.

Und sie dirigieren die Selbstbeobachtung der Gesellschaft – die die Gesellschaft dank der Digitalisierung allerdings selbst erstellt hat. Im Sinne Luhmanns ist eine erfolgreiche Kommunikation die fortgesetzte Kommunikation.[106] Damit läge eine erfolgreiche Kommunikation via Social Media dann vor, wenn die sozialen Netzwerke die Themen der realen Welt bestimmen.

Pörksen unterscheidet zwischen der klassischen Mediendemokratie (massenmedial geprägt, klassische Leitmedien) und der digitalen Empörungsdemokratie (Meinungsmacht der vielen, Wirkungsnetz als Leitmedium). Die vernetzten vielen bezeichnet er als fünfte Gewalt. Diese verändere das Tempo, beeinflusse die Agenda, bilde Protestgemeinschaften heraus.[107]

Russ-Mohl beschreibt, wie die Eigendynamik der so genannten Aufmerksamkeitsökonomie den Journalismus in Bedrängnis gebracht habe: „Er hat nicht nur seine exklusive Schleusenwärter-Funktion verloren; auch seine Recherchekapazität schrumpft, selbst wenn da und dort Investigativ-Teams aufgebaut werden und Stiftungen solche Aktivitäten unterstützen."[108] Zur Bedrängnis trügen auch *citizen journalists* bei, also Blogger

---

[106] Zit. nach Berghaus, M. (2011). Luhmann leicht gemacht. Eine Einführung in die Systemtheorie.

[107] Vgl. Pörksen, B. (2018). „Wir sind auf dem Weg zur Empörungsdemokratie". Im Internet abrufbar: https://www.nzz.ch/feuilleton/bernhard-poerksen-wir-sind-auf-dem-weg-zur-empoerungsdemokratie-ld.1355041 (Zugriff: 18.11.2018).

[108] Russ-Mohl, S. (2017). Die informierte Gesellschaft und ihre Feinde. Warum die Digitalisierung unsere Demokratie gefährdet. S. 57.

und Selbstdarsteller, die partiell zu Konkurrenten der Profijournalisten würden: „Wer wie sie massenweise Inhalte gratis bereitstellt, verdirbt zwangsläufig denen das Geschäft, die als Reporter oder Fotografen davon leben möchten – und lenkt auch die Aufmerksamkeit vieler Nutzer von den Mainstream-Medien auf Blogs und soziale Netzwerke."[109] Demnach seien Journalisten nicht mehr die Alleinentscheider darüber, ob eine Nachricht Nachrichtenwert hat und Zutritt zum öffentlichen Raum bekommt. „Sie haben damit auch das Sanktionspotenzial verloren, das sie einstmals gegenüber PR-Leuten hatten: Wer sich nicht regelkonform verhielt, den konnten die Journalisten bei eklatantem oder wiederholtem Regelverstoß von der öffentlichen Kommunikation ausschließen."[110]

Russ-Mohl zitiert Rolf Dobelli mit einem wichtigen Aspekt: „Die persönlichen Freunde und Bekannten ersetzen mit ihren Likes und Shares eben nicht nur partiell die traditionellen Schleusenwärter in den Mainstream-Medien, sondern sie sind [...] auch Anker, auf die wir uns verlassen. Sie sind uns vertraut, sie halten uns fest in stürmischen Zeiten."[111] Eine ähnliche Rolle kam übrigens den Nachrichtensprechern im TV-Zeitalter zu. Im angelsächsischen Branchenjargon heißen sie *Anchors*, also Anker. Im Internet seien, so Russ-Mohl, die etablierten Massenmedien als Nachrichtenquellen und Taktgeber zwar weiterhin tonangebend. „Doch weil im Gefolge der digitalen Revolution die Journalisten als Schleusenwärter des öffentlichen Diskurses entthront wurden, verbreiten sich Meldungen heute nach ganz anderen Spielregeln."[112] Der Journalist Hans Leyendecker bemerkte schon 2015 zum Fall des 2012 zurückgetretenen Bundespräsidenten Christian Wulff: „Der tiefe Fall des Christian Wulff zeigt vieles: Er demonstrierte beispielsweise, wie sich die Medienzyklen immer mehr beschleunigen. Oft gibt das Internet den Takt vor und rund um die Uhr wurden Wahrheiten, Spekulationen und Gerüchte unter die Leute gebracht."[113]

---

[109] Ebd.
[110] Russ-Mohl, S. (2017), a. a. O., S. 58.
[111] Ebd.
[112] Russ-Mohl, S.(2017), a. a. O., S. 95.
[113] Leyendecker, H. (2015). Die Zukunft der Enthüllung. Wut, Macht, Medien – wo bleibt die Aufklärung? In: Pörksen, B. & Narr, A. (Hrsg.). Die Idee des Mediums. Reden zur Zukunft des Journalismus, S. 71.

Giovanni di Lorenzo, Chefredakteur der *Zeit*, sieht in der Macht der Medien ein „zweischneidiges Schwert"[114]: „Im digitalen Zeitalter wirkt sie bisweilen zerstörerischer denn je; im Internet gewinnen mitunter Minderheiten die Meinungsführerschaft und damit einen Einfluss auf den politischen Prozess, der aus demokratietheoretischer Perspektive problematisch ist."[115]

Dem US-amerikanischen Journalisten Thomas B. Edsall zufolge haben die sozialen Netzwerke etwas geschafft, was viele befürchtet und manche erhofft hatten: Sie haben institutionelle Barrieren zerstört in Bezug auf das, „was von wem wann und wo gesagt werden kann"[116]. Die Mediennutzer selbst entscheiden darüber, was rezipiert wird: „Ein Redakteur kann eine Geschichte veröffentlichen, aber wenn sie niemand teilt, ist es so, als wäre sie nie geschrieben worden."[117]

Emily Bell und Taylor Owen haben untersucht, welchen Einfluss Plattformen wie Facebook, Google oder Twitter auf den Journalismus haben. Demzufolge verteilen die Giganten aus dem Silicon Valley nicht mehr nur Informationen über ihre Kanäle. „Sie kontrollieren inzwischen, welches Publikum was zu sehen bekommt und wer für die erzielte Aufmerksamkeit bezahlt wird, und sogar, welche Formen und Formate des Journalismus florieren."[118] Die Nachrichtenmedien könnten „frei entscheiden, was sie auf Facebook posten, aber der Algorithmus entscheidet, was die Leser erreicht."[119] Das Problem dabei: „Die offensichtliche Schwachstelle der Algorithmen besteht darin, dass sie bislang nicht zwischen Fake News und Tatsachen zu unterscheiden vermögen."[120]

---

[114] Di Lorenzo, G. (2015). Vierte Gewalt oder fiese Gewalt? Die Macht der Medien in Deutschland. In: Pörksen, B. & Narr, A. (Hrsg.). Die Idee des Mediums. Reden zur Zukunft des Journalismus. S. 106.

[115] Ebd.

[116] Edsall, T. (2017). Democracy, Disrupted. Im Internet abrufbar: https://www.nytimes.com/2017/03/02/opinion/how-the-internet-threatens-democracy.html (Zugriff: 10.11.2018).

[117] Ebd.

[118] Bell, E. & Owen, T. (2017). The Platform Press: How Silicon Valley Reengineered Journalism. Im Internet abrufbar: https://www.cjr.org/tow_center_reports/platform-press-how-silicon-valley-reengineered-journalism.php/ (Zugriff: 10.11.2018).

[119] Ebd.

[120] Russ-Mohl, S. (2017), a. a. O, S. 97.

Eine veränderte Medienwelt, technischer Einfluss auf die Diskussionen im Netz, Nutzer, die selbst Nachrichten niederschwellig produzieren können: Es stellt sich mit Blick auf die Medienwirkung in psychologischer, soziologischer und technologischer die Frage nach dem Agenda Setting. Wer setzt die Themen, wer dominiert sie?

ROLLE VON TROLLEN

Der Mensch setzt die Themen, das ist selbsterklärend. Fraglich ist jedoch, unter welchen Rahmenbedingungen welche Menschen welche Themen setzen. Ein Interviewpartner hat festgestellt: „Je onlineaffiner manche sind, desto relevanter sind solche Sachen für sie auch." Er bezieht dies auf Themen, die insbesondere online eine Rolle spielen: „Es gibt schlagkräftige Organisationen, [die online sehr aktiv sind und ihre Themen platzieren]. Es ist aber immer auch die Frage, inwiefern man sich davon beeindrucken lässt. Ich lasse mich von Trollen schon lange nicht mehr beeindrucken."

Im Gegenzug allerdings sind jene Trolle „eigentlich der Souverän": „Sie sind ja ein Teil des Souveräns. Die Empörten sind eine Untergruppe der Wähler, und die Wähler sind unsere Chefs," wie ein Experte betont. Insofern setzten auch jene Untergruppen ihre Themen. „Die [Untergruppe] behauptet, in der Mehrheit zu sein, obwohl sie eine Minderheit [ist]. Sie hat eben nur Stimmenverstärkung, sie sprechen lauter." Die Untergruppe nehme einen Raum ein, der ihnen nicht zustehe. Sie mache mehr Lärm und errege mehr Aufmerksamkeit und löse dadurch Reaktionen aus. Er bezieht dies auch auf die Wähler der AfD.

ROLLE VON HOBBYREDAKTEUREN

Die Themen setzen heutzutage auch jene Menschen, die selbst publizieren. „Es gibt jetzt eben nicht mehr hunderte Redakteure, die etwas schreiben, sondern tausende Hobbyredakteure, die das ja auch nicht gelernt haben. Bei denen man der Hälfte, wenn nicht 80 Prozent, die Fähigkeit, Nachrichten richtig einzuordnen, absprechen muss." Diese Hobbyredakteure orientieren sich nicht am Pressekodex, dessen Existenz ihnen womöglich nicht einmal bekannt ist.

Generierung von Themen mittels Technik

Ein Abgleich von Themen erfolgt in manchen Institutionen bereits im operativen Geschäft, womit die Technologie Auswirkungen auf das eigene Agenda Setting hat: „Natürlich lassen wir uns von Zahlen, von Algorithmen, von Reichweiten-Themen auch treiben [...]. Wir haben in unseren Konferenzen doch auch die Berichte aus dem Netz. Wir haben ein [Tool] gestartet, um genau gezielt zu bestimmten Themen und in bestimmten Milieus im Netz reinzuhorchen und zu schauen, was dort diskutiert wird. Und diese Themen setzen dann zumindest auch teilweise unsere Agenda." Die Technik helfe dem Befragten dabei, vorhandene persönliche Netzwerke regelmäßig aufzubrechen, was als Hinweis auf die Existenz von Filterblasen verstanden werden kann. Die Technik erlaube ihm Zugang zu Themen, zu denen er bislang „keine soziale Affinität" hatte.

Dies bestätigt auch ein weiterer Experte. Er stellt fest, dass im klassischen Pressegeschäft eine „wirklich massive Veränderung" passiere. „Auch was die Generierung von Nachrichten durch Journalisten betrifft", die sich „zu einem Großteil" auch auf Aussagen aus dem Netz berufe. Dieser Zugriff auf Meinungen aus dem Netz muss jedoch ambivalent gewertet werden. Zwar hilft eine Recherche in sozialen Netzwerken, um Themen ausfindig zu machen, repräsentativ sind sie allerdings nicht.

Mobilisierung mittels Technik

Veränderte technische Mittel bieten neue Chancen nicht nur zum Agenda Setting, sondern auch zur Mobilisierung von Teilgruppierungen: „Die AfD ist es als Partei methodisch sehr gut angegangen. Die hatten einen definierten, taktischen Plan, wie man die eigene Meinung nach vorne katapultiert." Die Digitalisierung mache es einfacher, Gruppen zu mobilisieren.

Diesen taktischen Plan der AfD hat der amerikanische Journalist Jay Rosen auf Einladung der Robert-Bosch-Stiftung in seinem Brief an die deutschen Journalisten in einem Sechsklang zusammengefasst:

1. „Wirf der Presse immer wieder ‚politische Korrektheit' vor.
2. Behaupte, für eine abgehängte Bevölkerung zu sprechen, von der die Journalisten keine Ahnung haben.

3. Sorge mit kalkulierten Grenzüberschreitungen und Tabubrüchen für Schlagzeilen, und wenn Journalisten diese ganz kostenlose Werbung mit kritischen Fragen zu konterkarieren versuchen,

4. spiel einfach das Opfer.

5. Und behaupte immer, obwohl sich die allgemeine Aufmerksamkeit auf deine Themen richtet, dass die Mainstream-Medien darüber nicht reden wollen. Auf diese Weise wird Druck erzeugt.

6. Und schaffe gleichzeitig im Internet eine Gegenöffentlichkeit für Sympathisanten, in der es ständig Nachrichten gibt, aber nur eine Botschaft: Die politische Klasse und die Medieneliten sind vereint gegen euch und entschlossen, euch wegen ‚falscher' Gesinnung ein schlechtes Gewissen zu machen. Kommt zu uns, dann werdet ihr euch wieder gut fühlen. Wir haben Fakten, die euer Misstrauen bestätigen."[121]

Die Partei bedient sich dabei eines eigenen Agenda Settings, Emotionen und der Technik der Online-Welt zur Mobilisierung. Sie vernetzen die vermeintlich Abgehängten als eine Teilgruppierung und es schließen sich viele zusammen.

BEDEUTUNG DER VERNETZTEN VIELEN

Diese oben beschriebene Mobilisierung von Teilgruppierungen gilt als eine Folge der von Bernhard Pörksen beschriebenen Empörungsdemokratie. In dieser Empörungsdemokratie werde die Deutungsmacht der Wenigen soziologisch zu einem „erbittert ausgefochtenen Meinungskampf der Vielen"[122], der so genannten vernetzten Vielen. In dem von Pörksen beschriebenen Übergang von der Medien- zur Empörungsdemokratie spielten soziale Netzwerke die entscheidende Rolle: „Sie liefern nicht nur wunderbare Möglichkeiten zur blitzschnellen Kontaktaufnahme und zur raschen Kommunikation, sondern sind auch Instrumente des Protestes. Es sind Wutmaschinen, die sich einsetzen lassen, die Erregung zu steigern. [. . .] Zen-

---

121 Rosen, J. (2018). Brief an die deutschen Journalisten. Gastbeitrag bei FAZ online. Im Internet abrufbar: http://www.faz.net/aktuell/feuilleton/debatten/jay-rosen-schreibt-einen-brief-an-die-deutschen-journalisten-15765235.html (Zugriff: 01.11.18).

122 Pörksen, B. (2017). „Erbitterter Meinungskampf der Vielen". In: Stuttgarter Nachrichten vom 16.01.2017.

tral ist: Das einst passive Medienpublikum hat auf einmal Macht und Einfluss."[123]

Fünf der 16 Interviewpartner folgen Pörksens These, dass die vernetzten Vielen wegen der Digitalisierung eine Stimme haben. Ein Experte bezeichnet als die vernetzten Vielen demokratietheoretisch diejenigen, „die zunehmend gleichberechtigt neben die vierte Gewalt, die Medien, treten. Sie nutzen den Schneeballeffekt der Empörungswellen, die auch Euphoriewellen sein können. [...] Das Thema ist [dann] da und es wird gespielt, weil es gesehen oder gehört wird." Dies führe auch dazu, dass selbst Aussagen, „bei denen keine besondere Wertigkeit herrscht [...], sich einfach hochschaukeln". Davon lasse man sich treiben, „weil dieser permanente Druck da ist, in Facebook und Twitter unterwegs zu sein, aus Sorge irgendetwas zu verpassen. Oder dass irgendetwas aufpoppt, was wir nicht mitbekommen." Diese vernetzten Vielen beeinflussen dabei nicht nur Informationen, „sondern auch eine Lebensweise, eine völlig andere Form von zwischenmenschlicher Kommunikation, die ich als sehr negativ empfinde. Weil sie für viele Leute der einzige Weg der Kommunikation ist."

Zwei Experten sehen eine Machtverschiebung zugunsten der vernetzten Vielen. Einer der beiden nimmt zwar wahr, dass im Netz Minderheiten aktiv seien, diese Minderheiten aber immer größer würden – und zwar mit steigender Nutzerzahl: „Insofern wird die Macht größer, der Einfluss dadurch auch größer." Der Journalist Rosen begründet die gestiegene Macht damit, dass die Rezipienten heutzutage mehr Auswahl hätten, das Mediensystem keine Einbahnstraße mehr sei und weil Populisten dazu aufriefen, aus dem System auszusteigen.[124] Vor dem Hintergrund der historischen Entwicklung sei es möglich, dass die kanalisierte Kommunikation über das Internet in zehn Jahren einen noch größeren Einfluss habe. Pörksen sieht bereits heute einen mediengeschichtlichen Einschnitt.[125]

Machtverschiebung durch die Digitalisierung

Ein weiterer Experte konstatiert vor allem eine Machtverschiebung durch die Infrastruktur Internet „weg vom Anbieter hin zum Nachfrager, also weg

---

[123] Ebd.
[124] Vgl. Rosen, J. (2018), a. a. O.
[125] Vgl. Pörksen, B. (2017), a. a. O.

vom Anbieter hin zum Kunden in der Wirtschaft oder weg vom Regierenden hin tatsächlich zum Bürger. Man erlebt ja Auflösungserscheinungen in vielen Institutionen derart, dass plötzlich ein Einzelner eine Partei hijacken kann, wie wir das in Amerika gerade gesehen haben. Keiner wollte Donald Trump irgendwie nominieren, aber er hat das einfach als Individuum an der Partei vorbei geschafft [...]. Das wäre ohne die Hilfe des Internets so nicht möglich gewesen."

Zur Machtverschiebung zähle auch, dass aus der einen oder anderen Netzdebatte Gesetzesvorhaben entstanden seien. „Der Einfluss dieser Netzgesellschaft, die ja nie konform oder homogen ist, aber die bei bestimmten Themen sehr lautstark sein kann, ist sicherlich keine einflusslose Welt." Dass sie mit den drei Staatsgewalten gleichzusetzen sei, bezweifle er. Zu den Beispielen für eine Machtverschiebung zählt auch der Arabische Frühling. „Da war die Wirkmacht von massenweiser Organisation von Meinung im Netz deutlich spürbar." „Wirkmächtig sind eben nicht nur die Medien, sondern wirkmächtig ist natürlich auch das Netz."

Ein Befragter geht davon aus, dass „wir alle [...] noch gar nicht richtig begriffen [haben], wie mächtig diese Netzwerke werden können und teilweise auch schon sind". Er nennt eine Bewegung wie Pegida oder eine Partei wie die AfD, die „ohne die sozialen Netzwerke [so] nicht denkbar gewesen seien". „Die Wählerin, der Wähler, die Verbraucherin, der Verbraucher, die Bürgerin, der Bürger sind extrem mächtig geworden, und zwar im täglichen Leben, ein Tweet kann großen, irreparablen Schaden verursachen."

Jedenfalls sei der Regierungskommunikation durch die Digitalisierung „ein wichtiges Steuerelement aus der Hand genommen worden, weil auf jeder Veranstaltung jeder über Facebook und Twitter einen Satz, eine Aussage aus einer Rede kommunizieren und damit eben Diskussionen auslös[en]" kann. Diese Diskussionen haben das Potenzial zum Shitstorm, der laut einem Interviewpartner auch als „der unmittelbare Ausdruck von Volkes Willen" angesehen werden kann. Ein Shitstorm sei aber nicht repräsentativ. Deshalb entscheide immer die Einzelfallprüfung über die Einordnung und Relevanz eines Themas.

RELEVANZ DER THEMEN IM NETZ

Was im Netz stattfindet, kann dann auch in der Berichterstattung Relevanz finden. Ein Befragter berichtet, dass die größte deutsche Boulevardzeitung damit angefangen habe, zu sichten, welche Themen im Netz relevant seien. Inzwischen arbeiteten selbst seriöse Medien ähnlich, zumal sie in ihrer Meinungsbildung durch die Recherche im Netz bereits entsprechend beeinflusst worden seien.

Ein weiterer Experte warnt vor einem sich entwickelnden Meinungskartell, „das weder durch die Wahrheit legitimiert ist, noch in irgendeiner Weise repräsentativ. Das ist nicht ungefährlich." Er begründet seine Bedenken damit, dass Politik auf Themen im Netz reagiere und Politik oftmals gesellschaftliche Diskussionen vorwegnehmen möchte. „Wenn man, was zum Beispiel in den sozialen Medien stattfindet, als repräsentative gesellschaftliche Diskussion wahrnimmt, dann unterliegt man einem Trugschluss, und wenn sich das in der Politik dann fortsetzt, dann ist das insgesamt problematisch. Damit diktieren natürlich diejenigen, die dort gut aufgestellt sind, gut organisiert sind." Ein anderer Interviewpartner spricht von einer „Pseudo-Massenbewegung". Ableiten lasse sich aus dieser Entwicklung „etwas Disruptives, etwas, das sich wenig steuern lässt [...]. Aber es ist eben keine Macht in dem Sinne, dass da jemand tatsächlich eine Agenda setzen kann."

Ähnlich kritisch äußert sich auch ein Befragter, der den vernetzten Vielen wenig Erfolg zugesteht, „weil sie dann ja auch oft sehr lobbyistisch handeln. Die ganze Bewegung, die man so hat in den NGOs, so richtig schlagkräftig sind die ja auch nicht. Die werden ja auch gleich abgestempelt." Dieses „Abstempeln" kann so interpretiert werden, dass das interessengeleitete Publizieren anderen Nutzern auffällt. Es liegt dann im Bereich des Möglichen, dass der gegenteilige Effekt eintritt und sich die Nutzer abwenden.

Ein weiterer Experte hält die Durchschlagskraft von sozialen Netzwerken, Themen zu setzen, für überschaubar. Das schwerwiegende Argument sei die Glaubwürdigkeit, die er Social Media grundsätzlich abspricht. „Aber eine Behörde oder ein Magazin hat einfach das Image, seriös zu sein, und dass die Meldung, die da rauskommt, auch stimmt." Wer glaubwürdig sei, der habe auch die Deutungshoheit.

2.8 GESCHWINDIGKEIT IM DIGITALEN ZEITALTER

Das Agenda Setting wird durch die Digitalisierung unbestritten von einem Mehr an Faktoren beeinflusst. „Die Welt tickt im globalisierten Takt."[126] Der berühmte Sack Reis, der in China umkippt und bis vor wenigen Jahren noch niemanden in der westlichen Welt interessiert hat, kann mittels der digitalen Medien heutzutage von Relevanz sein – und zwar in Sekundenschnelle. Michael Schröder beschreibt es so: „Soziale Netzwerke steigern die Schlagzahl und erhöhen die Geschwindigkeit des ohnehin schon sehr schnellen Nachrichtenflusses."[127] Sie erzeugten so Handlungsdruck auf die Politik und gesellschaftlich relevante Gruppen. „Sie treiben Politiker und die etablierten Medien vor sich her. Die wiederum erscheinen rast- und ratlos."[128]

Als anschauliches Beispiel für die Beschleunigung des politischen Prozesses und der politischen Kommunikation nennt Schröder die Institution Bundespressekonferenz.[129] Gegründet nach dem Zweiten Weltkrieg als Verein der Hauptstadtjournalisten, war das Ziel, eine gewisse Transparenz im politischen Diskurs herzustellen. Ein exklusiver Kreis mit direktem Zugang zur politischen Elite. Öffentlich übertragen wurden Pressekonferenzen nicht. Journalisten hatten Zeit zum Nachdenken, Recherchieren, Schreiben und Publizieren. Heute stehen sie wegen der angewachsenen Zahl an Medien und dem Wettbewerbsdruck unter Zugzwang, zeitnah berichten zu müssen. Dies wiederum produziert Nachfragen anderer Medien und fordert zeitnahe Reaktionen anderer (Oppositions-)Parteien und Stakeholder.[130]

---

[126] Schröder, M. (2017). Regieren in der Twitter-Demokratie oder: Trolle an der Macht. In: Schröder, M. & Schwanebeck, A. (Hrsg.) Big Data – In den Fängen der Datenkranken. Die (un-) heimliche Macht der Algorithmen. S. 72.

[127] Ebd.

[128] Ebd.

[129] Vgl. Schröder, M. (2017), a. a. O., S. 74.

[130] Diese Erfahrungen hat der Autor selbst im Amt des Regierungssprechers gemacht. Er war von 2011 bis 2017 Sprecher der saarländischen Landesregierung.

Eine Grundregel aus den angelsächsischen Journalismus-Lehrbüchern besagt, dass Richtigkeit vor Schnelligkeit geht. Ein Beispiel zeigt, wie sehr diese Grundregel des seriösen Journalismus unter dem „24/7-Regime des Internets"[131] zwar nicht gänzlich in Vergessenheit geraten, aber eben doch oftmals außer Kraft gesetzt ist: Im Januar 2017 fällte das Bundesverfassungsgericht das Urteil zum NPD-Verbotsverfahren. Noch bevor die Sitzung so richtig begonnen hatte, verbreitete *Spiegel Online* eine Eilmeldung, die sich vermutlich mit den Erwartungen oder dem Wunschdenken des Journalisten deckte: Das Gericht habe die rechtsradikale Partei verboten. Das Gericht hatte allerdings nicht das Urteil verkündet, sondern nur die Klageschrift verlesen. Das Urteil lautete anders.

Russ-Mohl fasst es so zusammen: „In der guten alten Zeit waren es vor allem Agenturjournalisten, die jeweils die ersten sein wollten, und auch das führte zu gelegentlichen Entgleisungen. Diese wurden dann von vielen Redaktionen, die auf Solidität und Glaubwürdigkeit ihrer Berichterstattung Wert legten, mit etwas Glück durch eine weitere Regel korrigiert: Erst wenn eine sensationelle Meldung von einer zweiten Quelle [...] bestätigt wurde, durfte sie gedruckt oder gesendet werden."[132] Heutzutage lauten die Regeln oftmals anders.

Wenn also die Verbreitung einer Information beschleunigt wird, ist anzunehmen, dass sich auch der Maßstab für eine Reaktion verändert. Die den Experten vorgelegte Frage lautet daher: Welche Konsequenzen hat das veränderte Tempo infolge der Möglichkeiten der Digitalisierung aus psychologischer, soziologischer und technologischer Sicht?

VERÄNDERTE ERWARTUNGSHALTUNG

Zwei der 16 Befragten sehen in der technologischen Entwicklung eine gestiegene Erwartungshaltung, die sich mit *24/7* beschreiben lässt: „Im Internet kann man immer etwas an die Adresse der Bundesregierung schicken und will dann gleich die Reaktion haben." Vielleicht brauche „ein moderner Staat [...] [ein] entsprechende[s] Service-Center" mit kurzen Reaktionszeiten. Der zweite Befragte stellt die technologische Entwicklung in den medienhistorischen Kontext: „Früher gab es nur eine *Tagesschau* um 20

---

[131] Russ-Mohl (2017), a. a. O., S. 143.
[132] Ebd.

Uhr und dann nochmal ein Magazin später, aber das waren die zwei einzigen Nachrichtensendungen, die wir hatten. Schon lange vor dem Internet gab es dann neben der *Tagesschau* das Frühstücksfernsehen [...]. Mittlerweile gibt es die *Tagesschau* rund um die Uhr. Das heißt also, die Einschätzung war schon vor dem Internet da. Der schnelle O-Ton, der schnelle Kommentar, die schnelle Meinung, das fing schon vorher an und hat natürlich durch die Technisierung [Fahrt aufgenommen]." Früher habe es 30 bis 40 Jahre gedauert, bis jeder Haushalt über ein Fernsehgerät verfügte. Jetzt dauere es nur noch wenige Jahre, bis 80 Prozent der Menschen ein Smartphone besitzen. Man könne allerdings nicht alles außer Kraft setzen, nur weil es im Netz eine Erwartungshaltung gibt: „Genauso wie die Demokratie das Netz aushalten muss, so muss auch das Netz die Demokratie aushalten."

Diese Schnelligkeit dank der Technologie hat sich auch in der Medienbranche bemerkbar gemacht; die Auswirkungen betreffen ebenso die Kommunikationsabteilungen: „Während die Nachrichtenagenturen früher das Schnelle gewesen sind, sind es eben heute die digitalen Medien." Beides zusammengenommen – die oben beschriebene Erwartungshaltung in Kombination mit der technologischen Entwicklung – hat zur Folge, dass Betreiber von Seiten in sozialen Netzwerken „schon in Echtzeit das Feedback" geben können. Dank der Digitalisierung gehe „alles in Echtzeit raus". „Die Schnelligkeit des Netzes" sei eine „Herausforderung". Sie sorge dafür, dass Realität und Medienrealität „gleichzeitig stattfinden – eine Entwicklung, die nicht rückgängig zu machen ist. Die Folge: Es kann in der Regel erst anschließend geprüft werden, ob eine Information richtig oder falsch ist."

AUFLÖSUNG VON DEADLINES

Die Erwartungshaltung *24/7* führt auch zu einer weiteren Veränderung: Vier der 16 Befragten stimmen überein, dass die technologische Weiterentwicklung die Frage nach sich zieht, ob die klassischen Strukturen von Anzeigen- oder Druckschluss aufgebrochen worden sind. Früher war ein Arbeitstag klar definiert. „Heute gibt es überhaupt keine Tage mehr. Die Onlinemedien – auch die Blogger – schreiben auch nachts um drei oder morgens um sieben." Heute „ist immer Zeitung, [...] ist immer Nachrichten. Das bedeutet, dass die Arbeit anspruchsvoller ist, weil man ja nicht nur die Sache, über die man [als Sprecher] redet, halbwegs verstehen muss, sondern man muss auch noch die Mechanismen [der Online-Welt] verstehen."

Die Orientierung an fixen Redaktionsschlüssen hat sich ferner fast gänzlich verändert: „Immer mehr Rundfunkanstalten, Verlage entscheiden sich zu einer publish-immediate-Strategie – alles muss raus." Als Beispiel wird ein Redaktionsbesuch am späten Abend genannt, in dem die Redaktion meinte, in die Spätausgabe unbedingt ein aktuelles Zitat des Ministerpräsidenten einfügen zu müssen – zu einem nicht-tagesaktuellen Thema. „Ich habe manchmal den Eindruck, das ist ein bisschen an [den] Leuten vorbei."

Ein dritter Aspekt neben dem Wegfall von Sendezeit und Druckschluss ist, dass es im Internet auch keine Altersbeschränkung gibt. Damit ist auch die in Deutschland bewährte Freiwillige Selbstkontrolle hinfällig, eine tragfähige Lösung hierfür mit Blick auf das Internet steht noch aus.

Gründlichkeit vor Schnelligkeit

„Gewisse Dinge müssen [. . .] mit Muße vorangetrieben werden. Einige Dinge muss man auch mal liegen lassen und auch das ist wiederum eine Form von Wissensvermittlung. Man kann ja gerne aus der Geschichte mal lernen. Nehmen wir mal den Bereich der Kunst. Wie viele Künstler haben ihre Bilder nochmal übermalt. [. . .] Wein wird besser, wenn man ihn auch mal liegen lässt. Freundschaft wird auch stabiler, aber auch ein Gesetz." So sieht ein Befragter die menschlich-psychologische Seite.

Bei der Bewertung der veränderten Geschwindigkeit für den professionellen Kommunikator tendieren die Befragten weitestgehend in die gleiche Richtung. Sieben der 16 Befragten sind sich einig, dass man sprichwörtlich „nicht über jedes Stöckchen springen" dürfe. Die „Versuchung der medialen Präsenz" sei „enorm hoch", ebenso hätten Zwang und Wille der Politiker sich zu äußern, zugenommen. Man brauche mehr Kraft, einer schnellen Reaktion zu widerstehen. „Ich versuche es im Einzelfall abzuwägen und ich versuche auch mal zu widerstehen, denn es kann auch böse nach hinten losgehen. Zu früh sich geäußert zu haben, ohne ausreichende Faktenbasis, kann fürchterliche Folgen haben."

Gewarnt wird auch vor dem Applaus in sozialen Netzwerken. Dieser sei nicht repräsentativ. „Manchmal [kann] der schnelle Applaus das Gegenteil von dem sein [...], was man aus politischer Überzeugungswirkung hinterlässt." Die Arbeit unter den Auswirkungen der Digitalisierung habe ferner für den Menschen die Folge, dass prinzipiell das Kurzzeitgedächtnis stärker beansprucht wird als das Langzeitgedächtnis: „In unserer Arbeit ist ja auch alles völlig kurzlebig. Du [schickst] die Meldung raus und dann ist das erledigt." Diese Kurzlebigkeit wirkt sich auch auf die Rezipienten und deren Bewertung einer Information aus.

AUSWIRKUNGEN AUF DIE AKTEURE

Die Geschwindigkeit, in der sich Kommunikation ändert, könne der Politiker nicht beeinflussen: „Und da muss man sich natürlich letztendlich auf das einlassen, was die Kommunikation bestimmt – das ist die Digitalisierung." Aufgrund der erhöhten Geschwindigkeit seien die politischen Akteure erpressbarer geworden: „Denn die neuen Medien sind so schnell – wenn einer nicht bereit ist, sich zu äußern, [finden sie] schnell auch andere [...], die das tun. Und viele politische Akteure befürchten in so einer Situation, an der Diskussion und damit auch an der Meinungsbildung nicht mehr ausreichend zu partizipieren." Es gehe um eine gewisse Art der Deutungshoheit in einer Aufmerksamkeitskonkurrenz. Steige man zu spät in eine Debatte ein, werde man nicht mehr wahrgenommen, weil sich schon zu viele andere Akteure geäußert hätten und die Diskussion bereits thematisch gefestigt sei. Dies gelte insbesondere für die Verbreitung von Falschnachrichten: „Je schneller man auf Fake News reagieren kann, desto wahrscheinlicher ist, dass die sich nicht verbreiten."

Politiker dürften sich in Zeiten, in denen in der Berichterstattung stärker personalisiert wird, weder dem „Diktat der Schnelligkeit [...] unterwerfen" noch „sich treiben lassen. [...] Den Wettlauf kann Politik [...] nicht gewinnen.". Eine mediale Zurückhaltung könne auch zur Steigerung der Autorität eines Politikers führen.

ENTSCHLEUNIGUNG ALS WUNSCH

Ein Interviewpartner geht so weit, dass er sich eine Entschleunigung wünscht: „Dann gibt es auch wieder verständliche Politik, die nicht so viele

Kehrtwendungen mitmachen muss, denn man kann sich ja auch mal irren in diesen drei Stunden." Er bezieht die Zeitangabe auf dieses Beispiel: „Wenn man in einer Zeitspanne von drei Stunden nicht reagiert hat und dann als meinungslos gilt, halte ich das für eine Fehlentwicklung.

Kausalität von Tempo und Druck

„Die gesamte Informationswelt, nicht nur die Medienwelt, verändert sich insoweit, als jeder in der ganzen Welt jederzeit alles erfahren und sich mitteilen kann. Das ist eine Veränderung, die nicht nur die Medien, sondern alle betrifft. Und dadurch ist alles schneller geworden." Diese Aussage eines Experten beschreibt treffend die bereits erwähnten, veränderten Dimensionen von Zeit und Raum. Sie fasst zusammen, welche Auswirkungen die Digitalisierung soziologisch gesehen auf Organisationen hat.

Mit steigender Geschwindigkeit von Nachrichten und Reaktionen darauf steigt auch der Druck auf die Akteure der politischen Kommunikation. Dabei braucht es eigentlich Zeit: „Weil die Protestgemeinschaft schon einen Monat empört ist, bevor in der Politik überhaupt das erste Stück Papier beschrieben worden ist." Der Befragte bemüht Jean-Claude Juncker und zitiert aus einem Interview zur Euro-Krise den „sofortigen Sofortismus". Dieser besage, „dass sich Politiker damit konfrontiert sehen, dass sie jede Minute, jede Sekunde zu irgendetwas Stellung nehmen sollen, zu dem sie gar nicht Stellung nehmen können, weil sie darüber nichts wissen. Oder weil die Zeit einfach noch nicht so weit ist." Dennoch gehen Journalisten ihrer Aufgabe nach und stellen Fragen – allerdings in engerer Taktung, weil der Druck auch auf die Medien gestiegen ist, Nachrichten liefern zu müssen. Man könnte auch von einem Teufelskreislauf sprechen.

Folgen für die Medienwelt

Eine höhere Geschwindigkeit bedeutet für Medien, die auf Aktualität angewiesen sind, eine besondere Herausforderung. Es sei davon auszugehen, dass die Pressezyklen noch schneller werden, wird betont. Als Gegenbewegung gibt es Rechercheverbünde, die investigativen Journalismus betreiben und hierfür Zeit bräuchten, so ein Befragter. Ein Interviewpartner sorgt sich explizit um die Rechercheleistung von Journalisten: „Da führt dieses ‚Schnell, Schnell, Schnell' zum Teil nicht zu Fake News, aber zu ungenauen Informationen." Diese seien schwierig zu korrigieren. An anderer Stelle berichtet der gleiche Befragte von der journalistischen Versuchung, Sätze zu veröffentlichen, die in einen anderen oder auch falschen Kontext gesetzt werden.

FOLGEN FÜR DIE POLITISCHE KOMMUNIKATION

Nachfolgend äußern sich die Befragten dazu, wie die Kommunikatoren mit dem veränderten Tempo umgehen sollten. Dabei wird bei der Kommunikation von Informationen unterschieden zwischen zwei Vorgehensweisen:

1. Institutionen müssten heutzutage auch kommunizieren, was sie in einem konkreten Fall nicht wissen. Als Beispiel wird der Polizei-Sprecher beim Amoklauf im Jahr 2016 in München genannt.

2. Institutionen müssten schnell reagieren, um Vertrauen aufzubauen und Zeit zu gewinnen.

Es gelte der Grundsatz, dass jede Verlautbarung wahr sein müsse: „Dieses Vertrauen darin, dass Informationen, die von der Regierung kommen, dann nachher auch korrekt sind, [...] ist etwas, das sehr viel wichtiger ist als eine schnelle Reaktion." Deshalb dürfe eine Regierung nie aus einem Reflex heraus handeln, sondern müsse besonnen agieren. Drei der 16 Befragten warnen vor einem „Wettstreit [...] um die schnelle Schlagzeile", ein Schnellschuss könne gefährlich werden. Einer der Befragten ist überzeugt, „dass sowohl der Bürger, als auch der Politiker mal Ruhe brauchen. Und ein Politiker muss auch einfach Zeit haben, um darüber nachzudenken, was er da tut."

Ein Interviewpartner spricht von einer „bestimmten Schwelle", die überschritten sein müsse, bevor es zu einer unmittelbaren Reaktion komme. Diese Relevanz lässt sich auf die Bedeutung des Themas und auf die aktuelle Nachrichtenlage (Stichwort: Framing) beziehen. Sieht sich der Kommunikator zur schnellen Reaktion veranlasst, liegt es in der Natur der Sache, dass weniger nachgedacht oder reflektiert worden ist. Davor warnen sieben der 16 Befragten. Es wird die Gefahr beschrieben, dass potenziell ungeprüfte und zu schnell gegebene Informationen nicht zu mehr Klarheit, sondern zu Verwirrung führen könnten. Als fatale Folgekette bezeichnet es ein Interviewpartner, wenn Nachrichtenagenturen ungeprüfte Informationen dann weiterverbreiten. Daran leide dann die Glaubwürdigkeit der

Institution. Im Netz könne man von einer Reaktion in „Echtzeit" sprechen: „Vielleicht sind die Zeiträume [für eine] Reaktion noch kürzer. Eine neue Qualität scheint mir damit aber nicht verbunden. Im Zweifel muss sich die Politik die Zeit einfach nehmen, die zur Klärung der jeweiligen Angelegenheit erforderlich ist."

Zur Klärung der jeweiligen Angelegenheit und einer möglichen Reaktion zählt insbesondere eine interne Abstimmung, wobei der Abstimmungsbedarf nicht nur größer, sondern auch dringlicher geworden sei: „Wenn [. . .] die Führungsperson mit der Schnelligkeit nicht mithalten kann und sich im selben Augenblick schon andere [. . .] äußern, dann geht dieses Führungselement verloren. Deswegen wird die Erwartungshaltung, sich abzustimmen, an diejenigen, die an der Spitze sind, [. . .] immer größer." Das Schwierige sei dabei die Diskrepanz zwischen der Prozess- und Ergebniskommunikation: „Politik zeigt zwar Ergebnisse, das bedarf aber längerer Prozesse – gerade in schwierigen Koalitionsregierungen. Und Medien sind weniger prozess- als ausschließlich ergebnisorientiert."

Ein anderer Befragter differenziert ähnlich, er nennt es Darstellungs- und Herstellungsebene: Die Herstellungsebene funktioniere dank der technologischen Entwicklung schneller (Stichwort: Email statt Fax), aber immer noch nach den herkömmlichen Prozessen. Regierung und Politik finden überwiegend auf dieser Herstellungsebene statt. „Nur ganz wenig durchschlägt die Decke der Aufmerksamkeit und kommt in die Darstellungsebene. [. . .] Da gibt es kaum noch Zeit zu überlegen."

2.9 Kulturwandel in Zeiten der digitalen Medien

Eine Personalie hat mit einer Mitteilung binnen kürzester Zeit bundesweite Aufmerksamkeit erlangt. Am 15. Mai 2018 ist Nordrhein-Westfalens Umweltministerin Christina Schulze Föcking zurückgetreten. Dieser Fall hat deshalb für Aufregung gesorgt, weil ihr Ressort emotional aufgeladene Themen behandelte und diese von Lobbyisten entsprechend aufgegriffen wurden. Unter anderem hatte Schulze Föcking über Tierhaltung zu entscheiden und kam wegen Bildern zur Schweinehaltung aus ihrem privaten Umfeld und mutmaßlichen Verstößen gegen den Tierschutz in Erklärungsnot. In ihrer Rücktrittserklärung schreibt sie: „In den vergangenen Monaten und Wochen habe ich […] in anonymen Briefen und ganz offen im Internet Drohungen gegen meine Person, meine Gesundheit und mein Leben erfahren, die ich nie für möglich gehalten hätte und die das Maß des menschlich Zumutbaren weit überschritten haben. Die Aggressivität der Angriffe hat mich in eine ständige Anspannung versetzt […]. Der Preis meines politischen Amtes für meine Familie ist zu hoch."[133]

Eine ähnliche Entscheidung hat auch Robert Habeck als Bundesvorsitzender der Partei Bündnis 90/Die Grünen getroffen. Während Schulze Föcking gänzlich aus dem politisch-administrativen System ausgeschieden ist, hat sich Habeck lediglich von der Plattform Twitter verabschiedet, von dem er bis dato als Mittel zur direkten Kommunikation überzeugt war.[134] Anlass war ein Shitstorm, nachdem er in einem Online-Video wiederholt eine falsche Formulierung benutzt hatte. Genutzt hatte er den Twitter-Kanal bis dato als „Verstärker", um eigene Interviews einer breiten Masse via Link zugänglich zu machen, sowie als Möglichkeit zur Kommentierung verschiedener Themen, die auf der Plattform gerade viel diskutiert wurden.[135] Im Interview beschreibt Habeck darüber hinaus, wie sehr das technische Hilfsmittel seine politische Arbeit verändert habe, wenn er in Talkshows bei seinen Aussagen in der Kategorie „twitterfähige Sätze" gedacht habe, sowie dem Unterschied zwischen klassischen und neuen Medien. Letztere würden nicht moderiert[136], was sich auf die Gatekeeper-Funktion übertragen lässt. Twitter verändere einen Menschen wie jedes Medium. „Politiker müssen damit rechnen, dass die Hälfte der Reaktionen auf ihre Tweets negativ sind, oft kommen Beleidigungen, manchmal werden Todesarten aufgezählt, die man sterben soll. Man kann das ignorieren oder an sich heranlassen, immun gegen Kritik werden oder depressiv. Twitter kann den Gemütszustand verändern. Das kann nützlich sein, wenn die ganze Welt

---

[133] Über den Fall berichten diverse Medien. Die Rücktrittserklärung findet sich auf der Internetpräsenz des zuständigen Ministeriums unter https://www.umwelt.nrw.de/presse/d etail/news/2018-05-15-christina-schulze-foecking-vom-ministeramt-zurueckgetreten/ (Zugriff: 16.05.2018).

[134] Vgl. Habeck, R. (2019). Twitter und ich. Interview in der Frankfurter Allgemeinen Sonntagszeitung vom 13.01.2019. S. 2.

[135] Vgl. ebd.

[136] Vgl. ebd.

gegen eine Ungerechtigkeit oder ein Todesurteil aufsteht. Das Medium hat Stärken, aber eben auch eine Verführbarkeit."[137]

Die Mischung aus Anonymität und Emotionalität bei gleichzeitiger Ablehnung der Haltung Andersdenkender löst Shitstorms aus. Als „Wutausbrüche in der digitalen Welt, an denen sich viele Menschen beteiligen"[138], beschreibt Christian Stegbauer das Phänomen Shitstorm. Erst durch das Internet sei die Möglichkeit entstanden, dass sich sehr spezielle Personen zusammenfinden und weitere Kreise auf ihre Seite ziehen, um öffentlichkeitswirksam auf ein angebliches Fehlverhalten ihrer „Gegner" einzuschlagen. Hierzu bietet ihnen die technologische Entwicklung neue Möglichkeiten. „Man äußert sich anders, wenn einem kein Mensch gegenübersitzt. Die Situation mit Personen ist sozial reguliert."[139] Hinzu komme, dass sich die Missverständnisse häufen, wenn man um den Hintergrund der anderen nicht weiß und keine Ahnung vom Kontext hat.[140] In der Folge verlängere sich die Entscheidungsfindung und es komme zu Entscheidungen, die anders sind als die, welche bei persönlichen Meetings von Angesicht zu Angesicht zustande gekommen wären.

Das Internet ermöglicht nicht nur einen freien Zugang zum Wissen der Welt, es versetzt die Menschen auch in die Lage, zu publizieren. Filter wie einen Journalisten als Gatekeeper gibt es nicht mehr. Äußerungen werden eins zu eins veröffentlicht. Norbert Bolz hat dabei einen „Enthemmungseffekt" ausgemacht: „Scham und Rücksichtnahme, Respekt und Manieren gehen dabei genauso über Bord wie die Sorgfalt im sprachlichen Ausdruck. Online kritisiert man nicht mehr, sondern man hasst."[141] Es sei demzufolge ein naiver Glaube der Aufklärung, man könne Menschen auf der Suche nach Orientierung mit sachlichen Informationen weiterhelfen. Wer Angst, Wut oder Benachteiligung empfindet, könne nicht durch Fakten aufgeklärt werden, sofern diese konträr ausfallen. Bolz sieht in der Kultur in sozialen

---

[137] Ebd.

[138] Stegbauer, C. (2018). Shitstorms. Der Zusammenprall digitaler Kulturen. Pressemitteilung dazu im Internet abrufbar: https://idw-online.de/de/news689923 (Zugriff: 16.05.2018).

[139] Ebd.

[140] Vgl. ebd.

[141] Bolz, N. (2017). Die Pöbel-Demokratie. In: Cicero. Magazin für politische Kultur. 03.2017, S. 17.

Netzwerken das „Geheimnis des Fanatismus" begründet. „Die Zuneigung steigert sich zur bedingungslosen Anhängerschaft und die Abneigung zum Hass. Soziologen nennen das Abweichungsverstärkung."[142] Je anonymer ein Nutzer bleiben kann, umso aggressiver werde er. „Der Hater ist nämlich ein Feigling. Niemals würde er mir seine Hasstirade ins Gesicht sagen."[143]

Einen Enthemmungseffekt stellt auch der amerikanische Journalist Joel Stein fest. Inzwischen gehen die leibhaftigen „Monster, die sich in der Dunkelheit verstecken und Leute bedrohen"[144], immer öfter aus der Deckung. Sie brauchen nach Russ-Mohl offenbar nicht mehr den Schutzmantel der Anonymität.[145] Inzwischen sei es in ihren Kreisen gesellschaftlich akzeptiert, sich unzivilisiert und *politically incorrect* zu äußern. So jedenfalls sieht es Lea Stahel.[146]

Einen weiteren Aspekt beschreibt Stegbauer, indem er sich des Begriffs der „Reziprozität der Perspektive"[147] aus der Soziologie bedient. Demzufolge bildet das „Sich-an-die-Stelle-des-Anderen-Setzen" eine Grundlage für eine kontroverse und konstruktive Diskussion. Die Hassbürger hingegen kommen sehr oft aus einer anderen Schicht, sie haben wenig mit der Lebenswelt der durch die Medien bekannten Politiker zu tun. Stegbauer beschreibt die Folgekette so: „Wenn nun die Lebenswelten von Beschimpften und Beschimpfern sehr weit voneinander entfernt sind, fällt dieser geforderte gedankliche Sprung sehr schwer. An die Stelle von Erfahrung wird dann eher ein Stereotyp gesetzt, welches nur noch ganz wenig mit der Wirklichkeit des Anderen zu tun hat. Das Stereotyp wiederum wird im Vorfeld von Shitstorms durch Vorurteile aufgeladen."[148] Sie bedienen sich dann der Klischees von ‚denen da oben, den Bonzen'. Diesen Menschen fällt Empathie

---

[142] Bolz, N. (2017), a. a. O, S. 18.

[143] Ebd.

[144] Stein, J. (2016). How Trolls Are Ruining the Internet. Im Internet abrufbar: http://time.com/4457110/internet-trolls/ (Zugriff: 18.11.2018).

[145] Russ-Mohl (2017). Die informierte Gesellschaft und ihre Feinde. Warum die Digitalisierung unsere Demokratie gefährdet. S. 105.

[146] Stahel, L. (2016). Ich, der Troll: Wieso Online-Hasser gerne ihren vollen Namen nennen. Im Internet abrufbar: https://www.defacto.expert/2016/06/30/online-hasser/ (Zugriff: 18.11.2018).

[147] Stegbauer, C. (2018), a. a. O., S. 62.

[148] Stegbauer, C. (2018), a. a. O., S. 63.

schwer. Anders verhalten sie sich, wenn ihnen jemand der „Bonzen" persönlich gegenübersteht, „und einem dann gewahr wird, dass die Differenz zu einem selbst nicht mehr so groß ist [...] wie gedacht"[149].

Stegbauer zufolge passen sich Beteiligte eines Streits dem Ton des Protests an, den sie bei anderen hören. „Wenn es sich um eine rohe Sprache und krude Verhaltensweisen handelt, dann wäre das eigene Zivilisieren in diesem Kontext unangemessen."[150] Eine solche Anpassung nennt man Alignment. Nach Stegbauer hat diese Anpassungsleistung Konsequenzen. Die Beteiligten nehmen demzufolge den Eindruck in den nächsten Streit mit. Unverschämtheiten und Beleidigungen gehören damit irgendwann zur Normalität.[151]

Vor dem Hintergrund eines veränderten Tempos, der Entstehung von Protestgemeinschaften und der Rolle von Emotionen stellt sich soziologisch die Frage, ob und inwiefern sich durch die Digitalisierung die Kultur des Umgangs miteinander verändert.

KULTURELLE AUSWIRKUNGEN DER DIGITALISIERUNG

Zunächst fällt auf, dass die Einschätzung der Befragten bei einem Großteil der Aussagen zu diesem Thema sich gleicht oder ähnelt. Für einen der Interviewpartner steht außer Frage, dass die Entwicklung in den sozialen Netzwerken auch einen „Verfall von Kultur" ausgelöst hat. Er führt dies zurück auf

1. die Anonymität im Netz – „die Menschen, die meinen jeden Politiker öffentlich angreifen zu können, würden das nicht tun, wenn sie ihm gegenübersitzen." Und: „Je anonymer [...], desto schlimmer der Ton."
2. die Möglichkeit, mittels technischer Hilfsmittel unmittelbar seine Meinung verbreiten zu können,
3. die Geschwindigkeit des Netzes, die zur schnellen Reaktion anregt.

Der gleiche Befragte nennt folgendes Beispiel: „Wenn jemandem vor 20 Jahren der Auftritt eines Politikers im Fernsehen [...] nicht gefallen hat, dann hat er oder sie vielleicht darüber nachgedacht, am nächsten Tag [...]

---

[149] Ebd.
[150] Stegbauer, C. (2018), a. a. O., S. 165.
[151] Vgl. ebd.

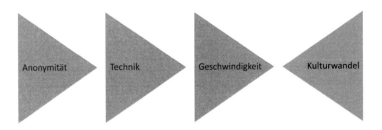

Abbildung 11: Begünstigungen für den Kulturwandel. Eigene Darstellung.

einen Brief zu schreiben [...]. Da war der Aufwand immer beachtlich: Erst hat man mal eine Nacht drüber geschlafen. Wenn man eine Nacht über etwas geschlafen hat, hat sich mache Aufregung gelegt, ist [es] nicht mehr so sicher, dass man den Brief [...] schreibt [...]. Wenn doch, ist die erste Hürde: Ich brauche Papier. Die nächste Hürde ist: Ich brauche eine Briefmarke dafür. Dann überlege ich mir: Soll ich für den, über den ich mich geärgert habe, [...] auch noch eine Briefmarke opfern?"

Ein anderer Interviewpartner spricht davon, dass die Hemmschwelle gesunken sei. Die Anonymität führe zu einer „zunehmenden Enthemmung gegenüber Mandatsträgern, Entscheidern, Politik. [...] Das heißt, der Umgang und die Umgangsformen sind nicht mehr so wie sie vielleicht sein sollten. Enthemmter." Es herrsche eine „Verrohung und Verflachung der Debatte". Der Befragte spricht in Bezug auf Social Media von „asozialen Medien", die „Leuten auch Deckung" geben.

Im Vergleich zum persönlichen Kontakt seien im Netz keine Grenzen mehr gesetzt, was einerseits gut sei. „Andererseits merkst du auch an der Art und Weise, dass sozusagen die zivilisatorischen Hüllen schnell fallen." Man habe den Eindruck, Politiker seien „teilweise Freiwild" geworden: „Was jeder für sich in Anspruch nehmen würde, gilt für Politiker nicht mehr." Auch ein weiterer Interviewpartner sieht „bizarre Formen [der Kommunikation]" mit dem Phänomen: Wer am lautesten schreit oder die abwegigsten Vorschläge macht, findet die meiste Beachtung. Hier lassen sich Ansätze der Schweigespirale von Elisabeth Noelle-Neumann erkennen.

Für einen der Experten sind „die Auswüchse in den sozialen Medien [...] eher eine Frage von Respekt und Anstand als von Information", während sich für einen anderen überwiegend die Unzufriedenen online zu Wort melden, denen man nichts Recht machen könne: „Mein Lieblingsstichwort ist der Whataboutism. Da sagt man zwar, dass die Steuern gesenkt wurden, aber bekommt als Antwort: ‚Das kann ja sein, aber was tut Ihr gegen das Walschlachten?' Also wird einfach ein neues Fass aufgemacht."

Der frühere Schutz der Anonymität wird mit einer neuen Dimension beschrieben, die die Entwicklung der jüngsten Vergangenheit konterkariert. Ein Befragter berichtet, dass es „diese Hasstiraden [...] früher auch [schon gab]. Aber früher war das anonym und jetzt ist jeder bereit seinen Namen dazu zu bringen." Ein anderer Befragter stimmt ihm zu, weil er mit seinem Kollegen festgestellt habe: Hass-Rede sei ein Phänomen, bei dem „die Sprache bei gleichzeitiger Aufgabe der Anonymität massiv zugenommen hat. Also in der Härte, und das gilt auch für Briefe."

Social Media sei für „viele Leute der einzige Weg der Kommunikation", unpersönlich und distanziert, weshalb das Risiko besteht, dass „durch diese Form vielleicht sehr viel verloren" ginge, sagt ein Experte. Als Beispiel werden am Tisch sitzende Kinder im Restaurant genannt, die sich gegenseitig über das Handy schreiben. „Und das, finde ich, ist für eine gesellschaftliche Entwicklung, für Emotionalisierung, für Lebensgefühl und für Lebensart eine sehr schwierige Entwicklung." Die menschliche Komponente rücke immer mehr in den Hintergrund.

Durch die „Empörungskultur" verändere sich auch „die Art und Weise, wie Politik gemacht" wird. Politiker seien vorsichtiger geworden, weil sie befürchten müssten, dass ihre Themen stark personalisiert werden. Bevor ein Sturm der Entrüstung losbreche, hielten sie sich eher zurück. „Das macht die politische Diskussion ärmer und damit die politische Kultur insgesamt. Viel zu viele schrecken vor dieser Empörungskultur zurück. Und das geht zu Lasten der politischen Diskussion insgesamt. Das ist im Übrigen auch genau Sinn und Zweck derer, die das veranstalten."

Beschleunigt wird eine kulturelle Entwicklung mit gesellschaftsrelevanter Auswirkung dann, wenn Protagonisten einen persönlichen Nutzen darin sehen. Deshalb sei an dieser Stelle auf ein wirtschaftliches Argument hingewiesen. Ein Experte wählt einen pekuniären Ansatz, wonach „Hate

Speech ein lukratives Geschäft im Internet [sein könne]. Denn je öfter ein Post oder Tweet geteilt wird, desto erfolgreicher ist er wirtschaftlich gesehen."

Umgang mit den Auswirkungen

Offenkundig hat sich eine neue Form der Kommunikation entwickelt. „Man sitzt nicht mehr gemeinsam am Tisch und diskutiert ein Thema aus, sondern macht das über die sozialen Medien." Deshalb muss sich eine Kommunikationsabteilung auf diese neuen Formen und Kulturen einstellen. Dabei gilt grundsätzlich: „Wenn Politik sich gemein macht mit bestimmten Verhaltensweisen, dann darf sie sich auch nicht wundern, wenn das Publikum das auch so sieht und sagt, die sind auch nichts Besseres, [die] sind auch nicht niveauvoller."

Der Umgang mit Hate Speech wird als sehr ambivalent angesehen und steht durchaus unter der Überschrift: „Vieles müssen wir aushalten." Mögliche Ansätze sind folgende:

- Die Entscheidung über den Umgang mit Hass-Rede im Netz falle situationsabhängig, weil „Antworten [...] den Effekt bestärken".
- Wird gegen die Etikette verstoßen, reagiere die Kommunikationsabteilung nicht. „Wir lassen das dann totlaufen." Ein Interviewpartner lässt „platte Aussage[n]" stehen, reagiert aber sonst „in höflicher, aber auch bestimmter Form und angemessen".
- Sind Posts volksverhetzend, werden sie gelöscht. Verstoßen Posts gegen Recht und Gesetz, müsse man das ahnden.
- Auf anonyme Kommentare solle man antworten und mit anonymen Nutzern kommunizieren – und zwar dahingehend, die Aufhebung ihrer Anonymität zu fordern. Der Experte begründet dies damit, dass „wir ja auch namentlich bekannt sind".
- Eine Möglichkeit sei grundsätzlich die „Strategie des breiten Dialogs", wonach jeder eine Antwort erhalte.
- Wenn Nutzer aus Eigenantrieb aktiv werden, darf dies mit intrinsischer Motivation oder auch Zivilcourage beschrieben werden. Dies lässt sich auf soziale Netzwerke übertragen, nämlich dass sich eine Selbstregulierung einstelle, wenn sich „normale Menschen in den sozialen Medien zu Wort melden, zur Ordnung rufen und sich mit uns solidarisieren. Un-

ter PR-Gesichtspunkten ist es natürlich ideal, wenn die Zielgruppe sich schützend vor einen wirft."

2.10 HERAUSFORDERUNGEN DER BILDUNGSPOLITIK

Fake News erkennen, Phänomene der Digitalisierung wahrnehmen und mit ihnen umgehen zu können, darauf scheint die Gesellschaft noch nicht vorbereitet. Hier treffen verschiedene Faktoren zusammen, die dies begünstigen. Informationen als sinnvoll aufnehmen zu wollen, setzt ein gewisses Vertrauen in die Quelle voraus. Da Phänomene der Digitalisierung in der klassischen akademischen und nicht-akademischen Ausbildung in Deutschland strukturell noch eine geringe Rolle spielen, kommt den Medien als Quelle eine besondere Bedeutung zu. Andererseits bieten Medien erst die Plattform für Phänomene wie Fake News. Darin liegt für Russ-Mohl eine Gefahr: „Fehlendes Vertrauen in Journalismus und Mainstream-Medien ist wohl so etwas wie die conditio sine qua non einer Desinformationsökonomie – nur wenn ihnen ihre Autorität und Glaubwürdigkeit abhandengekommen ist, können sich Fake News ungehindert ausbreiten."[152]

Um richtige und falsche Informationen unterscheiden zu können, braucht es Kompetenzen. Die Nachrichtenkompetenz ist nach Lutz Hagen die Fähigkeit, Nachrichtenmedien und journalistische Inhalte zu verstehen, kritisch zu beurteilen, effektiv zu nutzen und Nachrichten selbst formulieren zu können.[153] Nachrichtenkompetenz darf als ein Teil von Medienkompetenz angesehen werden, die immer wichtiger wird – gilt doch die Fähigkeit, Medien versiert für die eigene Orientierung und zur Unterhaltung zu nutzen, als Schlüsselqualifikation in der Mediengesellschaft. Deshalb stellt sich die Frage, inwiefern die Mediengesellschaft darauf vorbereitet ist.

Hagen hat dies in Sachsen untersucht. Seine Studie belegt eine mangelnde Qualifizierung für die Mediengesellschaft durch die Schule: „Die [...] Vorgaben [der Kultusministerkonferenz] gehen auf das Konzept kaum ein. Weniger als die Hälfte der Lehrpläne thematisieren Nachrichtenkompetenz, wobei es deutliche Unterschiede zwischen den Bundesländern

---

[152] Russ-Mohl, S. (2017). Die informierte Gesellschaft und ihre Feinde. Warum die Digitalisierung unsere Demokratie gefährdet. S. 45.

[153] Vgl. Hagen, L. (2017). Nachrichtenkompetenz durch die Schule. Studie für die Stiftervereinigung der Presse. Zusammenfassung. S. 1.

gibt. Nur in gut der Hälfte der untersuchten Lehrbücher finden sich überhaupt kurze Ausführungen zur Nachrichtenkompetenz, darin geht es aber kaum um die öffentliche Aufgabe der Medien für die Demokratie und um das Nachrichtensystem. Auch kommen moderne Wege der Nachrichtenvermittlung etwa über soziale Netzwerke und Blogs kaum vor. In den Studiengängen, die Lehrer ausbilden, spielt Nachrichtenkompetenz fast keine Rolle, auch Medienkompetenz im Allgemeinen kommt dort sehr kurz und Pressemedien werden fast gänzlich ignoriert. Zwar halten Lehramtsstudierende Nachrichtenkompetenz für wichtig, faktisch fehlt sie ihnen aber in vielem und wird auch im Studium nicht vermittelt."[154]

Russ-Mohl argumentiert in die gleiche Richtung: „Angesichts dessen, was wir bisher über Falschnachrichten und Echokammern wissen, ist es höchstwahrscheinlich so, dass wir alle, ob wir wollen oder nicht, gelegentlich zu Opfern von Fake News werden. Je weniger Medienkompetenz und Bildung die Menschen haben, desto wahrscheinlicher ist es wohl auch weiterhin, dass sie Rattenfängern auf den Leim gehen."[155]

Es ist offensichtlich, dass es hier einer Reform des Bildungssystems bedarf. Es stellt sich die Frage: Welche Anforderungen kommen auf die Bildungspolitik in Deutschland zu? Welches Rüstzeug wird psychologisch, soziologisch und technologisch benötigt, um den Herausforderungen der Digitalisierung in einer Mediengesellschaft gerecht werden zu können?

FRAGE DER MEDIENKOMPETENZ

Dass Social Media Einfluss auf die Entwicklung der Gesellschaft haben, ist inzwischen unbestritten. Unklar ist noch, welche Probleme psychologisch auf die Menschheit zukommen werden. Der Blogger Lobo vergleicht dies mit einem Autorennen im Nebel: „Die im Moment bestimmende Generation hat ihre Kinder jahrelang gewarnt, sie sollten nicht alles glauben, was sie im Netz sehen. Und nach dem ersten intensiven Kontakt mit sozialen Medien macht ein guter Teil von ihnen genau diesen Fehler selbst und

---

[154] Hagen, L. (2017), a. a. O., S. 2.
[155] Russ-Mohl, S. (2017), a. a. O., S. 110.

stürzt sich kopfüber in die Social-Media-Realität."[156] Es ist eine Frage der Medienkompetenz.

Ein Nachteil mit Blick auf die sozialen Netzwerke ist vor allem, dass die Herausbildung von Medienkompetenz mit der Entwicklung nicht schritthalten konnte. Man kann sich zwar zu jeder Meinung eine Bestätigung einholen. Aber es fehlt ein kritisches Hinterfragen, so ein Experte. Vier der 16 Befragten sind der Auffassung, Medienkompetenz und der Umgang mit der Medienwelt müssten früher ansetzen. Es fehle die Eigenschaft, Nachrichten von Meinungen unterscheiden zu können: „Ich vermisse derlei Begleitung im aktuellen Schulalltag. Fragen Sie doch einmal die so genannten Millennials, wie eine Suchmaschine funktioniert oder ein Facebook-Algorithmus. Das werden sie Ihnen genauso wenig erklären können wie die Lehrer und das ist das Problem." Dabei wirke Bildung immunisierend. An anderer Stelle heißt es allerdings, dass Abitur nicht vor Fake News schütze. Der Befragte bezieht dies auf die Gefahr, in Filterblasen zu rutschen. Abitur sei kein Hindernis dafür, nur Seiten im Internet aufzurufen, die die eigene Meinung bestätigen.

Es stellt sich in der Bildungspolitik auch die Frage, inwiefern der Mensch befähigt werden sollte, Manipulationen und Falschnachrichten selber erkennen zu können. Ein Experte bemüht folgende Metapher: „Beim Fußball haben wir in Deutschland 80 Millionen Fußballtrainer. Wir haben es in einer digitalisierten Medienlandschaft mit 80 Millionen Chefredakteuren zu tun. Das ist so. [...] [Der Mediennutzer] hat tatsächlich auch einen Teil von Verantwortung für seine Freunde und Follower. So gesehen [...] muss man Fake News nicht immer [...] durch Institutionen verifizieren oder falsifizieren, sondern wir sollten unsere [...] Bürger befähigen, [...] ein gefälschtes Foto [...] selbst zu erkennen." Man dürfe nicht nur in die Technologie, man müsse auch in die Köpfe der Mitarbeiter investieren, um für den Umgang mit Informationen und Quellen zu sensibilisieren.

Dies bestätigt die TAB-Studie. Demnach sind für einen souveränen Umgang mit Propaganda- oder Falschmeldungen „das Wissen um die Qualität und Zuverlässigkeit von Quellen einerseits sowie Grundkenntnisse in-

---

[156] Lobo, S. (2018). Nicht einmal Facebook versteht Facebook. Eine Kolumne. Im Internet abrufbar: http://www.spiegel.de/netzwelt/web/soziale-medien-das-realitaetsgefuehl-ist-die-neue-realitaet-a-1232508.html (Zugriff: 01.11.18).

formationstechnischer Zusammenhänge andererseits entscheidend [...].
Kinder, Jugendliche und auch Erwachsene sollten in ihrer Medienkompetenz [...] gestärkt werden."[157] Hierzu gehört auch, ein Bewusstsein dafür
zu schaffen, dass das Internet „keine Exklusivität beanspruchen kann, sondern dass es andere Angebote gibt, die mindestens genauso wichtig sind".

So sieht es auch Sarcinelli, der wegen des Wegfalls der Gatekeeper-
Funktion von Journalisten die Orientierung „an eigenen Maßstäben" in den
Vordergrund stellt: „[Mediennutzer müssen] den Zugang zur individualisierten Informationssuche und mehr noch der Informationsbewertung über
das Internet [...] schaffen, [das] aber auch viel mehr als alle anderen Medi-
en als ein Medium der individuellen Abfrage und Recherche genutzt werden [kann]. Hier gilt es vor allem Qualitätsbewusstsein für und kritische
Distanz gegenüber den nicht mehr überschaubaren Internetangeboten zu
trainieren."[158] Er fordert an gleicher Stelle auch die Lehre der medialen
Angebotsvielfalt und dem Umgang mit eben dieser. Man müsse die „Me-
dienwirklichkeit entschlüsseln lernen"[159].

Frage der Verantwortung

Ein Interviewpartner erinnert an Spiderman („Mit großer Macht erwächst
große Verantwortung"), wenn er an die Verantwortung eines jeden einzelnen Nutzers in sozialen Netzwerken appelliert: „Jeder einzelne Bürger hat
mit diesen Geräten [...] so etwas wie eine Waffe in die Hand bekommen,
aber nie gelernt, dass sie mit einer aus einer Bierlaune [...] getwitterten
Hassbotschaft auch Menschen schaden, verletzen und beschädigen können.
Das müssen wir noch lernen. [...] Das Netz sind wir alle."

Eine wichtige Aufgabe der Bildungspolitik ist es, die Existenz von Algorithmen zu vermitteln. Im Vordergrund müsse nicht stehen, wie sie funktionieren, aber „die kritische und fachkundige Umsicht [seien] wichtig".
Während die Kenntnis der technologischen Funktionsweise dabei als irre-

---

[157] Kind, S., Jetzke, T., Weide, S., Ehrenberg-Silles, S. & Bovenschulte, M. (2017). Social Bots. TA-Vorstudie. TAB-Horizon-Scanning Nr. 3. April 2017. S. 65. Im Internet abrufbar: http://www.tab-beim-bundestag.de/de/aktuelles/20170912.html (Zugriff:
05.11.2018).

[158] Sarcinelli, U. (2011). Politische Kommunikation in Deutschland. Medien und Politikvermittlung im demokratischen System. S. 171.

[159] Ebd.

levant erachtet wird, erklärt sie dieser Interviewpartner für relevant: „Wenn man mal verstanden hat, wie sowas funktioniert, geht man viel kritischer ran." Ein „Verteufeln der Technologie" sei der falsche Weg. Man müsse sich offen zeigen und „Kritikwerkzeuge [...] erlernen. Das ist eine Kulturtechnik, dann eben wie Lesen."

HERAUSFORDERUNGEN FÜR DAS BILDUNGSSYSTEM

In einer digitalen Welt ist eine analoge Bildungspolitik nicht mehr zeitgemäß. Demzufolge steht ein Wandel an. Es gehe künftig mehr um die Vermittlung von Eigenschaften. Der Interviewpartner, der dies sagt, nennt den „Trust-Faktor": „Vertraue ich einer Sache oder nicht." Dieser Faktor sei insbesondere für das Internet essenziell, weil es dort eine Vielzahl von Werkzeugen gebe.

Zu den Eigenschaften zähle auch, den Umgang mit Informationen zu lernen, um damit auch Wissenslücken füllen zu können. Ein Experte hofft, dass die Empörten sich mit dem Staatswesen befassen und nachträglich lernen, wie ein Staat aufgebaut ist. „Und dann vielleicht feststellen, dass die Lösungen [der Extremisten] doch nicht so einfach sind, wie sie immer klingen."

Eine Medienerziehung dürfe dabei kein eigenes Schulfach sein. Es müsse in alle Schulfächer integriert werden: Man könne im Deutschunterricht Fake News erkennen lernen, im Kunstunterricht die Erkennung von manipulierten Fotos einüben und die Menschen so zu „mündigen Internetmediennutzern" machen. In der Schweiz und in England wird Computing ab der ersten Schulklasse unterrichtet.

ROLLE VON INSTITUTIONEN

Auf die Bildungspolitik kommen neue Perspektiven zu, die nicht ausschließlich im klassischen Schulsystem liegen können. Ein Interviewpartner spricht davon, dass Bildung auch die Aufgabe von Unternehmen sei, ein anderer sieht auf die Vereine eine (noch) bedeutendere Rolle zukommen. Er begründet es damit, dass es „das soziale Regulativ" [braucht], um den Zusammenhalt und die eigene, persönliche Verortung in seinem Umfeld, der Gesellschaft hinzubekommen. Und es ist für mich nicht erkennbar, dass dies in dieser digitalen Welt passiert."

Institutionen mit Bildungsauftrag könnten die Landesmedienanstalten
sein – oder etwa Initiativen der Regierung außerhalb der regulären Bildungspolitik. „Wir richten beispielsweise [...] das Kindermedienland danach aus. Das ist [...] eine Kampagne, unter anderem vom Staatsminis-
terium getragen, die insbesondere bemüht ist, Medienbildung und Medienkompetenz bei Kindern und Jugendlichen zu stärken. Und wir versuchen
dabei, die Schwerpunkte ein bisschen zu verlagern."

2.11 ROLLE DER MEDIENPOLITIK

Es ist die Aufgabe der Gesellschaft, die Hülle, die die Digitalisierung bietet, mit Werten und Inhalten zu füllen. Schließlich lebt die Gesellschaft
in der westlichen Welt in einem funktionierenden System der repräsentativen Demokratie – und kann sich, grundgesetzlich geschützt, frei entfalten.
Repräsentative Demokratie bedeutet aber auch, dass sie Zeit braucht. „Sie
braucht auch Gemeinschaft. Sie baut auf Toleranz, den Respekt vor dem
anderen. In der Netzwelt jedoch zerfallen Gemeinschaften. Es dominieren
hochspezialisierte Gruppen mit Partikularinteressen."[160] Deswegen ist für
Alexandra Borchardt die Internet-Demokratie sehr elitär. „Über Jahrhun-
derte erkämpft, entwickelt und sorgsam austariert, schützt die repräsentative Demokratie mit ihrem Prinzip ‚one man, one vote' die Schwachen wie
kein anderes System. Im Internet dagegen wird gehört, wer am lautesten ist.
Es herrschen die vielen, aber niemand weiß genau, wer und wie viele diese
vermeintlich vielen wirklich sind."[161] Das Internet ermögliche die Lust der
Mitsprache ohne die Last der Verantwortung.

In der so genannten fünften Gewalt mit den vernetzten Vielen nehmen
Algorithmen eine gewichtige Rolle ein. Meist sind sie ökonomisch gelei-
tet – und nicht nach medialen oder journalistischen Grundideen. Es stellt
sich die Frage: Braucht es eine algorithmische Transparenz zu publizistischen Zwecken? Zu hoffen wäre auf ein redaktionelles Bewusstsein und
darauf, dass den betroffenen Unternehmen journalistische Auswahlkriteri-
en auferlegt werden.

---

[160] Borchardt, A. (2012). Wir sind die Klicks: Das Internet ist gut für die Demokratie. Sagt
man. Aber das könnte ein Irrtum sein. S. 75. In: Anda, B., Endrös, S., Kalka, J. & Lobo
S. (Hrsg.). SignsBook – Zeichen setzen in der Kommunikation. S. 75 – 79.

[161] Ebd.

Anders formuliert: Algorithmen könnten eine Art digitaler „Schutzengel" sein, der durch den Alltag leitet und aufpasst, dass niemand vom guten Weg abkommt. Das kann hilfreich und bequem sein, macht die Nutzer aber auch manipulierbar, wie das umstrittene Facebook-Emotion-Experiment deutlich zeigt: Um die Ausbreitung von Emotionen in Netzwerken zu erforschen, hatte Facebook die Einträge von Hunderttausenden Mitgliedern vorgefiltert. Die Studie zeigte, dass Menschen, die mehr positive Nachrichten sahen, eher dazu neigten, auch selbst Einträge mit positivem Inhalt zu veröffentlichen, und umgekehrt.[162]

Ein technologischer Ansatz findet sich im Direktmarketing. Laut dem Datenexperten Karsten Schramm müssen Anbieter von kostenlosen Websites ihr Angebot refinanzieren und arbeiten deshalb mit Datensammlern zusammen. Diesen werden so genannte Snippets, also Schnipsel in die Homepages integriert, deren Aufgabe das Datensammeln ist. „Gleichzeitig wird in aller Regel ein Cookie auf ihren Rechner gesetzt mit einer eindeutigen User-Kennung, sodass sie dann, wenn sie auch auf anderen Seiten sich tummeln, [...] als solcher User eindeutig wiedererkannt werden können."[163] Dies sei die übliche Vorgehensweise.

Ausgewertet werden demnach die Besuche von Webseiten, Kommentare in Online-Foren – und weitere Fußabdrücke in der digitalen Welt. Eine künstliche Intelligenz kann so sehr schnell ein Profil mit Interessen, Hobbys und politischen Präferenzen erstellen. „Für die politische Willensbildung hat das dramatische Konsequenzen – Experten sprechen inzwischen von einer Automatisierung der Willensbildung. Denn mittlerweile ist es so, dass man die Meinungen, Interessen und auch die politische Gesinnung des Individuums erfassen und bestimmen kann. Das hat dann mit dem demokratischen Grundgedanken der freien Meinungsbildung nichts mehr zu tun. Es gibt die Möglichkeit der direkten und unmittelbaren Beeinflussung – und damit auch die der Wahlmanipulation. Insbesondere auch unentschlos-

---

[162] Vgl. Hill, K. (2014). Facebook Manipulated 689,003 Users Emotions For Science. Im Internet abrufbar: https://www.forbes.com/sites/kashmirhill/2014/06/28/facebook-man ipulated-689003-users-emotions-for-science/#3b046a10197c (Zugriff: 02.05.2017).

[163] Welchering, P. (2017). Wahlkampf der Algorithmen. Deutschlandfunk vom 22. Januar 2017. Im Internet abrufbar: http://www.deutschlandfunk.de/social-bots-wahlkampf-der -algorithmen.740.de.html?dram:article_id=376345 (Zugriff: 18.11.2018).

sene Bürger – oft wahlentscheidend – können so gezielt angesprochen werden."[164]

Algorithmen, Social Bots, Fake News – jedem, der Wähler manipulieren will, steht dieses Handwerkszeug für Desinformationskampagnen zur Verfügung. Die technologische Entwicklung macht dies möglich. Der Druck auf den Gesetzgeber steigt dadurch. In der Politik wird über eine Regulierung diskutiert. Allerdings entsteht der Eindruck, dass jeder juristische Eingriff ins System in Sekundenschnelle technologisch umgangen werden kann. „Dass intransparent bleibt, wie Nachrichten und damit auch Fake News an wen verteilt werden, spricht allen Prinzipien Hohn, die postulieren, dass Demokratie letztlich auch auf gleichberechtigten Zugang der Stimmbürger zu den wichtigsten Nachrichten und Informationen beruht."[165]

Ingrid Brodnig hat sich international mit Fake News befasst. Sie fasst ihre Recherchen wie folgt zusammen: „Wenn die Mehrzahl von Bürgern, die eine Falschmeldung zu Gesicht bekommen, dieser Glauben schenken, und wenn gleichzeitig in sozialen Medien zu Wahlkampfzeiten eine Flut an Desinformation auf Bürger hereinbricht [...], dann bedeutet das ein reales und konkretes Problem für unsere Demokratie. Ein Teil dieser Desinformation ist antidemokratisch – und nährt gezielt das Misstrauen in das Funktionieren unserer Demokratie und der staatlichen Institutionen."[166] Der Wissenschaftsjournalist Peter Welchering bringt es mit folgendem Satz auf den Punkt: „Das Gift der Manipulation wirkt schleichend, wenn es mit modernen Mitteln der Informationstechnik verabreicht wird."[167]

Zu den Dimensionen Technik, Organisation und Mensch tritt hier eine weitere hinzu, die politologische. Denn es stellt sich auch die Frage, wie sich das politische System auf die Veränderungen in den drei beschriebenen

[164] Schröder, M. (2017). Regieren in der Twitter-Demokratie oder: Trolle an der Macht. In: Schröder, M. & Schwanebeck, A. (Hrsg.) Big Data – In den Fängen der Datenkranken. Die (un-) heimliche Macht der Algorithmen. S. 81.
[165] Russ-Mohl (2017). Die informierte Gesellschaft und ihre Feinde. Warum die Digitalisierung unsere Demokratie gefährdet. S. 226.
[166] Brodnig, I. (2017). Lügen im Netz. Wie Fake News, Populisten und unkontrollierte Technik uns manipulieren. S. 18.
[167] Welchering, P. (2017). Wahlkampf der Algorithmen. Deutschlandfunk vom 22. Januar 2017. Im Internet abrufbar unter http://www.deutschlandfunk.de/social-bots-wahlkampf-der-algorithmen.740.de.html?dram:article_id=376345 (Zugriff: 10.11.2018).

Dimensionen verhält. Konkret stellt sich die Frage nach der Medienpolitik. Wenn Algorithmen die Demokratie mitbestimmen und eine Algokratie als Demokratie entsteht, die von Algorithmen beeinflusst wird, muss der Staat dann regulierend eingreifen?

Raupp et al. befassen sich mit eben dieser Frage nach der Regulierung. Sie schreiben: „Wie die Forschung zur Institutionalisierung neuer Praktiken und Routinen der digitalen Regierungskommunikation zeigt, sind neben Fragen der Ressourcen- und Personallokation vor allem solche zu nennen, die dem rechtlich-normativen Bereich entstammen."[168]

Verdeutlichen lässt sich die Handlungsnotwendigkeit in der Medienpolitik anhand von teils extremen Beispielen, die die Dimension deutlich machen. Genannt sei hier nochmal das Beispiel aus den Interviews, das vor Augen führt, vor welche Herausforderungen eine Regierungskommunikation aufgrund der Technologie gestellt ist. Es handelt sich um den Fall der Falschmeldung zur Steuerbefreiung während des Ramadans für muslimische Unternehmen. Zu nennen ist noch ein anderes Beispiel, das eine weitere Dimension verdeutlicht:

„Es gibt ja diese Propagandamaschinen – meine ‚liebste' ist Sputnik News, die sind noch viel besser als Russia Today [...], weil sie Nachrichten, die im Raum sind, einen neuen Drall geben. So bekommt dann eine Nachricht, die sich zu 80 Prozent aus Agenturnachrichten zusammensetzt, eine völlig andere Bedeutung. Da war [...] mal eine Nachricht [die] die Rechten [...] verbreitet haben: ‚Bundeskanzlerin will im nächsten Jahr doppelt so viele Flüchtlinge aufnehmen wie dieses Jahr!' Da haben alle erst einmal ‚Oh Gott!' gedacht. Es war auch richtig. Es ging um ein Kontingent von Flüchtlingen [...]. Bei dem haben wir mal gesagt, davon nehmen wir 20.000 [Flüchtlinge]. Und dann war hier ein UN-Flüchtlingsbeauftragter zu Besuch und die Bundeskanzlerin hat zugesagt, dass wir im nächsten Jahr 40.000 aufnehmen. Das ist eine Verdopplung. Aber es ging um eine kleine Gruppe, die vergrößert wurde. Da kann man natürlich die Überschrift drüber machen: ‚Berlin will jetzt doppelt so viele Flüchtlinge aufnehmen wie

---

[168] Raupp, J., Kocks, J. & Murphy, K. (Hrsg.) (2018). Regierungskommunikation und staatliche Öffentlichkeitsarbeit. Implikationen des technologisch induzierten Medienwandels. S. 15.

letztes Jahr.' Und jeder denkt, dass Millionen hier reinkommen. [...] Die Fakten stimmen, aber die Intonation ist falsch."

Für die Medienpolitik lassen sich aus diesem Beispiel wie auch aus dem Interviewmaterial fünf Aspekte ableiten, die es zu diskutieren gilt:

1. Die Bedeutung von Algorithmen für den Staat.
2. Die Frage nach der Zuständigkeit.
3. Die Frage nach der Verantwortung.
4. Die Frage nach der Regulierung.
5. Die Frage nach möglichen Sanktionen.

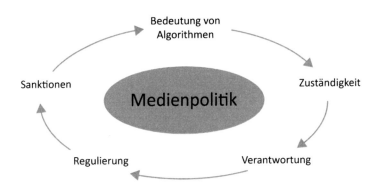

Abbildung 12: Aspekte der Medienpolitik. Eigene Darstellung.

„Eine Demokratie kann nicht auf Algorithmen basieren. Das geht nicht. [...] Wir haben eine staatliche Struktur, eine staatliche Ordnung, die Politik, die Rechtsprechung und die Verwaltung. [...] Der Staat ist nicht virtuell, der Staat ist wirklich da," betont ein befragter Experte. Des Weiteren spricht ein Interviewpartner von so genannten „Propagandamaschinen"; sie bedienen sich bekannterweise der Technologie von Algorithmen, also auch Social Bots, um ihre Nachrichten zu verbreiten, wobei dem Otto-Normal-

Nutzer von Social Media der Absender nicht bewusst sein dürfte. Es ist in der Medienpolitik deshalb die Herstellung von Transparenz anzustreben, zu deren Umsetzung es unterschiedliche Auffassungen gibt. Ein Interviewpartner weist darauf hin, dass es bei Suchmaschinen bereits Transparenz bei algorithmischen Rangfolgeentscheidungen gibt. Die Intention einer Suchmaschine sei es, dem Nutzer eine möglichst zielgenaue Antwort auf seine Anfrage zu liefern. Dazu müssten diverse Daten abgerufen und zusammengeführt werden. Welche, das wird inzwischen zum Teil offengelegt. Als meist genutzte Suchmaschine sei deshalb auf das Beispiel Google und deren Vorgehensweise zum Datenschutz verwiesen.

Diese Transparenz trifft auf den oben genannten Einsatz von Social Bots, die ebenfalls auf Algorithmen beruhen, nicht zu; sieben der 16 Befragten sehen in ihnen explizit eine Gefahr für die Demokratie. Deshalb sei der Einsatz nur dann rechtens, wenn ein Bot auch als Bot gekennzeichnet ist, „welche Algorithmen benutzt werden, wie [...] die [das] gelernt [haben] und was [...] das eigentlich für ein Benutzermodell [ist]. Wie filtert der, wie wird das Rating gemacht?". Damit verbunden ist eine Art TÜV- oder Qualitätsstempel, der für eine gewisse Transparenz steht. Eine Alternative ist die Kennzeichnung als Bot, bei der es unterschiedliche Auffassungen zur Pflichtangabe gibt. Eine Angabe könnte helfen, die hilfreichen Roboter im Alltag sichtbar zu machen, die der Mensch unbewusst nutzt. Ein Interviewpartner nennt als Beispiel die automatische Ansage eines Anrufbeantworters. Gleichzeitig sei ein Verbot schwierig umzusetzen, weshalb der Staat in seiner Medienpolitik entsprechende Anreize zur Kenntlichmachung setzen könnte.

Mit der Kennzeichnung als Bot könnten die Nutzer in die Lage versetzt werden, proaktiv zu handeln. Schließlich müssten sie die Kontrolle haben und die Kriterien abrufen können, nach denen ein Bot oder Algorithmus arbeitet: „Es muss schon deshalb [eine] Glass Box und nicht Black Box [sein]."

Ein Verbot von Social Bots hilft nicht weiter, so ein Experte. Der Reiz für Programmierer liegt bekanntermaßen auch darin, vorhandene Schranken zu umgehen. Der Staat könnte daher durch Beschränkungen den Anreiz steigern und gleichzeitig zur Ausweitung der digitalen Kluft beitragen. Es bestehe dann die Gefahr, dass Nutzer abgehängt werden. Ein Interviewpartner verweist auf die Fähigkeit von Suchmaschinen, Vorschläge zu machen. Das werde man ihnen auch nicht verbieten können. Deshalb müsse man sich darauf einstellen.

Ein Verbot scheint auch aus einer anderen Perspektive wenig zielführend. Beim oben genannten Beispiel werden die Bots nicht aus Deutschland betrieben, sie sind in östlichen Staaten zu vermuten. Es handelt sich demnach nicht mehr nur um eine Aufgabe des Bundes oder der EU, sondern vielmehr um eine globale Herausforderung. Es liegt auf der Hand, dass diese globale Lösung aussichtslos erscheint. Deshalb, so wird von Expertenseite betont, sei der deutsche Staat in der Pflicht, nationale Regelungsmöglichkeiten zu nutzen. Es sei an dieser Stelle an das Gesetz zur Verbesserung der Rechtsdurchsetzung in sozialen Netzwerken (NetzDG, ugs.: Netzwerkdurchsetzungsgesetz) sowie an potenzielle Regelungen im Staatsvertrag für Rundfunk und Telemedien (ugs.: Rundfunkstaatsvertrag) erinnert. Schließlich sei es zumindest in Teilen eine staatliche Aufgabe, Fake News ausfindig zu machen, weil sie wie im oben genannten Beispiel gerade in der Politik genutzt werden. Ein Interviewpartner regt die Einrichtung eines nationalen „Zentrums für politische Fake-News-Bekämpfung" an.

Mit dem Netzwerkdurchsetzungsgesetz ist der Bund in einem ersten Schritt seiner Verantwortung nachgekommen, Rahmenbedingungen für das gesellschaftliche Leben zu schaffen. Die Definition von Leitplanken ist Aufgabe der Politik, wozu auch zählt, Konzerne zur Verantwortung zu ziehen und zu belangen, wenn sie „aus unserer Sicht gefährlich für das Gemeinwesen und die Demokratie sind". Es müssten deshalb auch im Netz Verantwortlichkeiten definiert werden. „Das, was für jedes Presse- und Rundfunkerzeugnis gilt, nämlich, dass der Hersteller Verantwortung für den Inhalt hat, muss auch im Netz gelten. [...] Es kann aber nicht sein, dass der Betreiber der Plattform keine Verantwortung dafür hat, was auf dieser Plattform an Inhalten verbreitet wird."

Demzufolge scheint eine Lösung darin zu liegen, die Betreiber von sozialen Netzwerken und damit die Unternehmen selbst in die Verantwortung zu nehmen. Es zeigt sich allerdings, dass in der Regel ein privatwirtschaftliches Interesse zugrunde liegt, das nicht immer kongruent mit den politiktheoretischen oder gesellschaftlich erstrebenswerten Interessen ist. Auch wenn eine gewisse Transparenz in der Obliegenheit eines einzelnen Unternehmens liege, könne man von keinem Unternehmen verlangen, dass es seine Unternehmens- und Betriebsgeheimnisse offenlegt.

Wohl aber ist jedes Unternehmen an Gesetze gebunden – auch die Betreiber von Plattformen oder Suchdiensten, die eine Verantwortung für ihre Mitarbeiter tragen. Wie bereits oben erwähnt, trägt jeder Algorithmus eine Rest-Subjektivierung, nämlich die des Programmierers mit sich. Hier ließe sich bei der Frage nach Verantwortlichkeiten ansetzen. Ein Interviewpartner fasst es wie folgt zusammen: „Algorithmen sind neutral und was man damit macht, entscheiden am Ende immer noch Menschen – und Menschen unterliegen [...] sozialen Normen. Die sozialen Normen werden aus der Kultur von unten nach oben gebildet oder werden tatsächlich durch den Gesetzgeber, durch die verfassungsgebenden Organe oder anhand der verfassungsrechtlichen Maßstäbe tatsächlich vorgegeben. [...] Insofern glaube ich nicht, dass sich die Welt umkrempeln wird, dadurch dass es Algorithmen gibt. Man muss sich nur angucken, wie die Wirkmacht von Algorithmen ist und wie man diese Wirkmacht tatsächlich steuert, kontrolliert und sie den ohnehin existierenden Rahmenbedingungen letztlich anpasst. Denn natürlich darf es nicht passieren, dass Algorithmen anfangen, über unsere sozialen Normen zu entscheiden."

Die sozialen Normen hierzulande haben sich unter anderem aus dem deutschen Grundgesetz heraus entwickelt. Dort ist auch das Prinzip der Meinungsfreiheit und der Meinungsbildung verankert. Ein Interviewpartner verweist auf den Unterschied zu frei geäußerten Meinungen: „Ob Algorithmen, ob Fake News, ob Social Bots, das ist medialer Terrorismus und so muss es auch betrachtet werden – auch strafrechtlich betrachtet werden. Meinungsfreiheit ist ein hohes Gut, aber wir haben auch eine Verantwortung für die Meinungsbildung."

Der freien Meinungsbildung lag im Nachkriegs-Deutschland stets eine vielfältige Medienlandschaft zugrunde. Deshalb besteht die Verantwortung des Staates auch darin, Medienkompetenz zu vermitteln – noch stärker als bislang. Es handelt sich um ein Beziehungsgeflecht zwischen Politik und Unternehmen, zu dem nun auch die Nutzer hinzugehören, auf die, wie ein Experte betont, auch eine große Verantwortung zukommt: „Jeder, der schreibt oder sendet, ist für nichts verantwortlich. Jede Regierung ist immer für das verantwortlich, was sie tut oder was sie sagt." Das sei ein Grundpro-

blem. Der Mensch nutze und mache die Technologie zu dem, was sie ist.
Der Nutzer selbst entscheidet darüber, ob er die oben genannten Nachrichten von Russia Today weiterverbreitet. Die Bedeutung des Faktors Mensch ist auch in der deskriptiven Auswertung von Relevanz. Zwei der 16 Befragten sehen den Nutzer in der Verantwortung. Das Problem dabei: „Das Internet ermöglicht die Lust der Mitsprache ohne die Last der Verantwortung."

Der Vorstandsvorsitzende von Apple sprach zur Bedeutung des Menschen für die Technologie auf einer Konferenz in China: „Viel ist gesagt worden über die möglichen Risiken von künstlicher Intelligenz, aber ich sorge mich nicht um Maschinen, die denken wie Menschen. Ich sorge mich um Menschen, die denken wie Maschinen. [...] Wir müssen alle daran arbeiten, der Technologie Menschlichkeit einzuflößen, unsere Werte."[169]

Was ergibt sich daraus für die Frage der Regulierung? Ihre Notwendigkeit resultiert erstens aus der Gefahr der Manipulation, wenn die oben genannte Meinungsbildung bedroht wird – durch eine Technologie, von der der gemeine Nutzer nicht weiß, wie sie arbeitet und funktioniert. Vier der 16 Interviewpartner appellieren an die ethische und moralische Haltung. „Fakt ist: Da wird was gesteuert. Was Unerkanntes im Zweifelsfall. Und das ist eigentlich nicht zulässig." Dies zeigt auch das erwähnte Beispiel von Russia Today. Das Unerkannte ergibt sich aus der nicht vorhandenen Transparenz, wie oben beschrieben. Diese Intransparenz sei staatspolitisch fraglich. Die Gefahr der Manipulation ergibt sich auch aus dem oftmals unbedachten Umgang mit persönlichen Daten – ausgehend von einer mangelnden Regulierung. An dieser Stelle sei vor dem Hintergrund von Regelungsmöglichkeiten an die Intention der Datenschutzgrundverordnung der EU erinnert.

Die Notwendigkeit der Regulierung ist zweitens auch eine Folge der Technisierung, nämlich dann, wenn die Regierungskommunikation Menschen nicht mehr erreichen kann, weil sie nicht in den Algorithmus passen, oder eine Antwort auf die Schnelligkeit der Entwicklung durch eine „klu-

---

[169] Zit. Nach: Armbruster, A. (2017). „Ich sorge mich um Menschen, die denken wie Maschinen". FAZ online vom 03.12.2017. http://www.faz.net/aktuell/wirtschaft/digin omics/apple-chef-tim-cook-sorgt-sich-um-wie-menschen-denkende-maschinen-1532 2270.html. Zuletzt abgerufen am 02.10.2018.

ge Gesetzgebung". Regelungen, die handwerklich fragwürdig sind, gebe es nur, wenn sie zu schnell erstellt werden. Gesetze dürften sich Zeit lassen und sollten über Jahrzehnte in abstrakt-genereller Form dynamisch angelegt sein, Phänomene abstrakt aufnehmen und diese nach grundsätzlichen Wertmaßstäben behandeln.

Eine Regulierung ist auch deshalb notwendig, weil viertens in Deutschland ein Allgemeines Gleichbehandlungsgesetz (ugs.: Antidiskriminierungsgesetz) gilt, dieses jedoch im Netz nicht die Umsetzung findet, die es bräuchte. Algorithmen müssten diskriminierungsfrei sein, so beschreibt es ein Interviewpartner.

Die Regulierung von Plattformen, die die *one-to-many*-Kommunikation zulassen und demzufolge den sozialen Netzwerken gleichzusetzen sind, sieht auch ein anderer Experte als den richtigen Weg an. Man dürfe Social Media nicht strangulieren, müsse sie aber regulieren, die Betreiber seien dabei der Schlüssel. Schließlich verbreiteten sie viral Meldungen wie die oben beschriebenen von Russia Today weiter.

Für den „working process" gebe es allerdings keine Blaupause. Grundsätzlich könne man sich mit dieser Thematik nur auseinandersetzen, wenn man sich auf Werte zurückbesinnt, die in der Gesellschaft vorherrschen, und wenn man vor diesem Hintergrund auf die Instrumente der Gesetzgebung zurückgreift. Ein oben bereits erwähnter Algorithmen-TÜV wird als „fraglich" beschrieben, eine Genehmigung für Algorithmen sieht der gleiche Interviewte als „schwierig" an.

Zwei Ansätze scheinen für die Praxis diskussionswürdig: Bislang dominiert im Netz augenscheinlich nur eine Währung, nämlich die der Klickzahlen, also die Generierung von Reichweite. Darauf jedenfalls sind die Aktivitäten von Interessenvertretern im Netz ausgerichtet, die einschlägigen Plattformen lassen auch genau diese Auswertungen zu.[170] Aus diesem Grund arbeitet Sputnik News wie oben beschrieben. Ziel ist eine größtmögliche Verbreitung ihrer Interpretation der Tatsachen.

Dabei wird die Nachhaltigkeit des Inhalts vernachlässigt: Wie lange liest jemand den Artikel? Liest er ihn ganz? Wird er archiviert? Wird er

---

[170] Der Autor kennt aus eigener Erfahrung die Auswertungen, die Facebook ermöglicht: Klickzahlen, Herkunft der Nutzer, Alter, Geschlecht usw. Es handelt sich ausschließlich um messbare, also quantitative Größen. Über die Qualität wird keine Aussage gemacht.

ausgedruckt? Wird er geteilt, womit die eigene Nützlichkeit zum Ausdruck gebracht wird? Die sich ableitende Frage ist, wer Relevanz definiert. Da es sich um eine klassische Rahmenbedingung im Internet handelt, kann die Antwort auf diese Frage nur lauten: Es ist „der Staat", der zu definieren hat, welche Kriterien eine Relevanz definieren und damit einer Information oder Nachricht eine Wertung und damit eine Währung geben. Dies ließe sich, so wird gesagt, regulieren und zu einer nationalen oder internationalen Vorgabe machen.

Bei der Umsetzung der Regulierung könnte die Orientierung am Pressekodex eine Hilfe sein. Es liegt in der Natur der Sache, dass der Post eines Nutzers seine eigene Meinung repräsentiert. Die in der deutschen Medienlandschaft erprobte Trennung zwischen Bericht und Kommentar wird damit allerdings aufgehoben. Eine Meinung kann damit als Faktum interpretiert werden. Deshalb lautet der Ansatz, sich auch auf sozialen Plattformen journalistischen Kriterien unterwerfen zu müssen. Dazu zählt unter anderem die Sorgfaltspflicht. Welche Plattform diesen Sorgfaltskriterien nicht genügt, müsste dann damit rechnen, dass die Geschwindigkeit gedrosselt werden kann. Die Standards für publizistische Medien müssten auch für Social Media gelten. Dazu zählt die Trennung von Werbung und Redaktion. Diese Maßstäbe sollten auch auf soziale Netzwerke anwendbar sein. Im Gegenzug wird angeregt, dass auch Journalisten im Impressum ihre Parteizugehörigkeit angeben sollten. Auch dies könne reglementiert werden.

Wer reguliert, muss auch kontrollieren und sanktionieren. Ein befragter Experte sieht nur eine Möglichkeit, nämlich, „dass man Verfahren schafft, in denen Verstöße überprüft werden können". Die Sanktionen könnten strafrechtlicher oder ordnungspolitischer Natur sein, die Experten beziehen sie auf Filterblasen, gegen Bots oder grundsätzlich gegen „medialen Terrorismus". „Wenn auf einer Plattform strafbare Inhalte verbreitet werden und der Betreiber der Plattform das einfach zulässt, dann muss er dafür sanktioniert werden können, d. h. es müssen ordnungs- und möglicherweise strafrechtliche Sanktionen ergriffen werden können. Die Verbreitung der Holocaust-Lüge ist strafbar, unabhängig von dem Medium, in dem sie verbreitet wird, und jeder, der dazu beiträgt, muss dafür auch zur Verantwortung gezogen werden können."

2.12 REGIERUNGSKOMMUNIKATION 4.0

An dieser Stelle lässt sich festhalten, dass sich mit der Digitalisierung Dimensionen wie Technik (technologisch), Organisation (soziologisch) und Mensch (psychologisch) verändern. Die Politikerin Sabine Leutheusser-Schnarrenberger bringt es treffend auf den Punkt: „Die digitale Entwicklung ist so komplex, rasant und schnell, grenzüberschreitend und international, dass es [...] inzwischen ein weit verbreitetes Unbehagen über ihre Auswirkungen für den Nutzer und über die Bedeutung der Künstlichen Intelligenz und virtuellen Realität gibt [...].“[171] Der Medien-Manager Mathias Döpfner wiederum hat die Bedeutung der Digitalisierung so beschrieben: „Die Digitalisierung ist neben der Erfindung der Sprache, der Schrift und der Druckkunst die vierte große Entwicklung der Menschheit, die das Gesicht der Zivilisation verändert.“[172]

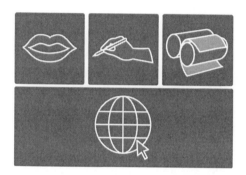

Abbildung 13: Digitalisierung als Querschnittsentwicklung. Eigene Darstellung.

Hier schließt sich der Kreis zum eingangs erwähnten Zitat des Verfassungsrichters Andreas Voßkuhle: „Eine Demokratie [...] zeichnet sich

---

[171] Leutheusser-Schnarrenberger, S. (2017). Eine Digitalcharta für Europa. In: Schröder, M. & Schwanebeck, A. (Hrsg.) Big Data – In den Fängen der Datenkranken. Die (un-) heimliche Macht der Algorithmen. S. 126.

[172] Döpfner, M. (2015). Abschied vom Pessimismus. Warum der Journalismus von der digitalen Revolution profitiert. In: Pörksen, B. & Narr, A. (Hrsg.). Die Idee des Mediums. Reden zur Zukunft des Journalismus. S. 56.

zentral dadurch aus, dass die Minderheit die Chance haben muss, zur Mehrheit zu werden. Das setzt die Möglichkeit der offenen politischen Auseinandersetzung voraus, die von Grundrechten wie Meinungsfreiheit, Pressefreiheit und Versammlungsfreiheit gewährleistet wird. Werden diese Rechte übermäßig eingeschränkt, schnürt das – so die historische Erfahrung – der Demokratie die Luft ab."[173]

Die Veränderungen durch die Digitalisierung in den drei Dimensionen Technik, Organisation und Mensch haben eine politische Pointe. Die Frage, wie sich das politische System grundlegend zur Digitalisierung verhält, mündet in die Leitfrage: Welches sind die Auswirkungen der Algokratie auf die Regierungskommunikation. Es stellt sich also die Frage, wie sich in einer Zeit des digitalen Wandels die Kommunikation in einem Regierungsapparat verändern muss. Anlehnend an die industrielle Revolution 4.0 lautet die Frage also: Wie sieht die Regierungskommunikation 4.0 aus?

„Ich halte das, mit dem wir es aktuell zu tun haben, für etwas Epochales, was wir heute so vielleicht noch gar nicht fassen können. Das werden die Historiker in einigen hundert Jahren vielleicht besser hinbekommen. Ich habe das Gefühl, dass wir es mit einem größeren Einschnitt nicht nur in unsere Demokratie, sondern grundsätzliche Gesellschaft zu tun bekommen, größer noch als die Erfindung des Buchdrucks," so die Meinung eines Experten hierzu.

Zur Beantwortung der Frage soll hier eingegangen werden auf

- die technischen Möglichkeiten, die die Digitalisierung bietet,
- den übergeordneten Zusammenhang in einer sich weiter vernetzenden Welt,
- die Ableitungen für die spezifische Kommunikation in einer Regierung,
- die Veränderungen der Kommunikationswelt bezüglich der Strukturen und der personellen Ausstattung von Kommunikationsabteilungen,
- die konkrete Umsetzung im operativen Geschäft, die wiederum unterteilt ist in die Möglichkeiten der direkten Kommunikation, die Orientierung an Zielgruppen, die Orientierung an Plattformen, die Entwicklung neuer

---

[173] Das komplette Interview ist im Internet abrufbar: https://www.waz.de/politik/verfassungsrichter-in-sorge-um-demokratie-in-usa-und-tuerkei-id210046853.html (Zugriff: 16.04.2017).

Formate, Anforderungen an die Schnelligkeit, zur Rolle von Emotionen und den Umgang mit krisenhaften Situationen und
- das Monitoring der Regierungskommunikation.

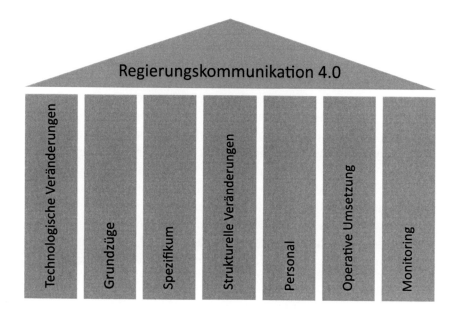

Abbildung 14: Sieben Säulen der Regierungskommunikation 4.0. Eigene Darstellung.

ZUR AUFLÖSUNG VON RAUM UND ZEIT

Die Digitalisierung wirkt disruptiv auf die Perspektiven Raum und Zeit, die in Internet und Social Media, so einer der Befragten, nicht definiert sind. Sie führe dazu, dass die Frage nach der potenziellen Reichweite einer Nachricht entscheidend ist für den weiteren Umgang mit ihr. Anders als bei klassischen Medien könne man in Social Media wie „mit einem Domino-Effekt eine Lawine in Gang setzen, die keiner mehr aufhalten kann". Davor hätten Machthaber und Regierungen große Angst. Die Architektur der vernetzten Welt sei eine andere als die der klassischen Massenmedien. Der Flügelschlag eines Schmetterlings könne zu einem Tsunami führen – unabhängig davon, wie viele Follower oder Anhänger jemand habe. Dieser Flügelschlag sorge dafür, dass die Dimension Raum grenzenlos wird.

Dies wird umso bedeutender, als die Dimension Zeit ebenfalls eine neue Bewertung erfährt. Social Media hätten Nachrichtenagenturen abgelöst, so die vorzufindende Meinung unter den Experten. Damit ließe sich eine Krisensituation als Königsdisziplin der Kommunikation schneller auslösen, aber auch schneller einfangen. Themen seien heutzutage binnen 60 Minuten entschieden, zumal Tweets nicht nur schnelllebig, sondern auch schnell gemacht seien. Im Sinne einer Deutungshoheit gehe es darum, wer in der ersten Meldung die erste Botschaft platziere. Die Geschwindigkeit, in der sich Kommunikation ändert, lasse sich allerdings nicht beeinflussen. Wegen der Digitalisierung wachse so der Druck für die Regierungskommunikation, während im Gegenzug „manchmal der schnelle Applaus das Gegenteil von dem sein kann, was man aus politischer Überzeugungswirkung hinterlässt". Dazu gibt es von sieben der 16 Befragten die Warnung, dass eine schnelle Reaktion auch Gefahren berge, nämlich dass sie weniger reflektiert sei. Der Vollständigkeit halber sei an dieser Stelle eine mögliche Konsequenz mit gesellschaftlicher Bedeutung erwähnt: Weniger Zeit zum Nachdenken zu haben, ist ein Grund für den Verfall von Kultur im Netz in Verbindung mit gesunkenen Hemmschwellen, wie von Expertenseite betont wird.

Ein Instrument zur Erreichbarkeit

Es wird ferner darauf hingewiesen, dass die Digitalisierung für die PR ein „Quantensprung" sei, da sie heutzutage so zielgerichtet wie noch nie in der Geschichte der Medien möglich ist. Social Bots und Big Data könnten dafür verwendet werden, die *one-to-one*-Kommunikation zu professionalisieren und standardisieren. Früher habe es FAQ gegeben, um auf jede Frage individuell eingehen zu können. Heute ließe sich dies technisch lösen: „Stellen Sie sich einen Saal vor und da sind tausend Leute anwesend und Sie würden jeden einzelnen eine Frage stellen lassen, dann sitzen Sie noch in drei Wochen da. Hier könnten Sie tatsächlich auf jeden einzelnen eingehen, wenn Sie durch Bots Fragen oder Fragengattungen gruppieren, in dem Sie einmal eine Antwort geben, die Sie aber an tausend Leute individuell ausspielen können. Da sehe ich eine große Chance." Der kluge Einsatz der Technologie gebe die Möglichkeit, Ressourcen für den direkten, reellen Kontakt frei zu setzen.

Mittels der individualisierten Kommunikation könnten Streuverluste vermieden werden. Die Digitalisierung lasse die Kommunikation „grenzenlos" erscheinen, weshalb sich auch eine Regierungskommunikation in Social Media vernetzen müsse. Die Bedeutung der viralen Kommunikation werde wegen der Technisierung weiter steigen – und damit auch die Möglichkeiten, für sich selbst zu werben. Mehr Möglichkeiten, mehr Instrumente, eine größere Reichweite – das bedeute in der Konsequenz auch, dass sich Gruppen einfacher mobilisieren können. „Die AfD hat es als Partei methodisch sehr gut angegangen. Die hatten einen definierten, taktischen Plan, wie man die eigene Meinung nach vorne katapultiert. Also unter taktischen Gesichtspunkten haben die alle [. . .] [Mittel] eingesetzt, die man darf, die man aber auch nicht darf."

Raupp et al. fassen das neue Instrument zur Erreichbarkeit wie folgt zusammen: „Neue kommunikative Optionen stellen die verantwortlichen (Fach-) Kommunikatoren vor neue Aufgaben, ermöglichen zugleich aber auch die beschleunigte und direkte Ansprache verschiedener, auch neuer Adressatenkreise."[174]

GRUNDZÜGE DER KOMMUNIKATION 4.0

Im Juni 2015 soll die damalige saarländische Ministerpräsidentin Annegret Kramp-Karrenbauer die Ehe unter Gleichgeschlechtlichen, die so genannte „Homo-Ehe" oder „Ehe für alle" mit Inzucht verglichen haben. Ausgelöst wurde diese Intonation weniger durch das Interview selbst[175], sondern vielmehr durch die Intonation politischer Mitbewerber.[176] Es folgten diverse

---

[174] Raupp, J., Kocks, J. & Murphy, K. (Hrsg.) (2018). Regierungskommunikation und staatliche Öffentlichkeitsarbeit. Implikationen des technologisch induzierten Medienwandels. S. 13.

[175] Vgl. Interview von Kramp-Karrenbauer mit der Saarbrücker Zeitung vom 03.06.2015, in dem es hierzu heißt: „Das ist mehr als Symbolik. Es stellt sich die Frage, ob wir grundlegende Definitionen unserer Gesellschaft verändern wollen, und zwar mit womöglich weitreichenden Folgen. Wir haben in der Bundesrepublik bisher eine klare Definition der Ehe als Gemeinschaft von Mann und Frau. Wenn wir diese Definition öffnen in eine auf Dauer angelegte Verantwortungspartnerschaft zweier erwachsener Menschen, sind andere Forderungen nicht auszuschließen: etwa eine Heirat unter engen Verwandten oder von mehr als zwei Menschen. Wollen wir das wirklich?"

[176] Vgl. den Post der damaligen SPD-Generalsekretärin Yasmin Fahimi auf der Facebook-Fanpage der SPD Deutschlands vom 03.06.2015: „Dass die Union eine Ehe von

Äußerungen verschiedener Politiker unterschiedlicher Couleur sowie ein Shitstorm in den sozialen Netzwerken – jeweils mit eigenen Interpretationen und Auswüchsen. Sie reichen von „Schämen Sie sich!!"[177] über „[…] haben sie sich schon mal gefragt ob sie [nicht] selbst das Produkt von Inzest sind?"[178] bis hin zu „Jemand mit solchem Gedankengut sollte in keiner deutschen Regierung im Amt sein."[179] Es wurde eine Online-Petition auf change.org zum Rücktritt von Kramp-Karrenbauer als Ministerpräsidentin eingerichtet; die Berliner Rechtsanwältin und Mitorganisatorin des Christopher Street Days, Sissy Kraus, hatte Strafanzeige wegen Volksverhetzung gegen sie erstattet[180]. Es folgten außerdem diverse Berichte in verschiedenen deutschen Medien.[181]

EINFLÜSSE DURCH DIE VERÄNDERTE MEDIENWELT

Das Monitoring zeigt, mit welcher Intonation die klassischen Medien in die Berichterstattung über Kramp-Karrenbauer eingestiegen sind. Ein Interviewpartner berichtet aus eigener Erfahrung hierzu: „Wenn die klassischen Medien […] Berichte schreiben oder ihre Nachrichtensendungen machen, sind sie in der Regel schon stundenlang von den Diskussionen auf den sozialen Plattformen berieselt worden." Auch das wirke meinungsbildend. Darauf muss sich die Medienwelt einstellen.

Das Beispiel des vermeintlichen Inzucht-Zitats zeigt auch, dass sich der Wert der Information verändert hat. Es müsse stärker unterschieden werden

---

Schwulen und Lesben mit Inzucht gleichsetzt, ist ein Schlag ins Gesicht hunderttausender gleichgeschlechtlicher Partnerschaften." Vgl. auch die Aussage der SPD-Generalsekretärin im dpa-Interview vom 03.06.2015: „Damit erreicht die Debatte über die Ehe für alle einen neuen Tiefpunkt." Sie habe kein Verständnis dafür, „dass eine CDU-Ministerpräsidentin gleichgeschlechtliche Partnerschaften jetzt mit Inzucht und Polygamie gleichsetzt".

[177] Eintrag auf der Facebook-Fanpage von Kramp-Karrenbauer vom 03.06.2015, 17.31 Uhr.

[178] Eintrag auf der Facebook-Fanpage von Kramp-Karrenbauer vom 03.06.2015, 17.32 Uhr.

[179] Eintrag auf der Facebook-Fanpage von Kramp-Karrenbauer vom 03.06.2015, 17.34 Uhr.

[180] Vgl. den Eintrag auf ihrer Facebook-Seite vom 03.06.2015, 16.51 Uhr.

[181] Vgl. hierzu eine Google-Recherche zu „Kramp-Karrenbauer Homo-Ehe", zuletzt vom 03.10.2018 mit 24.600 Treffern.

zwischen einer Information und einer glaubwürdigen, um nicht zu sagen: journalistischen Information. Hätte man sich auf die Primärquelle statt auf die intonierte Fassung berufen, hätte die Reaktion neutraler ausfallen müssen.

In einer Zeit, in der für viele die Überschriften schon Geschichten sind, der Informationswettstreit groß ist und das Prinzip „Wer schreit am lautesten" zu gelten scheint, geht der Kommunikation ein Steuerungselement verloren. Man spricht auch von einer Machtverschiebung. Dank der Technologie kann aus einer Rede jeder einzelne Satz getwittert werden – im positiven, aber meist im negativen Fall ohne den Kontext. Hinzu kommt das Phänomen, dass die Versuchung der medialen Präsenz für verschiedene Protagonisten gestiegen ist. Dazu zählt auch, dass, wenn sie der Versuchung unterliegen, nur zwei bis drei Sätze abgesetzt werden, was wiederum „das Hamsterrad" antreibe, wie es ein Experte ausdrückt. Dies alles ist vor dem Hintergrund zu bewerten, dass fünf der 16 Befragten in den Nutzern Produzenten und Konsumenten sehen, den „Prosumer"; früher hätten Journalisten Informationen verteilt, heute machten es alle.

Das Beispiel des Zitats zur Homo-Ehe zeigt auch, dass sich in einer Medienwelt, die von Social Media beeinflusst wird und damit einen direkten Feedback-Kanal bietet, „niedere Instinkte" leichter beleben lassen als umfängliche Studien. Es ist im konkreten Fall eine Mutmaßung, ob sich die Empörten anders verhalten hätten, hätten sie das Interview im Original gelesen. Die Vermutung liegt jedoch nahe. Dieser Fall darf außerdem als Exempel dafür angesehen werden, dass Medien vorwiegend ergebnisorientiert arbeiten. Der Prozess hin zu einem Ergebnis, im konkreten Fall die Diskussion über das Sachthema, steht dann im Hintergrund.

Die intonierte Nachricht über den angeblichen Inzucht-Vergleich verbreitete sich wie ein Lauffeuer und hatte binnen 24 Stunden nicht nur mehr als eine halbe Million Facebook-Nutzer erreicht, sondern es auch in die *Tagesschau* geschafft.[182] Eine Information, die früher Nachrichtenagenturen teils exklusiv verbreitet hatten, finden heutzutage über die sozialen Netzwerke ihre Rezipienten. Dies legt den Schluss nahe, dass eine Kommunika-

---

[182] Die Auswertung liegt dem Autor, der damals Regierungssprecher in der Staatskanzlei des Saarlandes war, vor.

tion heutzutage vor allem „ständig, akkurat, wahrhaftig" sein müsse, auch wenn sich dies schwierig verallgemeinern lässt.

Die Aufregung über das vermeintliche Inzucht-Zitat beinhaltet einen weiteren Aspekt, der gerade in sozialen Netzwerken schon wegen der personalisierten Accounts naheliegt: die Personalisierung. Die Digitalisierung bringe mit sich, dass „viel stärker personalisiert und individualisiert" werde. Dieser Trend ließe sich an der Sportberichterstattung gut erkennen: „Wer sich mal die Interviews der Spieler unmittelbar nach dem Spiel anhört, die sind weitgehend sinnentleert. Die bringen auch keinem was. Und das Einzige, was dabei eine Rolle spielt, ist, dass man das Gesicht des Spielers in einer Weise sofort sieht und dass die Medien eine Aura der Gleichzeitigkeit und eine Nähe zu dem Ganzen herstellen. Inhaltlich bringt das gar nichts." Das lässt sich auf die sozialen Netzwerke übertragen. Wegen dieser Entwicklung hin zur noch stärkeren Personalisierung würden Politiker in ihrer Entscheidung, sich zu äußern, vorsichtiger – und das schade in der Folgekette der politischen Auseinandersetzung, weitläufig damit auch der Demokratie. Die Empörungskultur lässt sich deshalb auch in einem Kontext mit gesellschaftlicher Bedeutung diskutieren.

NEUE SCHNELLIGKEIT DURCH DIGITALISIERUNG

In welch kurzer Zeit sich verschiedene Protagonisten zu dem möglichen Inzucht-Vergleich äußern konnten, soll stellvertretend ein Beweis dafür sein, dass die Digitalisierung die Kommunikation schneller gemacht hat. Erinnert sei an die Experten-Auskunft zu Ex-Kommissionspräsident Juncker und den „sofortigen Sofortismus", der vorliege, wenn Politiker zu jeder Zeit jedes Thema kommentieren sollen.

Welche neue Dimension die Zeit an- und eingenommen hat, zeigen auch Beispiele von geleakten Informationen, die sich vermeintlich schneller verbreiten „bevor man sie überhaupt recherchieren kann". Nachrichten seien „atemlos", es gebe kein Nachdenken mehr. Interviewpartner berichten vom Gefühl, alles passiere in Echtzeit und die Deutungskonkurrenz nehme stetig zu. Dies trifft auf die Einordnung von Heinrich Wiedemann und Louisa Noack zu, die das Echtzeitweb deshalb auch Web 3.0 nennen.[183]

---

[183] Vgl. Wiedemann, H. & Noack, L. (2016). Mediengeschichte Onlinemedien. S. 234. In: Altendorfer, O. & Hilmer, L. (Hrsg.) (2016). Medienmanagement. Band 2: Medienpra-

Dies hat Folgen für die Kommunikatoren. Sie selbst und auch ihre Mitarbeiter müssen „always on", „immer eingeschaltet", „immer da" sein. Das bedeutet auch, dass der Prozess zur notwendigen Abstimmung eines Statements beschleunigt werden müsse, zumal die Orientierung an Deadlines klassischer Medien aufbreche, die Pressezyklen schneller und die Reaktionszeiten damit kürzer würden.

Dies deckt sich mit der Einschätzung von Raupp et al., die die Potenziale für die verantwortlichen Kommunikatoren vor allem im Bereich der verbesserten, beschleunigten und direkteren Ansprache der verschiedenen Anspruchsgruppen von Regierungskommunikation und staatlicher Öffentlichkeitsarbeit sieht: „Digitale Medien ermöglichen, dies wird bereits seit dem Aufkommen ihrer Frühformen diskutiert, die Umspielung journalistischer Gatekeeper zur direkten Publikumsansprache. [...] Eine Botschaft muss nicht mehr zwingend unterschiedlich begründeten medialen Relevanzkriterien entsprechen, um ihr Publikum zu erreichen."[184]

Vor dem Hintergrund der neuen zeitlichen Dimension raten Interviewpartner dazu, nicht aus dem Reflex zu handeln und keinen Wettstreit um die schnelle Schlagzeile einzugehen. Sie hoffen auf mehr Kraft im System, einer schnellen Reaktion zu widerstehen. Sieben der 16 Befragten geben an, nicht über jedes sprichwörtliche Stöckchen springen zu dürfen. Schnellschüsse könnten gefährlich werden. Während sich ein Interviewpartner Entschleunigung wünscht, rät ein anderer ebenfalls zu mehr Muße: „Einige Dinge muss man auch mal liegen lassen [...]. Man kann ja gerne aus der Geschichte [...] lernen. Nehmen wir mal den Bereich der Kunst. Wie viele Künstler haben ihre Bilder nochmal übermalt. [...] Wein wird besser, wenn man ihn auch mal liegen lässt. Freundschaft wird auch stabiler, aber auch ein Gesetz." Im Sinne der Kommunikation wäre hinzufügen: ein Statement ebenfalls.

---

xis – Mediengeschichte – Medienordnung. Wiesbaden: Springer VS. S. 213–248.

[184] Raupp, J., Kocks, J. & Murphy, K. (Hrsg.) (2018). Regierungskommunikation und staatliche Öffentlichkeitsarbeit. Implikationen des technologisch induzierten Medienwandels. S. 14.

DIGITALISIERUNG UND STRATEGISCHE ENTSCHEIDUNGEN DER KOMMUNIKATION

Die Entwicklung der sozialen Netzwerke stehe erst am Anfang, so heißt es auf Expertenseite, und die Kommunikation müsse sich noch auf neue Formen und deren Weiterentwicklung einstellen. Ein Interviewpartner geht so weit, dass er sagt: Wer in fünf Jahren nicht digital kommuniziere, existiere dann nicht mehr. Die digitale Kommunikation könne in zehn Jahren den Einfluss haben, den sie heute noch nicht hat, und Bots wie auch Roboter-Journalismus würden Realität. In der Industriellen Revolution 4.0 bekomme jeder Rezipient seine personalisierte Information.

Damit einher geht die Erkenntnis, dass eine Konzentration der Kommunikatoren auf die klassischen Medien nicht mehr ausreicht. Hinzu komme, dass die Zielgruppe nicht mehr Journalisten und damit ein Fachpublikum sind, sondern dass die Botschaften für jedermann verständlich sein müssten. In dieser Erkenntnis stecke auch eine große Chance, weil für die Kommunikation künftig mehr Wege und Instrumente zur Verfügung stünden. Das setze voraus, dass die Onlinekommunikation weiter verstärkt und integraler Bestandteil der Gesamtkommunikation mit entsprechender Social Media-Strategie werde. Bei diesem Change-Management empfiehlt es sich, frühzeitig viele Stakeholder einzubinden. Trotz einer größeren Zahl an Köpfen spare man Zeit und sei schneller am Ziel. Man brauche das „Echo der Heterogenität".

Die Herausforderung bestehe ferner, so die Expertenmeinung, künftig darin, Zusammenhänge herzustellen und aktuelle Themen in das Grundsätzliche einzuordnen, um so auch einem Informations-Overkill entgegen zu wirken. Dabei könnte auch die Technologie der Suchmaschinen ein Hilfsmittel sein. Ein Interviewpartner beschreibt dabei die „Strategie des breiten Dialogs", wonach jeder Schreibende eine Antwort erhalte, reell wie virtuell. Die Kommunikation werde „richtig anstrengend. Das ist harte Arbeit. Das ist alles das, was wir bislang an Medienarbeit und Kommunikation und PR gemacht haben – hoch zehn."

Die Intonation des Zitats von Kramp-Karrenbauer zur Homo-Ehe verdeutlicht anschaulich, dass mittels der Technologie eine weitere Herausforderung für die Kommunikation in Verbindung mit den handelnden Protagonisten eingetreten ist. War Kommunikation bislang dazu angelegt, Deutungshoheit und Kontrolle inne zu haben, so muss sie sich nun eingestehen, dass ein Kontrollverlust drohe, der schwierig einzukalkulieren sei. Es schließt sich an den Kontrollverlust ein weiteres Phänomen an, das bereits unter dem Stichwort „Whataboutism" behandelt wurde. Gemeint ist damit eine strategische Themenverlagerung.

Bedeutung der Glaubwürdigkeit

Es besteht eine enge Kausalität zwischen Kommunikation und Ansehen von Führungspersonen. Deshalb wird an dieser Stelle die Glaubwürdigkeit der Kommunikation besonders hervorgehoben. Dabei gilt, dass Aussagen zu einer Marke wie einem Medium auch als allgemeingültig für Amtsträger wie Politiker angesehen werden.

Grundsätzlich wichtig ist für einen der Experten, dass alles, was verlautbart wird, korrekt sein muss. Es ist allgemein bekannt, dass auf der Korrektheit die Glaubwürdigkeit aufbaut. Deshalb dürfe man in der Kommunikation „niemals" mit „einem billigen Effekt" arbeiten. Die Ausrichtung der Kommunikation setzt auf Langfristigkeit. „Lieber langfristig das Label Verlässlichkeit, Seriosität und Vertrauen [...] bekommen, anstatt kurzfristig in der Lage [...] zu sein, emotional in allen Debatten mitzumachen." Gleichzeitig habe eine Einmischung in „alle" Debatten eine sinkende Autorität zur Folge. Schwindende Autorität aber führt zu einem sinkenden Vertrauen; das Vertrauen ist „meistens personalisiert". Deshalb gelte, dass die Nutzung von Social Media nicht zur Einschränkung von Seriosität führen dürfe. Im Gegenteil könnten Sachlichkeit und Rationalität das Vertrauen erhöhen. Ziel müsse es sein, eine Marke zu etablieren, die Vertrauen erweckt und damit auch ein Mittel gegen Verunsicherung und einen Informations-Overkill sein kann. Vier der 16 Befragten sehen in der Glaubwürdigkeit einen zentralen Aspekt, der für die Nutzer auf der Suche nach Orientierung hilfreich sein kann. Dabei sei auch die Kompetenz der Nutzer relevant, die Glaubwürdigkeit einzelner Quellen einschätzen zu können, und es wird dabei auf den Aspekt der Verlässlichkeit von vertrauten Quellen hingewiesen. Der Vollständigkeit halber sei erwähnt, dass von den Experten hier auch auf die Bedeutung der Glaubwürdigkeit bei der Informationsbeschaffung hingewiesen wird.

Eine Retrospektive

Die Auswertung der 16 Interviews macht deutlich, dass auch in der Kommunikationsbranche die Digitalisierung zwar disruptiv wirkt, gewisse Grundsätze demzufolge aber auch bestehen bleiben. „Früher" wie „heute" gilt deshalb, dass in einer Demokratie unterschiedliche Meinungen „normal" sind. Diese Meinungen in 140 Zeichen zu packen, sei technisch inzwischen zwar machbar, das Leben aber „komplexer". Zu diesem Demokratie- und Werteverständnis zähle auch, dass die Vergeltung von Schlechtem durch Schlechtes zu Elend führe und dass auch in einer Kommunikation „Respekt" gezeigt werden solle.

Darüber hinaus, so die Expertenmeinung, gilt auch heute noch der Grundsatz, dass nur schlechte Nachrichten auch gute Nachrichten seien und dass jede Kommunikation einen Mehrwert vermitteln sollte. Dabei bestehe bei der Reduktion der Komplexität einer Information stets die Gefahr, dass ein manipulativer Effekt eintritt. Vor dem Senden einer Information sollte sie deshalb auf Plausibilität überprüft werden – auch, um sich nicht dem Diktat der Schnelligkeit zu unterwerfen. Denn: „Je schneller man etwas macht, umso weniger hat man vorher nachgedacht. Und das merkt man." Die politische Kommunikation erlebe „alte Phänomene in neuer Wuchtigkeit" und müsse dennoch stets den Abgleich zwischen der politischen Agenda und der Agenda der Menschen schaffen.

Spezifikum Regierungskommunikation 4.0

Angenommen, ein Politiker gibt einer Zeitung ein Interview. Doch das letzte Wort habe weder er als Politiker noch andere Politiker oder gar Betroffene, sondern es hätten die vernetzten Vielen. Fünf der 16 Befragten sagen, dass diese vernetzten Vielen wegen der Technologie nun eine Stimme hätten, zwei der 16 Interviewpartner sehen eine Machtverschiebung. Daran müssten sich Regierende wie auch Programmmacher noch gewöhnen. Ebenso wenig zähle heutzutage das eine Kreuz, das der Wähler am Wahltag machen darf. „Der Wahlkampf findet heute nicht mehr acht oder zehn Wochen vor der Wahl, sondern jeden Tag statt. Jeden Tag aufs Neue. Sobald sie im Amt sind, müssen sie im Grunde genommen schon am nächsten Tag, zwar nur in den sozialen Netzwerken, den Wahlkampf für die nächste Legislaturperiode führen." Deshalb müsse sich die Regierungskommunikation überlegen, wie stark sie welche Medien und in welchem Stil nutzen wolle. Ihr Einfluss auf die Algokratie als von Algorithmen bestimmte Demokratie sei nur „bedingt" und entsprechend beschränkt.

Interviewpartner berichten davon, dass „Politiker grundsätzlich dargestellt werden als Menschen, die gegen die Bevölkerung arbeiten", und Journalisten meinten, dass „eine Regierung grundsätzlich böse ist. Man würde nie in einer Zeitung die Geschichte lesen, dass die Regierung aber richtig toll war. Sondern es geht immer um Probleme, was nicht klappt, was nicht funktioniert [...]." Da stimme die Wahrnehmung nicht oder nicht mehr. Einer Regierung werde „immer unterstellt, dass sie betrügt". Dies führe auch dazu, dass die Autorität von Politikern leide. „Politiker sind ja teilweise Freiwild. Was jeder für sich in Anspruch nehmen würde, gilt für Politiker nicht mehr, Politik und Politiker müssen sich immer mit harter Kritik auseinandersetzen. Das ist so. Aber es gibt Grenzen." Deshalb könne man nicht alles im Netz unkommentiert stehen und sich verbreiten lassen.

AUFGABE DER REGIERUNGSKOMMUNIKATION 4.0

Dabei geht es weniger darum, ob der eine oder der andere Recht habe. Die Verantwortung liege bei beiden „und zwar die Verantwortung für den jeweils anderen". Eine Regierungskommunikation müsse aus dem Grund der Verantwortung den politischen Diskurs führen, allerdings nur bis zu einem gewissen Grad. Die Auseinandersetzung mit einem politischen Wettbewerber liege in der Verantwortlichkeit der Partei. Eine Regierungskommunikation habe eine demokratische Funktion und sei ein Führungsinstrument. Sie habe wertfrei die Arbeit der Regierung darzustellen. Diese Darstellung stelle die Regierungskommunikation vor eine besondere Herausforderung, da Rezipienten in einer Zeit der Informationsflut verunsichert seien.

Politik, so wird betont, lebe von Vermittlung. Diese Vermittlung liege in der sprichwörtlichen Hand der Regierungskommunikation. Sie hat mit ihrer aufklärerischen Funktion zu erklären

- den Menschen gegenüber, weil Politik konkret ist und Auswirkungen auf das Lebensumfeld hat,
- nicht als PR, weil es sich nicht um Werbung für Produkte wie Autos handele,
- ... kleinteilig und verständlich,

- ... den Prozess der Entscheidungsfindung,
- ... stärker vor Ort und
- ... mit Botschaften, die das Produkt der Politik sind, in einer stetigen Wiederholung.

Dabei kommt es darauf an, nicht mehr nur eine Botschaft abzusetzen, sondern auch zu erklären, warum diese Botschaft abgesetzt wird. Ein technisches Hilfsmittel, um immer die gleiche Botschaft zu senden, könnte ein Social Bot sein, der als Kettenbrief mit stets gleichem Text beschrieben wird. Die Regierungskommunikation verfolge die Aufgabe der Herstellung von Akzeptanz und Transparenz, wobei die größte Schwierigkeit in der Persuasion, also der Überzeugung liege.

In jüngsten Veröffentlichungen haben sich Raupp et al. mit der Aufgabe der Regierungskommunikation befasst. Demzufolge dient sie der „Herstellung von Glaubwürdigkeit und Vertrauen. Im Wesentlichen geht es also um Responsivität und die Legitimität des Politischen."[185] Sie sehen die wesentliche Aufgabe und Funktion der Regierungskommunikation „in Aufklärung, Information und Unterrichtung sowohl der Bevölkerung, als auch der Journalisten als Transmitter"[186]. Sie unterscheiden nach Regierungskommunikation, die sich zuvorderst an Journalisten richte, und der staatlichen Öffentlichkeitsarbeit, die sich an die Bürger wende. „Ziel beider Formen von Regierungskommunikation ist die Generierung von Akzeptanz und Legitimation durch die kommunikative Vermittlung politischer Entscheidungen."[187] Diese Differenzierung wird hier nicht vorgenommen, weil sie strukturell in den diversen Regierungszentralen der Länder zwar abgebildet ist, im Alltag allerdings nicht stattfindet. Beide Ansichten vereint jedoch die Intention der integrierten Kommunikation. Raupp et al. nennen dies die „Herausforderung [...], Online- und Offline-Kommunikation zur Erzeugung eines kohärenten Bildes aufeinander abzustimmen."[188]

---

[185] Raupp, J., Kocks, J. & Murphy, K. (Hrsg.) (2018). Regierungskommunikation und staatliche Öffentlichkeitsarbeit. Implikationen des technologisch induzierten Medienwandels. S. 28.

[186] Raupp, J., Kocks, J. & Murphy, K. (Hrsg.) (2018), a. a. O., S. 25.

[187] Ebd.

[188] Raupp, J., Kocks, J. & Murphy, K. (Hrsg.) (2018), a. a. O., S. 31.

In den Interviews benutzt ein Befragter den Begriff des „Rattenfänger-Systems", der zwar negativ konnotiert ist, wonach aber im positiven Sinne die Menschen mit Themen in ihrer eigenen Sprache zu erreichen seien, woraufhin die Politik Lösungen anzubieten habe. Dies funktioniere eben nur mit einer integrierten Kommunikation, was in einer Regierung interne Abstimmungen voraussetze.

EIGENSCHAFTEN DER REGIERUNGSKOMMUNIKATION 4.0

Regierungskommunikation bedeutet nach Expertenmeinung deshalb auch Disziplin zur Organisation einer Meinungsbildung. Das könne in einer Kabinettsitzung, einer Telefonkonferenz oder einer WhatsApp-Gruppe geschehen. Diese dann abgestimmte und verbreitete Information dürfe weder fehlerhaft noch tendenziell, sie müsse rechtsmittelfähig sein. „Das Recht zur Lüge hat die Regierung nicht, auch wenn sie mit Lügen und Unwahrheiten angegriffen wird." Im Gegenteil: Die Regierungskommunikation müsse der Hort der Wahrhaftigkeit sein.

Die Regierungskommunikation 4.0 wird von den Experten beschrieben als:

- neutral,
- sachlich,
- nicht affektiv, aber teilweise emotional,
- nicht zu plakativ,
- authentisch,
- flexibel,
- vielfältig,
- gut verständlich,
- objektiv,
- breit umfassend,
- maßgeschneidert,
- transparent,
- nachvollziehbar,
- seriös,
- glaubwürdig,
- vertrauensvoll und vertrauensstiftend,
- kritisch.

Je emotionaler die Diskussion in sozialen Netzwerken geführt werde, umso nüchterner müsse die Regierungskommunikation darauf reagieren. Genauso wie die Objektivität ein Muss sei, so zähle auch Einfühlungsvermögen hinzu. „Jeder Politiker ist auch ein Mensch und ich halte Empathie nicht nur für etwas Additives oder unter dem Schlagwort *nice to have*, sondern auch Teil eines gewählten Repräsentanten, einer Regierung."

EINFLÜSSE AUF DIE STRATEGISCHE AUSRICHTUNG DER REGIERUNGSKOMMUNIKATION 4.0

Auch die Regierungskommunikation sei mehr als die Summe der Einzelteile, so wird betont. Es sei nie der einzelne Post oder Tweet. Es sei immer die Frage der Summe, selbst wenn man nicht wisse, welcher Aspekt angenommen wurde oder nicht. Das zeigt die Äußerung von Kramp-Karrenbauer zur Homo-Ehe ebenfalls. Dabei müsse die Regierungskommunikation bei jedem einzelnen Post auf einem gewissen Niveau bleiben: „Meiner Ansicht nach darf Politik sich nicht treiben lassen. Sie darf meiner Ansicht nach sich nicht auf ein Niveau begeben, auf dem sie nie so erfolgreich sein kann wie die, die sie dahin ziehen wollen. Den Wettlauf kann Politik aus meiner Sicht nicht gewinnen." Sie dürfe sich nicht von Empörungswellen beeindrucken lassen, sondern müsse sie aushalten. „Ich sehe nicht die Notwendigkeit, dass ein Politiker dadurch jetzt ein Getriebener ist und auf jeden Einwand sofort reagieren muss." Sie könne die Hochgeschwindigkeit nicht abbilden. Dies bedeute auch, dass Politiker sich in ihrer Popularität nicht in einer Konkurrenz bzw. auf einer Ebene mit Popstars sehen sollten. Zu viel Popularität könne schädlich sein. Mathias Döpfner hat hierzu die Metapher des Fahrstuhls geprägt.[189]

Dennoch gibt sich auch der Politiker gerne bürgernah, hemdsärmelig, als „einer von ihnen". Daraus lässt sich ableiten, dass die Kommunikation auf Augenhöhe stattfinden möge. Die Digitalisierung lässt den direkten Kontakt nun auch technologisch zu. Einen Grund im Verfall von Autorität

---

[189] Der Vorstandsvorsitzende des Axel-Springer-Verlags hatte 2006 in Bezug zur *BILD* gesagt: „Wer mit ihr im Aufzug nach oben fährt, der fährt auch mit ihr im Aufzug nach unten". Nachzulesen zum Beispiel online unter https://www.tagesspiegel.de/meinung/andere-meinung/gastkommentar-wer-mit-der-bild-im-aufzug-nach-oben-faehrt-faehrt-mit-ihr-auch-wieder-nach-unten /6023974-2.html. Zuletzt abgerufen am 04.10.2018.

wird aber in genau dieser „Kommunikation auf Augenhöhe" gesehen. Die
Politik habe sozusagen ihren eigenen Anteil an sinkender Autorität.

Die skizzierten Experten-Ausführungen zeigen, dass es noch „keine
echte Strategie" gibt, wie sich die Regierungskommunikation auf die neu-
en Herausforderungen einstellen soll. Wohl aber sei sie in der Lage, ein
Leitmedium zu werden. Dazu brauche es eine „Vorwärtsstrategie", in der
Ziele abgesteckt und Ressourcen freigestellt werden, um sich der Zukunft
der Regierungskommunikation zu widmen. Hierzu müsste in jeder Regierungszentrale ein Innovations-Labor eingerichtet werden, „in dem versucht
wird, die Kommunikation von Morgen heute schon zu denken".

ZIELGRUPPEN DER REGIERUNGSKOMMUNIKATION 4.0

Im Gegensatz zu anderen Branchen soll sich eine Regierungskommunikation immer an die Breite der Gesellschaft richten. Sie müsse so aufgestellt
sein, dass sie möglicherweise auch „andere Filterblasen" erreichen könne.
Eine zielgerichtete Kommunikation, wie der Trend der Zeit sie vorgibt, sei
zwar machbar, dennoch müssten alle Bürger informiert werden. „Ich möchte nicht, dass ich etwas anderes erfahre als mein Nachbar, der vielleicht eine andere politische Einstellung vertritt." Der Staat müsse offen gegenüber
der Bevölkerung sein, zuhören und konkret antworten können. Die Unterhaltung des Publikums sei dabei nachrangig. Problematisch werde es, wenn
Menschen nicht mehr offen für die Themen der Regierung seien. „Wer den
Staat und alles Staatliche ablehnt, den erreichen wir auch nicht."

CONTENTMANAGEMENT IN DER REGIERUNGSKOMMUNIKATION 4.0

Die Digitalisierung als ein Instrument zur Erreichbarkeit muss inhaltlich
aufgeladen werden. Bilanz-Pressekonferenzen gibt es zwar mehr in der
freien Wirtschaft als zur Regierungsarbeit. Sie verdeutlichen dennoch sehr
gut, wie der Einsatz der Technologien für die PR neue Impulse bringen
kann. Früher haben *Wirtschaftswoche* und *Handelsblatt* jeweils einen eigenen Text zur Bilanz-PK geschrieben. Darin ging es überwiegend um „nackte Zahlen, über den Umsatz usw.". Heutzutage aber gebe es ein System zur
Verarbeitung dieser Rohdaten: „Jetzt bringen wir das mal im *Handelsblatt,*
ist ein bisschen eine andere Leserschaft, eine andere Terminologie [...].
Dann wird der Artikel an die *Wirtschaftswoche* angepasst, ist derselbe Con-

tent, ein bisschen das Wording anders. Dann haben sie noch [. . .] eine andere Publikumszeitschrift, dann wird das nochmal anders dargestellt. Aber
die schicken nur einen [Journalisten] hin, der nimmt die Rohinformation,
[schickt sie] in das System rein und das System macht es dann passend."

Das komme auch auf die Regierungskommunikation zu, einen Schritt
vorausdenken zu müssen, wie man solche Systeme bedienen und Abläufe automatisieren könne. Vor diesem Hintergrund sei die Zeit der seiten-
langen Pressemitteilungen vorbei und die Zukunft gehöre Plattformen, die
verschiedene Informationen zusammentragen. Darauf müsse sich die Kommunikation einer Regierung einstellen, dürfe aber gleichzeitig die sorgfäl-
tige, klassische Medienarbeit nicht vernachlässigen.

Auch die Regierungskommunikation müsse sich der Open-Data-Kultur
öffnen. Sie biete die Möglichkeit zur Transparenz, beispielweise lässt sich
anhand der Technologie der Verlauf einer schriftlich-virtuellen Diskussion
nachvollziehen. Im Netz versende sich nichts. Ein Interviewpartner spricht
gar von der „totale[n] Transparenz". Darüber hinaus biete die Technologie
im Sinne der Transparenz den Faktencheck an – für alle Interessierten frei
zugänglich und mit dem Ziel, besser zu einem Thema zu informieren. Es
ließe sich bei einer klassischen Google-Suche zu einem bestimmten Artikel
ein Fact-Checking anfügen, das zeigt, wie eine Story faktisch verläuft.

Die Technologie zur Herstellung von Transparenz kann der Einsatz von
Social Bots sein. Roboter können schneller und zielgerichteter informieren – und auch mehr in gleicher Zeit. Bots könnten virtuelle Agenten oder
Avatare werden. Der virtuelle Agent könne zum Beispiel bei der Bera-
tung und dem Umgang mit Flüchtlingen hilfreich sein: „Der wird [. . .] für
die verschiedenen Zielgruppen unterschiedlich aussehen und auch emotional anders ansprechen. Das könnte man heute alles technologisch machen.
[. . .] Das machen ja viele Firmen schon im Verkauf oder sogar eine Bank
macht das, aber die Regierung macht das noch nicht, die ist noch nicht so
weit." Während physische Avatare unrealistisch erscheinen, könnte der virtuelle Charakter aber als Substitut genutzt werden. Langfristig gesehen werde es solche „multiplen Personas" geben: „Ich habe das selber mal schon
vor fünf Jahren in einem experimentellen Projekt untersucht, ob man da
nicht einen Stellvertreter in eine langweilige Sitzung schicken kann. Dem
geben sie dann die Hauptargumente mit, das ist also eigentlich ein Bot,

der stimmt auch mit ab und bringt Argumente ein." Dabei gehe es weniger um die physische Umsetzung, sondern mehr um die technologische, zumal einem Bot das freundliche Wort, das Lächeln in der Stimme, also menschliche Merkmale in einer Kommunikation abgesprochen werden.

Während inhaltlich in Social Media eher unkonventionelle Themen vorherrschen, versprechen sich insbesondere Unternehmen in ihrer Krisenkommunikation arbeitserleichternde Unterstützung durch Bots: „Ein Computer wird nicht müde mit Leuten in einen elektronischen, digitalen Dialog einzusteigen. Flughäfen nutzen das ja heute schon, warum also nicht Regierungssprecher, wenn es darum geht, irgendwelche Informationen zu setzen." Übertragen auf die Regierungskommunikation könne ein Bot beispielsweise gefasste Beschlüsse automatisiert ablesen. Aufpassen müsse man, wenn ein Bot vortäuscht, ein anderer zu sein. Das sei Manipulation: „Der manipulative Social Bot nutzt eine Technik, die sehr raffiniert ist im Internet, dass man quasi eine Massenbewegung [...] durch eine Multiplikation von Social Bots nutzt, die sich dann immer weiter verstärkt, sodass man den Eindruck hat: ‚Mensch, hier auf Twitter, da sind jetzt 200.000 verschiedene Leute, die ihre Meinung sagen, jetzt muss also unbedingt der Putin gewinnen, sonst geht die Welt unter.' Das ist natürlich eine Ausnutzung des Systems." Mittels dieser Technik lasse sich auch mit geringem Personaleinsatz großer Einfluss nehmen. Ein Bot hätte im genannten Beispiel zum Zitat von Kramp-Karrenbauer ein Mittel zur Verbreitung der eigentlichen Aussage sein können.

Damit liegt auch die kritische Perspektive auf der Hand: Mag der Einsatz der Technologie – hier der Bots – die Arbeit erleichtern können, so wird dieser doch kritisch im politischen System gesehen. In der freien Wirtschaft gelten andere Erwartungen. „In der Politik halte ich das für völlig unmoralisch, weil natürlich der Austausch von Argumenten von Mensch zu Mensch, das Sich-Überzeugen, das Überzeugt-Werden, das Über-Argumente-Sprechen, ja eigentlich der Kernpunkt der politischen Auseinandersetzung, der politischen Meinungsbildung ist. Und deswegen finde ich das [...] verwerflich, diesen Prozess technisch zu organisieren." Für eine Diskussion oder Debatte kämen Bots demnach nicht in Frage. Es würde der Eindruck einer Willensbildung im Volk erweckt, die nicht existiere. „Das ist nicht in Ordnung." Zu dieser kritischen Haltung zähle auch, dass es dem

demokratischen Grundverständnis widerstrebe, Technik zur zielgruppenge-
nauen Kommunikation einzusetzen. Es wird als „politisch nicht umsetz-
bar" beschrieben, der Staat könne keine Technik auf den Bürger „hetzen".
„Wenn der Staat technische Mittel benutzt, gehen überall die Alarmglocken
an. Dann wittert jeder Verrat, Indoktrination, Manipulation, und das muss
man vermeiden."
     Diese Ausführungen zeigen, dass sich die Regierungskommunikation
mitten im Wandel befindet. Dies halten auch Raupp et al. fest. So indizier-
ten jüngste Befunde „eine in den letzten Jahren zunehmend beschleunigte
Entwicklung hin zum systematischen Aufbau und der Professionalisierung
der digitalen Regierungskommunikation und staatlichen Öffentlichkeitsarbeit"[190].

Strukturelle Anpassungsnotwendigkeiten von Behörden

Es darf als bekannt vorausgesetzt werden, dass Regierungsapparate als Verwaltungen starr und klassisch geordnet aufgestellt und geführt werden. Die
Regierungskommunikation wiederum darf sich, wie oben beschrieben, auf
neue Herausforderungen einstellen, die eine technische, strukturelle und
zeitliche Komponente mit sich bringen. Daher stellt sich die Frage, inwiefern sich dieser bildlich gesprochen große Tanker ein schnelles Beiboot
leisten kann oder muss. Ein schnelles Beiboot, das in der Lage ist, auf Veränderungen des Marktes und der Gesellschaft schnell reagieren zu können.
     Die gesellschaftlichen Veränderungen durch die Digitalisierung kön-
nen als so umfassend angesehen werden, dass sie bis an die Wurzeln der
öffentlichen Institutionen reichen. Bei den strukturellen Notwendigkeiten
zur Anpassung wird hier unterschieden zwischen prozessualen Veränderungen und dem Kulturwandel. Dieser Kulturwandel scheint insbesondere
Behörden intensiv zu beschäftigen. Es wird allerdings darauf hingewiesen,
dass es keine Trennung mehr zwischen „alter" und „neuer" Medienarbeit
geben kann. Die Online-Kommunikation wird zum integralen Bestandteil
der Gesamtkommunikation.

---

[190] Raupp, J., Kocks, J. & Murphy, K. (Hrsg.) (2018). Regierungskommunikation und staatliche Öffentlichkeitsarbeit. Implikationen des technologisch induzierten Medienwandels. S. 14.

KULTURELLE VERÄNDERUNGEN DURCH DIE DIGITALISIERUNG

„Die Behörden [. . .] sind im Bereich der digitalen Ausstattung noch ziemlich in den 70er Jahren. Das muss man [. . .] konstatieren. Die Mitarbeiter, die in einer Behörde unterwegs sind, haben sich ja auch bewusst für eine Behörde entschieden. Das bekommt man [. . .] in jeder HR-Studie mit, die Wechselfreudigkeit ist in einer Behörde eben nicht gegeben, und somit auch eine geringe Bereitschaft für Veränderung." Demzufolge werde der Status quo von 1970 akzeptiert und heute noch gelebt. „Behörden sind somit [. . .] im Bereich einer Aufholjagd, [. . .] die ein Marathon wird. Man darf also nichts überstürzen, aber man muss aufholen." Allerdings sei hier auch angemerkt, dass Behörden, die sich mit Steuergeldern finanzieren, genau aus diesem Grund verschiedenen Restriktionen unterworfen sind. Hierzu zählen komplexe Ausschreibungsverfahren und eine im Vergleich zur freien Wirtschaft chronisch schwache Budgetierung.

Ein Kulturwandel müsse jedoch vorgelebt werden. Er funktioniere nur, wenn die Behördenleitung den Takt vorgibt und die Mitarbeiter in den Veränderungsprozess eingebunden werden: „Die Behörde verändert sich nur über die Menschen, somit ist die interne Kommunikation an erster Stelle zu sehen, vor der externen Kommunikation. Da müssen sie einen Kulturwandel betreiben und den Kulturwandel schafft man nicht, wenn man nur den ersten Mann, die erste Frau an der Spitze einer Regierung, einer Behörde ist, sondern da muss man den Unterbau der ersten und zweiten Führungsebene mitnehmen." Eine Kultur verändere sich immer von unten und von oben, man müsse sich also in der Mitte treffen.

Den Kulturwandel müsse ein Vorgesetzter auch deshalb durchlaufen, „um selbst die Tragweite und die Dimension dieser Veränderung, die man seinen Mitarbeitern auferlegt, zu begreifen". Für einen Vorgesetzten wie den Regierungssprecher sei es eine „Herkulesaufgabe. Er steht im Endeffekt im Spagat." Der Spagat ergebe sich aus der Nutzung von Online-Diensten zu privaten oder beruflichen Zwecken. Privat sei die Nutzung von Facebook Usus, aber das Jobprofil gebe die dienstliche Nutzung (noch) nicht her. „Der Behördensprecher muss das zunächst einmal selbst antizipieren, entsprechende Methoden aufbauen und dann Überzeugungsarbeit leisten."

Diese Überzeugungsarbeit strahlt in verschiedene Richtungen aus. Eine Verwaltung ist darauf ausgelegt, dass Vorgänge über eine bestimmte Zeit archiviert werden, um auch retrospektiv Transparenz herstellen zu können. Diese Dokumentation steht im Widerspruch zur Arbeits- und Funktionsweise von sozialen Netzwerken. Wohl speichern Plattformen wie Facebook und Twitter die Posts auf unbestimmte Zeit, hingegen existieren Tools wie Snapchat, die darauf ausgelegt sind, dass die Posts nach einer festgelegten Zeit gelöscht und für den Otto-Normal-Nutzer nicht mehr auffindbar sind. Ausgerechnet dieses soziale Medium sei bei Jugendlichen „total angesagt", wie ein Experte meint. Im konkreten Beispiel habe sich die Behörde dennoch gegen die Nutzung entschieden, „weil es nicht zu dokumentieren ist, weil die Sachen ja einfach verschwinden. Jetzt schnappt [den Post] aber irgendeiner auf und schmiert einem das aufs Butterbrot. Und dann kann man nicht mehr kontrollieren, ob das vielleicht gefälscht ist. Das ist eine waghalsige Sache. Die Verwaltung arbeitet ja noch sehr viel mit Papier und Stempel. Da ein flüchtiges Medium, bei dem sich die Inhalte nach kürzester Zeit auflösen, zu verwenden, ist [. . .] nicht das richtige Medium für einen Staat."

So schnell die Nachrichten auf dem genannten Kanal augenscheinlich gelöscht werden, so langsam gestaltet sich der Kulturwandel. Es liegt auf der Hand, dass Veränderungen in traditionellen und geprobten Strukturen ein hohes Maß an Disziplin und Durchsetzungsvermögen benötigen. Gleichzeitig aber lautet eine Warnung: „Wenn man Digitalität nur als Maß der Geschwindigkeit ansieht, dann verliert man nicht nur den Menschen, sondern auch jede Behörde, jedes andere Unternehmen." Manchmal helfe auch Muße, eine Entscheidung sollte auch durchdacht sein.

Bei einem solchen Kulturwandel ist die Behördenleitung gefordert, den Mitarbeitern ein größtmögliches Maß an Sicherheit zu geben und Leitplanken zu setzen. Während in größeren Unternehmen Social Media-Guidelines bereits frühzeitig als Standard galten, gibt es bei Behörden noch Nachholbedarf. Das Dasein von sozialen Netzwerken sei eine Entwicklung, die man mitgehen müsse; sie stehen für eine ständige Veränderung. Deshalb werden in diesen Richtlinien Hinweise dafür gegeben, „was wir akzeptieren und was nicht. Was auch ein gewisser Schutz für uns ist, auf den wir uns berufen können. [. . .] Das finde ich auch sehr, sehr wichtig. Ich glaube, man braucht auch einen gewissen Eigenschutz, wenn man da unterwegs ist, gerade als Behörde." Guidelines helfen demnach nicht nur den Mitarbeitern, sondern auch der Behördenleitung.

Die Überzeugungsarbeit eines Regierungssprechers strahlt auch mit einer anderen Intention in die Behörde hinein, da diese sehr stark auf die Kommunikation von Behörde zu Behörde ausgerichtet sei. Dabei sei die Behördensprache „nicht selbsterklärend". Hier liege ein Augenmerk insbesondere auf der Pressestelle als „eine Art Paradiesvogel. Weil sie einen sehr starken Außenkontakt [hat]." Für den Außenkontakt wiederum ist die Pressestelle auf Informationen aus der oder den Behörden angewiesen. „Zum Teil muss ich da Übersetzungsleistung liefern, die [...] aufwendig ist, weil auch auf unserer Seite das Fachwissen dazu fehlt. Insofern würde ich mir wünschen, dass sich in den Verwaltungen die Erkenntnis, dass man Politik für den Bürger macht, durchsetzt." Diese Behördensprache ändere sich nicht automatisch durch die Existenz sozialer Netzwerke. Sie sei noch nie eine Alltagssprache gewesen. „Das ist auch egal, ob Sie die Behördensprache digital kommunizieren oder wie früher per Brief oder auf Steintafeln meißeln. Wenn es der Gegenüber nicht versteht, [...] dann funktioniert es nicht." Die Sprache müsse angepasst und auf den Bürger ausgerichtet werden, wobei diese Erkenntnis bereits aus der Zeit von vor der Digitalisierung existiert, ihre Umsetzung sich aber jetzt empfiehlt.

PROZESSUALE VERÄNDERUNGEN DURCH DIE DIGITALISIERUNG

Der kritische Blick auf das Innenleben einer Behörde zeigt außerdem die Diskrepanz zwischen der Schnelligkeit dank der Technologie und den vorhandenen, meist breit ausgelegten Entscheidungswegen: „Wir hinken jedes Mal hinterher. Das macht Verwaltung schwierig, träge, nicht transparent und erst recht nicht hip und plakativ. Es ist also nicht nur die Kommunikation, die eine Rolle spielt." Der Kulturwandel sei ein zäher Prozess, den ein Interviewpartner in Abgrenzung zur freien Wirtschaft wie folgt beschreibt: „Wenn ich als Unternehmen sagen kann: ‚Ich will das jetzt so anders machen', ist das hier eben [durch] Abstimmungen und Verordnungen [...] erschwert. Und deswegen ist es ein langer Anpassungsprozess. Mit den kleinen Möglichkeiten, die man hat, kann man das auch entsprechend machen. Und das muss man auch nutzen. Da muss man als Pressestelle sehr hartnäckig sein."

Eine Pressestelle ist darauf angewiesen, dass sie auf das Wissen der Behörde zugreifen kann. Im Sinne einer Informationsspeicherung und -weitergabe sollte dieses Wissen in einer Pressestelle möglichst schnell geteilt werden können. Dazu zählt auch, eine Quellendatenbank aufzubauen, die Äußerungen der Hausspitze zu verschiedenen politischen Themen zusammenträgt. Dazu zählt dann ebenso, dass Prozesse unauffällig abseits der Öffentlichkeit organisiert werden können. Dies setzt eine gewisse Informationsaufbereitung voraus, die strukturell angelegt sein sollte. Es braucht der Technologie und der digitalen Zeit angemessene Strukturen.

Dies betrifft Medien genauso wie die Pressestellen von Behörden. Dabei gleichen sich beide Institutionen in ihrer Arbeitsweise mehr und mehr an, wobei diese Anpassung eher einseitig vor sich geht. Manche Pressestellen in Regierungszentralen sind räumlich in Newsrooms umgebaut worden, andere haben ihre Arbeitsweise umgestellt und arbeiten inzwischen wie die Redaktion eines Mediums – beispielsweise in der Staatskanzlei des Landes Nordrhein-Westfalen in Düsseldorf.[191] Dazu gehört die Erstellung eines wöchentlichen Redaktionsplans ebenso wie das Schichtsystem des Social Media-Teams. In einer Zeit, in der Bilder für die Kommunikation in sozialen Netzwerken an Relevanz gewinnen, ist die Pressestelle an eine Zulieferung von Terminen der Hausspitze angewiesen. Eine strukturelle Veränderung bedeutet dabei auch, dass diese Zulieferung niederschwellig geschehen müsse. Es brauche nicht mehr professionelle Fotografen, um Social-Media-Kanäle zu bedienen, bei denen die Qualität eines Fotos nicht im Vordergrund steht.

Eine Pressestelle, die Social Media einsetzt, ist auch darauf angewiesen, schnell handlungsfähig zu sein. Deshalb bedarf es in der Behörde einer flachen Hierarchie, bei der zur Autorisierung von Zitaten die Freigabewege verkürzt werden und ein gewisses Maß an Vertrauen in die Kommunikatoren herrscht. Trotz und gerade wegen der gebotenen Schnelligkeit sollte das Vier-Augen-Prinzip als Standard gelten. Um die Autorisierung deutlich

---

[191] Diese Kenntnis hat der Autor aus seiner Zeit als Regierungssprecher.

zu machen und auch intern eine gewisse Verbindlichkeit herzustellen, ließe sich bei den einzelnen Posts mit Kürzeln der Mitarbeiter arbeiten.

PERSONALPOLITIK UND ANFORDERUNGEN AN REGIERUNGSSPRECHER

Wer einen Kulturwandel und strukturelle Veränderungen herbeiführen soll, ist auf diese Aufgabe vorzubereiten. Es stellen sich an das Führungspersonal Anforderungen, die sich teils neu, teils in anderer Ausprägung darstellen. Regierungssprecher müssten heutzutage ein „sehr gutes Verständnis über alle Kommunikationskanäle haben, mit denen sich die Bevölkerung informiert und austauscht und dazu gehören natürlich die digitalen Medien". Dies lässt sich auch mit „hoher digitaler Kompetenz" beschreiben. Diese Kompetenz wird umso entscheidender, weil Öffentlichkeitsarbeit ein Führungselement darstellt. „Wenn der oder die Führungsperson mit der Schnelligkeit nicht mithalten kann [...], dann geht dieses Führungselement verloren."

Die Eigenschaften, die ein Regierungssprecher als Führungskraft mitbringen müsse, ähneln denen aus der Zeit vor der Digitalisierung. Sie sind in sich vielfältiger geworden: Ein Regierungssprecher müsse

- auf Höhe der Zeit sein – medial wie technisch,
- Trends kennen und erkennen,
- offen und aufgeschlossen sein,
- alle Medien bedienen können,
- die neuen Kommunikationstechniken der 360-Grad-Kommunikation beherrschen,
- empathisch, flexibel und humorvoll sein.

„Jede Situation ist anders und bedarf wirklich einer klugen und vorausschauenden Bewertung, wann man [...] eine Sache besser aussitzt oder [...] ungewöhnliche Kommunikationsarten bemüht, wie zum Beispiel Ironie oder Humor. Gute Politiker hatten das schon immer irgendwie im Blut."

ANFORDERUNGEN AN DAS PERSONAL

Während im politischen System ein Hang zur Kontrolle herrscht, erforderten die sozialen Netzwerke auch hier eine Art Kulturwandel. Man brauche

nicht nur neue Instrumente und neues Personal, sondern auch die Aufge-
schlossenheit, „ein Stück weit Kontrolle [...] abzugeben". Kontrolle abzugeben, bedeutet im besten Falle auch, das gesamte System überblicken
und damit die Folgen einer Kontrollabgabe besser einordnen zu können.
Damit steigen die Anforderungen an die Fähigkeiten des Personals. „Die
müssen [...] auf der einen Seite Journalist sein, indem sie komplizierte
politische Texte verstehen und diese halbwegs verständlich übersetzen können. Sie müssen aber auch irgendwie technisch bewandert sein, weil sie ein
Video machen können müssen. Sie müssen ein Video schneiden können.
Sie müssen es auch vertonen können. Und sie müssen dann eben noch eine
Schrift reinbringen können. [...] Im Prinzip sucht man da die eierlegen-
de Wollmilchsau. Und wenn man davon ausgeht, dass jeder auf nur einem
Gebiet der Beste ist, braucht man mindestens drei Leute für eine Schicht."
Der Kommunikator ist damit auch zum Produzenten geworden.

Man müsse heutzutage nicht mehr nur die Themen, sondern auch die
Mechanismen verstehen, die als „*black box*" angesehen werden dürfen.
Deshalb müsse sich der Kommunikator ein Grundverständnis für die Technik aneignen und sich beispielsweise mit Social Bots auseinandersetzen.
Schließlich hänge der Einsatz der Technologie immer noch vom Menschen
ab. Dass der Mensch die zentrale Rolle einnimmt, wird auch deutlich daran,
dass der Kommunikator nicht nur die Technik verstehen, sondern auch empathisch sein müsse. Denn er entscheide, wie den Bürgern entgegnet werde
und ob darüber eine Gesprächsebene gefunden werden kann.

Das Personal müsse außerdem in der Lage sein, die Behördensprache
in eine Alltagssprache zu übersetzen. Darauf legen zwei der 16 Befragten
wert. Die zeitliche Dimension stellt an das Personal dabei besondere Herausforderungen, da die Reaktionszeiten kürzer und gleichzeitig der Aufwand personell wie zeitlich größer geworden ist. Nach Raupp et al. müsste
sich spezialisiertes Personal um die Online-Auftritte und -Vernetzungen der
jeweiligen Regierungen kümmern.[192] Das erfordere nicht nur zusätzliches
Personal, sondern auch zusätzliche Expertise.

---

[192] Raupp, J., Kocks, J. & Murphy, K. (Hrsg.) (2018). Regierungskommunikation und staatliche Öffentlichkeitsarbeit. Implikationen des technologisch induzierten Medienwandels. S. 31.

ANFORDERUNGEN AN DIE AUSBILDUNG

Die oben genannte mangelnde Bereitschaft zur Veränderung steht im direkten Widerspruch zur Entwicklung der digitalisierten Mediengesellschaft. Man denke, man sei im Thema drin – und dann sei die Technik wieder veraltet, so die Expertenmeinung. Der Weiterbildungsbedarf sei immens. Verschiedene Regierungszentralen setzen auf berufsbegleitende Ausbildungen zu Social Media-Themen. Es herrscht Einigkeit, dass das Personal ein anderes und mit anderer Ausbildung anhand der oben beschriebenen Kriterien ausgestattet sein müsse. Die Ausbildung setze dabei im besten Falle bereits in der Schule an und erkläre den kritischen und fachkundigen Umgang mit Algorithmen.

ZUR PERSONELLEN AUSSTATTUNG VON KOMMUNIKATIONSABTEILUNGEN

Vor dem Hintergrund der gestiegenen Anforderungen an das Personal und seine Ausbildung müsse man mehr in Technologie und Köpfe investieren. Dabei gelten in Regierungszentralen insbesondere von haushaltsschwachen Ländern limitierende Faktoren, die sich bei den Finanzen finden lassen und Auswirkungen auf die Personalisierung haben. Man könnte meinen, die Digitalisierung helfe dabei, weil sie für Personalabbau steht. In der Realität zeigt sich der gegensätzliche Effekt. Es brauche Manpower, mehr Personal und einen größeren Apparat, insbesondere, da der Aufwand für das Monitoring gestiegen sei. Dies unterstreichen sechs der 16 Befragten.

Wie bereits oben beschrieben gelten Redaktionszeiten nicht mehr, worauf vier der 16 Befragten hinweisen. Das führt dazu, dass eine Pressestelle nach dem Prinzip *24/7* zu organisieren ist. Dazu führe eine veränderte Erwartungshaltung, die zwei der 16 Befragten so ausgemacht haben. Dementsprechend müssten neue Arbeitszeitmodelle ebenso eingeführt werden wie flexible Arbeitsplatzmodelle mit mobilen Büros. Dazu zählt auch die Einrichtung einer Einheit Social Media sowie die Einrichtung eines für öffentliche Institutionen ungewöhnlichen Schichtdienstsystems. Eine Pressestelle, besetzt mit Verwaltungsfachangestellten, sei nicht mehr zukunftsfest. Eine Pressestelle müsse multifunktional besetzt werden: ein Germanist, ein Soziologe, ein Politikwissenschaftler, ein Journalist, ein Sekretär. Auf die

Expertise von IT-Fachleuten, Fotografen und Video-Journalisten sollte die Pressestelle zumindest kurzfristig zugreifen können. Dieses Team sollte mit *digital natives* ausgestattet sein, außerdem können ne die Technologie beim Ressourcenmanagement hilfreich sein, wenn Social Bots die Bürger mit reinen Informationen versorgen und das vorhandene Personal dann anders eingesetzt werden kann. Nicht zu vernachlässigen sei die psychologische Betreuung der Mitarbeiter, die wegen Social Media täglich mit Hate Speech konfrontiert werden und Beschimpfungen aushalten müssen.

DIE DIREKTE KOMMUNIKATION

Während beim klassischen SOR-Modell (Stimulus, Organismus, Reaktion) vorausgesetzt wird, dass zwischen Sender und Empfänger ein Medium in Persona von Journalisten geschaltet ist, bricht die Digitalisierung dieses Modell auf. An die Stelle von Journalisten rückt ein anderes Medium, nämlich das soziale Netzwerk. Es versetzt die Regierung in die Lage, direkt mit den Bürgern kommunizieren zu können. Die Kommunikation wird unmittelbarer. Im Gegensatz zur Kommunikation über Medien besteht für die Bürger wiederum die Möglichkeit zur Antwort, sie verfügen über einen Rückkanal. Damit übernehmen die Bürger als Rezipienten eine aktive Rolle und werden außerdem in die Lage versetzt, einen Regierenden sozusagen persönlich erleben zu können. Das bewerten auch fünf der 16 Befragten so. Diese Veränderungen zeigen sich am genannten Zitat von Kramp-Karrenbauer zur Homo-Ehe, bei der die Anzahl der Kommentare binnen 48 Stunden auf eine fünfstellige Höhe angestiegen war.

Auf diese grundsätzliche Veränderung hat sich die Regierungskommunikation einzustellen, was sie noch nicht beherrsche, folgt man den Ausführungen eines Interviewpartners: „Wir haben viele Anfragen von Politikern gehabt, die über YouTube in ihrem Wahlkreis mehr Arbeit machen wollen. Da können Sie selbst persönlich dastehen. Sie können Fragen und Kommentare beantworten, Sie können wirklich Community-Pflege machen. Ich finde das ist eher eine Erwartung, die man nutzen sollte. Wird in Deutschland zunehmend gemacht, aber hat auch noch nicht jeder verstanden, wie so etwas wirklich geht. Aber ich glaube, das sind gute Mittel und Wege [...], wenn Sie gefunden werden wollen [...]."

DIE ORIENTIERUNG AN ZIELGRUPPEN

Direkte Kommunikation hat zur Folge, dass sie individueller wird. Individueller bedeutet, sie wird detaillierter und steigt noch tiefer in die Materie ein. Es gelte nicht mehr das Gießkannenprinzip, sondern die Kommunikatoren müssten auf Bedürfnisse der Rezipienten eingehen. Dadurch könne eine Kommunikation der oben beschriebenen Reizüberflutung entgegenwirken und diese eindämmen, wenn Informationen gezielt an eine Zielgruppe gerichtet werden. Dies halten sieben der 16 Befragten für essenziell. Ein Social Bot könne dazu als Hilfsmittel dienen.

Eine Orientierung an der Zielgruppe bedeutet auch, dass die Botschaft für die Rezipienten verständlich sein müsse. Man müsse den Bürgern die Informationen „auf die Art und Weise, dass sie es verstehen, kommunizieren", denn man könne nicht erwarten, dass die Bürger die Arbeit für den Staat machen. „Du musst deine Kommunikation ändern, du musst deine Sprache ändern, du musst vielleicht auch mal die Darreichung deiner Inhalte ändern. Im Netzwerk werden Kacheln geteilt mit einem Spruch drauf oder schnelle, smarte Videos, aber keine zwölfseitigen Parteipapiere zur Europapolitik." Die Darreichung dürfe trotz staatlichen Auftritts ins Boulevardeske reichen. Dabei komme der Sprache eine Schlüsselrolle zu. Die Behörden- ist in die Alltagssprache zu übersetzen.

Eine Zielgruppe wird in den Interviews als besonders relevant und herausfordernd beschrieben: „Das größte Problem [...] sind die Jungen [Menschen]. Und das muss uns mit Sorge erfüllen. Deshalb würde ich für die Regierungskommunikation die größte Aufgabe darin sehen, dass man sich Gedanken darüber macht und Formen sucht – da ist das Netz bestimmt ein Raum und Transmissionsriemen. [...] Wenn sich junge Menschen abwenden, dann ist das quasi so, als würde sich die Zukunft abwenden." Es zeige sich, dass die altersmäßig junge Zielgruppe regelmäßig in sozialen Netzwerken zu finden ist. Sie nutzen diesen Weg „nicht nur für ihre politische Information, sondern für ihr lebensweltliches Informationsbedürfnis". Social Media könnten deshalb zum Hauptkommunikationsweg werden.

Dabei stellt sich heraus, dass Facebook längst nicht mehr die erste Anlaufstelle sei, der Trend gehe zu Instagram und Snapchat. „Dann muss natürlich Regierungskommunikation da stattfinden, wo sie die jungen Wähler, nämlich 18 aufwärts, erreichen kann. Jeder Regierungskommunikator, jeder Parteisprecher, jedes Kommunikationshaus muss eine Strategie entwickeln, wie es mit den jungen Zielgruppen in den Netzwerken agiert, die diese jungen Menschen nutzen. [. . .] Du musst Technologieoffenheit zeigen, damit dich die jungen Leute überhaupt ernst nehmen. Dann musst du auch noch versuchen, dort die Sprache zu sprechen, die sie sprechen, und kannst noch überlegen, wie du es schaffst, Botschaften zu versenden, die eigentlich politische Botschaften sind [. . .]." Dazu müsse man sich mit den Welten auseinandersetzen, in denen junge Menschen anzutreffen sind.

DIE ORIENTIERUNG AN PLATTFORMEN

Bereits vor der Digitalisierung richtete sich die Kommunikation an verschiedene Medien und Kanäle. Die Zahl der Medien hat sich um das Internet vergrößert, die Zahl der Kanäle um ein Vielfaches. Deshalb hat sich die Regierungskommunikation 4.0 an einer Vielzahl von Plattformen auszurichten und zu jedem Thema einen entsprechenden Mix zu finden. Diese plattformgerechte Distribution von Informationen sehen fünf der 16 Befragten als wichtig an.

Die Regierungskommunikation hat, so die Experten, ein Interesse daran, möglichst viele Menschen zu erreichen – und könne sich dabei nicht auf die Technik, also Algorithmen verlassen. Sie stehe selbst in der Pflicht, sich so breit aufzustellen, dass man die eigenen Themen über verschiedene Plattformen verteilen könne. Man spreche von „Multiplikatoren-Channels", die aus Kooperationen mit Bloggern entstehen und ungewöhnliche Formate entwickeln könnten. Mit Hilfe des Social-Media-Kanals YouTube ließen sich mehr Menschen erreichen als über die klassischen Medien. Die Nutzung neuer Kanäle mit direktem Zugang zu den Bürgern eröffne auch neue und persönliche Seiten von Politikern. „Wir hatten [. . .] eine Veranstaltung in der Staatskanzlei mit 200 Menschen, die Teil einer Bewegung waren, die an einem Image-Film [. . .] ehrenamtlich mitgewirkt haben. Da gab es spontane Happenings, es wurde gesungen. Und das sind alles Momente, die man ja nicht in eine Pressemitteilung fassen kann, weil sich das nicht transportieren lässt. Aber das war wunderbar, und einfach einzufangen über kurze Videos und Fotos für Facebook." Dies setze voraus, dass sich auch die Sprache an die diversen Plattformen anpasse. Man müsse Plattformen gerecht formulieren. Nur so könne die Regierungskommunikation alle Altersklassen erreichen.

Die Regierungskommunikation ist gefordert, ihre Denkrichtung nach Mediengattungen neu auszurichten und neue Plattformen mitzudenken. „Sie müssen die Nachrichten nicht nur für den Fernseher oder für das Radiogerät denken, sondern auch für ein Amazon Echo oder für ein Smartphone."

DIE ENTWICKLUNG NEUER FORMATE

Wie oben bereits erwähnt, bedarf es ungewöhnlicher Formate, um gewisse Zielgruppen zu erreichen: „Du musst versuchen, deine eigenen Formate und Kommunikationskanäle zu durchbrechen, um dort relevant zu werden, wo du noch nie warst." Dabei sei die Altersgruppe nicht der relevante Aspekt, sondern die Formatentwicklung, die interessant und nachvollziehbar zugleich sein solle. Es sei nicht mehr damit getan, eine Pressekonferenz einzuberufen und eine Pressemitteilung zu veröffentlichen. Im Trend sei außerdem „mehr Video, weniger Text". Dies zeigt auch die ARD/ZDF-Onlinestudie, wonach inzwischen drei Viertel der Bevölkerung Onlinevideos nutzen, Anbieter ihre Portfolios aus- und Plattformen umbauen.

Auch hier kommt der Sprache eine Relevanz zu, allerdings aus anderer Perspektive. Die Technologie sei in der Lage, Sprache in Realzeit in eine andere (Fremd-) Sprache zu übersetzen. So ließe sich mit neuen Formaten die Zielgruppe verbreitern. Man müsse erst den Inhalt generieren und dann die Form, also das Format finden. Findet man gute Formate, sei es durchaus realistisch, dass diese auch von klassischen Medien übernommen werden.

Zu dieser „Formatoffenheit" zählen vermeintlich ausgefallene Formate wie das Weiße-Haus-TV oder eine „selbstkritisch reflektierende Kommunikation" in der eigenen Behörde, bei der man Fragen stellen und so in den Dialog eintreten könne. Der Interviewpartner beschreibt neue Wege der Kommunikation von YouTube bis hin zur Erläuterung der Regierungspolitik via Fotos in Instagram. Man müsse ausprobieren und sich bewusst sein, dass eine Änderung des Formats auch eine Reduktion der Komplexität bedeuten könne. Diese lasse sich an folgendem Beispiel deutlich machen: „Wir haben ja [. . .] eine Phase, in der die Leute auch gar keinen Text mehr wollen, sondern ein Video. Aber dieses Video konsumieren sie in der Straßenbahn, als Beifahrer im Auto oder irgendwo an der Bushaltestelle. Das heißt, sie können den Ton nicht hören. Also muss man in das Video auch noch den Text einbauen. Und dadurch reduziert sich die Menge der Informationen. Auf einem Handybildschirm ist ja nicht sonderlich viel Platz für Text. Und wenn man früher immer sagte, dass im Vorspann eines Artikels eigentlich der ganze Artikel stehen muss, dann kommt man ja bei Videos für Social Media noch nicht einmal bis zum richtigen Vorspann. Das sind ja vielleicht fünf, sechs Sätze, die man da reinpacken kann. Und dann ist die Information natürlich verkürzt, aber sie sollte trotzdem stimmen. Und das ist das Problem. Also, man sollte trotzdem auch so formulieren, dass es unangreifbar richtig ist. Und das ist natürlich für viele ein Riesenproblem. Auch für Journalisten. Und erst recht für Angestellte in öffentlichen Verwaltungen."

Die Reduktion der Komplexität beinhalte dabei aber auch die Gefahr eines Qualitätsverlusts. Deshalb widerspricht ein Interviewpartner, Facebook sei eine Informationsquelle. Man müsse „dann eben doch mal eine Zeitung lesen oder einen längeren Text hören oder vielleicht sogar ein Buch lesen." Mit 30-Sekunden-Schnipseln könne man keine Politik machen. Dass die Redezeit im Europäischen Parlament auf eine Minute beschränkt sei, entspreche nicht der Komplexität der Themen. „Ich höre lieber einem schlauen Menschen eine halbe Stunde zu als fünf weniger schlauen jeweils eine Minute."

Als weiterer Versuch nennt ein anderer Interviewpartner die Veröffentlichung des Terminkalenders des Ministerpräsidenten: „Ich würde [ihn] ins Netz stellen und sagen: Schaut mal, wie viel ich unterwegs bin, auch am Wochenende. Man kann sogar spielerisch damit umgehen und etwas mutiger sein und einfach noch einen Rechner dazu machen. Da schreiben Sie rein, wie viele Stunden Sie arbeiten. Hier sind meine Arbeitsstunden und mein Stundenlohn beträgt gerade einmal Mindestlohn. Dann kommt natürlich die Diskussion: ‚Ja, Sie sind aber privat versichert', aber das kann man ja auch wieder transparent machen und sagen: ‚Jeder Polizeibeamte ist auch privat versichert und sogar jeder Hartz-IV-Empfänger.' Das ist mühsam. Keiner sagt, dass das einfach ist." Aber es sei ein anderer Weg, den man probieren müsse, wolle man mittelfristig kein Demokratieproblem bekommen.

Anforderungen an die Schnelligkeit

Journalisten sind darauf angewiesen, dass sie Zitatgeber finden, die ihnen Informationen geben oder bestätigen. Dies ist im Zeitalter der Digitalisierung mit einer anderen Dimension zu belegen. „Die politischen Akteure sind [...] erpressbarer geworden. Denn die neuen Medien sind so schnell – wenn einer nicht bereit ist, sich zu äußern, er schnell auch andere findet, die das tun. Und viele politische Akteure befürchten in so einer Situation an der Diskussion und damit auch an der Meinungsbildung nicht mehr ausreichend zu partizipieren, ziehen daraus eine Schlussfolgerung – nämlich schneller reagieren zu müssen, weil sie befürchten, ansonsten nicht mehr dabei zu sein."

Dass Journalisten regelmäßig nach Reaktionen fragen, mache den Kommunikatoren viel Arbeit, wegen der verkürzten Reaktionszeiten heute mehr denn je. „[...] Man wird ständig angerufen, ob es etwas Neues gibt. Und nein, es gibt nichts Neues. Also ich schwanke [auf der einen Seite] zwischen Ablenkung und genervt sein und auf der anderen Seite [ist] die Faszination für mich als Kunden. Egal wo ich auf der Welt bin, ich kann mich zu jeder Tages- und Nachtzeit informieren. Aber das ist auch für den Kunden eine Herausforderung, weil er seine Quellen sorgfältig aussuchen muss."

Der gleiche Interviewpartner beschreibt noch eine andere Perspektive, was regelmäßige Nachfragen angeht, und beklagt das „Selbstreferentielle": „Einer wirft dem anderen was vor und der soll dann darauf reagieren. Und dann soll der Erste wieder auf die Redaktion von dem anderen reagieren. Und so kann man eine unendliche Geschichte spannen, die dem Journalisten seine Zeitung [...] füllt, die aber zur Lösung des Problems nicht beiträgt." So könne auch das Bild einer sich ständig streitenden Koalitionsregierung entstehen. Dabei beruhe die Diskussion auf unterschiedlichen Meinungen, die für eine funktionierende Demokratie normal seien.

Bei den regelmäßigen Nachfragen müsse der Kommunikator wohl überlegt entscheiden. Es sei nämlich in der Tat so: Wer zu spät in eine Debatte einsteige, werde nicht mehr wahrgenommen, weil sich schon zu viele Protagonisten zu Wort gemeldet und damit den Diskussionsverlauf beeinflusst hätten. Man befinde sich in einer Welt der Echtzeitdiskussion, in der es darum gehe, wer in der ersten Meldung mit der ersten Botschaft mitlaufe. Um besser gefunden zu werden, gewinnt ein Alleinstellungsmerkmal in der Kommunikation an Relevanz hinzu. In dieser Welt der Echtzeitdiskussion werde eine Verzögerung nicht mehr geduldet. „Wenn Du heute nicht innerhalb von vier Stunden eine doch relevante, über das Netz an eine Regierungsstelle herangetragene Anfrage nicht beantwortest, [...] dann erhebt sich schon das Netz über die vermeintliche Unfähigkeit des Dialogs dieser Regierungsstelle." Dies gelte auch für Einzelpersonen. Wer nicht binnen kürzester Zeit geantwortet habe, gelte als meinungslos. Das Schlagtempo sei sichtlich erhöht.

Zu beachten sei dabei, dass nicht immer eine schnelle Reaktion auch gleichzusetzen sei mit einer schnellen Information. Manchmal sei es im Sinne der Sache besser, „ein wenig zu warten. Nicht, weil man vielleicht etwas Falsches gesagt hat. Aber nicht immer kann die Kommunikation bis dahin so viel Substanz haben. Aber die Erwartungshaltung ist einfach da: Warum hat der Ministerpräsident sich noch nicht geäußert?"

Dieses Schlagtempo gilt andererseits auch für die Informationsbeschaffung. Man komme heutzutage von allen Orten der Erde an alle öffentlichen Informationen heran – wobei sich an die Beschaffung der Informationen dann eine gewisse Form von Schrittfolge anschließe. „Ich glaube, das kann man auch den Menschen erklären, wenn man zu Beginn eines [...] Gesetzesverfahrens [...] sagt, dass man es auf den Weg bringt und wenn man auch die einzelnen Prozessschritte miterklärt." Der Prozesskommunikation kommt damit augenscheinlich eine größere Relevanz zu. Dazu zähle auch, dass man nicht nur kommuniziere, was man weiß, sondern auch, was man nicht weiß – um sich somit dem Zeitdiktat nicht zu unterwerfen. Ein Interviewpartner beschreibt die kürzeren Reaktionszeiten anhand des Absturzes des Germanwings-Fluges über den französischen Alpen[193]. Er zeigt an diesem Beispiel auf, dass es genügend Zeit gebe, nachzudenken oder in Klausur zu gehen. „[Der Vorstandsvorsitzende] Carsten Spohr hat innerhalb von kürzester Zeit eine Twitter-Meldung abgesetzt, die hat die Welt

---

[193] Der Germanwings-Flug 9525 war ein Linienflug von Barcelona nach Düsseldorf und zerschellte am 24.03.2015 auf dem Gebiet der Gemeinde Prads-Haute-Bléone im südfranzösischen Departement Alpes-de-Haute-Provence. Alle 150 Insassen kamen ums Leben.

erreicht. Man hat Kondolenz, [...] Trauer, [...] Wut geäußert, hat aber auch das getan, was zu einer guten Krisenkommunikation an dieser Stelle gehört, und hat gesagt: ‚Wir kümmern uns jetzt drum, wir melden uns wieder.' Somit hatte er danach wieder Zeit." Um eine Nachrichtenlage einfangen zu können, reiche eine Kommunikation wie „Wir haben noch keine Erkenntnisse darüber". Eine wahrhaftige Kommunikation sei zum Aufbau von Vertrauen wichtiger als eine schnelle Reaktion. Man müsse nicht sofort die richtige Antwort haben, aber man müsse Bereitschaft signalisieren, antworten zu wollen. „Es kommt ja auch darauf an, wie man antwortet."

Zum Thema Zeitdiktat berichtet ein Interviewpartner, über eine Reaktion werde im Einzelfall entschieden: „Ich habe ja einen Chef, der immer mehr bereit ist, das komplett von sich abtropfen zu lassen und sich nicht mehr dafür interessiert. Bis hin zur Sturheit und sich dann auch einfach vier Wochen [Zeit] nimmt. Fertig. Wenn es opportun erscheint. Was auch nicht immer gut ist, aber auf eine gewisse Weise auch befreiend."

ZUR ROLLE DER EMOTIONALITÄT

Das Beispiel von Kramp-Karrenbauers Zitat zur Homo-Ehe zeigt, wie emotional aufgeladen die Diskussion um die Homo-Ehe in Deutschland ist. Dabei sind Emotionen aus zweierlei Perspektiven relevant, zum einen aus Sicht der Bürger, zum anderen aus Sicht der Regierungskommunikation. Nachfolgend steht der Umgang mit Emotionen aus Sicht der Kommunikatoren im Vordergrund, wobei grundsätzlich nach Expertenmeinung gilt: Man äußere sich anders, wenn man einem Menschen gegenübersitze, und Missverständnisse häuften sich, wenn man den Hintergrund anderer nicht kenne.

Zwei der 16 Befragten sehen den Nutzen von sozialen Netzwerken für die Regierung in der Emotionalisierung. Ein Interviewpartner berichtet, er sei ein großer Freund von Emotionalisierung, weil sie ein Produkt greifbar und spannend mache. Dies funktioniere beispielsweise über den Einsatz von Bildern, was drei der 16 Befragten genauso beurteilen: „Die Leute wollen auch nicht seitenweise Texte lesen. Ein schönes Bild und eine Botschaft in drei Zeilen. Ich glaube, das bringt deutlich mehr als eineinhalb Seiten Pressemitteilung. Es ist auch die Frage, inwieweit man die Öffentlichkeitsarbeit ausrichtet. Also es sind ja nicht nur Inhalte, es ist ja auch Lebensgefühl, was man als Regierung vermitteln sollte. Und ich glaube, man sollte auch stärker zu dem Aspekt kommen, mehr zu gestalten. Und Bilder und Emotionen schaffen, muss man irgendwie." Emotionen zu vernachlässigen, könne dazu führen, dass beim Bürger ein Eindruck entstehe, wonach ein anderer mehr Aufmerksamkeit geschenkt bekomme als er selbst.

Der Zusammenhang von emotionaler Wirkung und Aufmerksamkeit wird an dieser Stelle als bekannt vorausgesetzt. Bilder könnten demnach dabei helfen, „über die soft moves zu den *hard moves*" zu gelangen. Es handelt sich somit um die Zusammenführung von rationaler und emotionaler Ebene, wobei letztere zum Transport genutzt werde. „Ob das immer funktioniert, [. . .] das kann ich auch nicht sagen." Man könne auch nicht jedes Thema emotionalisieren. Bilder seien aber ein Mittel ebenso wie Überraschungen oder besondere Ereignisse. Ein solches Ereignis könne einem anderen Interviewpartner zufolge eine tagesaktuelle Entscheidung sein. „Irgendein Missstand wird abgestellt: keine Roaming-Gebühren beim Telefonieren. Das kann man dann sachlich darstellen, oder man kann sagen: ‚Sie haben sich bestimmt auch schon darüber geärgert. Damit ist jetzt Schluss.' Und so hat man mit einem kleinen Kunstgriff die Leute emotional in das Thema hineingezogen. Ob sie die Lösung dann gut finden, ist eine zweite Frage." An dieser Stelle sei auf das Ereignismanagement hingewiesen.[194]

Emotionen lassen sich auch über die Sprache anregen. Einerseits durch die Betonung, andererseits durch das Spielen mit einer Zustandsbeschreibung. „Wenn ich erkläre: ‚Die Zustände in unseren Schulen sind nicht gut', ist das schwache Emotion. Wenn ich erkläre: ‚Es kann nicht sein, dass die Räume versifft sind und dass es reinregnet', dann ist das eine aufgeladene Emotion. Das kann Politik machen, das darf sie machen, das macht sie auch."

Emotionen ließen sich nicht nur durch Bilder anregen, sondern auch durch „aussagekräftige Aktivitäten, Aktionen, bilderreiche Sprache [. . .]. Durch den persönlichen Touch. Vielleicht auch ein bisschen durch persönliche Betroffenheit. Durch die Ich-Form beim Ministerpräsidenten. Durch Erlebnisse, die Thesen unterstützen. Und durch persönliche Begegnung."

---

[194] Im Ereignismanagement werden drei Ereignisse unterschieden: genuine, mediatisierte und inszenierte.

Ein Interviewpartner berichtet dabei von seinen Reisen in die USA, um dort von Wahlkämpfen zu lernen. Ende der 1990er Jahre sei der Wahlkampf dort sehr systematisch nach Kosten und Nutzen betrieben worden. Zu Beginn des neuen Jahrhunderts sei das Internet „in" gewesen. Die Kommunikation liefe überwiegend online mit direkter Ansprache, großer Reichweite und unmittelbarer Reaktion. Ende des ersten Jahrzehnts im neuen Jahrtausend laufe der Wahlkampf „Tür zu Tür. Face to Face. Darauf kommt es an. Das ist entscheidend. Also immer noch die direkte Ansprache und der Dialog, aber jetzt nicht mehr über online – das läuft [. . .] immer mit [. . .] – aber jetzt mit ausgefeilten Systemen, Micro Targeting, direct response zur Zentrale und zurück. Präzise minimal auf den Häuserblock gesehen. Die Begegnung. Man hat also über das Internet gemerkt, dass die direkte Auseinandersetzung super ist, weil man da einen Dialog hinbekommt und die Leute auch halten kann. Dann aber gemerkt, dass nichts über die direkte Ansprache und die direkte Auseinandersetzung geht. Da sind wir jetzt. [. . .] Das ist Emotion pur."

Themen emotional aufzuladen, kann demzufolge als eine Aufgabe der Regierungskommunikation angesehen werden. Eine zweite lautet, in einer emotional aufgeladenen Mediengesellschaft mit eben jenen umzugehen. Fünf der 16 Befragten empfehlen allerdings mehr Sachlichkeit, um sich gegen den Affekt durchzusetzen: „Im guten Dialog, auch unter Freunden und Menschen, erkennt man ja schnell, ob sich einer einfach nur aufregt, weil er sich jetzt aufregen muss in der Situation, oder ob es der Sache an sich geschuldet ist. Das kann man auch im digitalen ziemlich schnell rausbekommen. Wir in der Pressestelle versuchen soweit wie möglich Emotionalitäten auszublenden."

Ein Interviewpartner zitiert hier Michelle Obama: „If they go low, we go high." Er leitet daraus ab: „Je emotionaler und dadurch je oberflächlicher, subjektiver und persönlicher die Diskussionskultur in den Netzwerken auch zu uns zurückschwappt, desto nüchterner, klarer und sachlicher muss die Kommunikation von Regierungsstellen [. . .] sein. Das widerspricht natürlich so ein bisschen dem ‚Du musst die Sprache der Leute da draußen sprechen'. Das stimmt. Ich muss die Sprache sprechen und die ist einfach und klar, aber ich muss nicht die Emotionalität mitmachen, die dort draußen herrscht." Je ruhiger und nüchterner die Kommunikation der öffentlichen Stellen sei, desto weniger Probleme gebe es mit der Emotionalität des Netzes, weil diese dann abebbe. „Das ist der einzige Weg, denn du kannst ja den Hochlauf der Emotionen und dadurch auch der vorherrschenden Subjektivität der Äußerungen [...] nicht mitmachen und auch nicht gewinnen. Ich glaube, irgendwann ist die Argumentationsfähigkeit im Netz endlich und insofern bleibt es dann dabei: Je emotionaler das Netz, desto ruhiger und sachlicher muss dann die Regierungsstelle [...] kommunizieren. Das ist auch an der Reaktion von Kramp-Karrenbauer im Fall der Homo-Ehe nachzuvollziehen.[195]

Umgang mit krisenhaften Situationen – ein Beispiel aus der Praxis

Das oben genannte Zitat von Kramp-Karrenbauer zeigt, dass 140 Zeichen zur Mobilisierung und Polemisierung ausreichen, und verweist für die Krisenkommunikation auf vier Phänomene. Mittels Fake News wurde ein Shitstorm ausgelöst, der Hate Speech enthielt – und zum Teil Echokammern bediente. Der im Problemaufriss eingeführte Begriff des Alignments sei an dieser Stelle erneut genannt, da Empörte noch heute das Thema unter Verweis auf Kramp-Karrenbauer aufgreifen.

Zum Umgang mit diesen Phänomenen durch eine Regierungskommunikation 4.0 sollen folgende Hinweise wiedergegeben werden: Grundsätzlich gelte immer die Einzelfallentscheidung, man müsse die Themen und Kommentare differenziert betrachten. Jedenfalls sollte man unabhängig vom konkreten Fall Wünsche, Anregungen und Kritiken in Social Media ernst nehmen. Die Digitalisierung biete die Möglichkeit, mit vermeintlich Abgehängten ins Gespräch zu kommen. Man müsse die Medien regelmäßiger zur Wechselkommunikation nutzen, was bei emotional aufgeheizten Themen eine Schwierigkeit darstellt.

Die Hate Speech lässt sich zurückführen auf die oben beschrieben Emotionalität, im konkreten Fall ist ein „Enthemmungseffekt" nicht zu verleugnen. Dabei fällt auf, dass die Aggressivität meist hoch ist. Ist man von einem Thema betroffen, neigt man zu einer Äußerung. Deshalb obliege die Entscheidung über den Umgang mit Hass-Rede auch hier dem Einzelfall.

---

[195] Die damalige Ministerpräsidentin hat in einem Post auf ihrer Fanpage, auf der der Shitstorm stattfand, das Thema inhaltlich richtig gestellt.

Mögliche Umgangsweisen lauten, sie zu ignorieren, weil keine Sachlichkeit möglich sei. Es könne keine Auseinandersetzung geben, in der man
versuche, jemanden zu überzeugen. „Da prallt eine tiefe Emotion auf eine
Projektion von irgendwas."

Eine Form der Ignoranz ist es, beleidigende Posts technisch auszublenden. Das lässt zum Beispiel Facebook zu. „Wir löschen wenig, wir blenden
sie einfach aus. Das ist viel einfacher. Der, der den Post gesendet hat, krakelig, beleidigend, der sieht seinen Post, meint, er wäre damit noch online,
aber die Welt sieht es nicht mehr." Hierzu bietet sich an, zuvor eine „Netiquette" zu definieren, welche Posts wie einzustufen sind. Dann könne man
auch ermahnen und an „die Regeln eines normalen Gedankenaustauschs"
erinnern. Löschen käme demzufolge nur in Frage, wenn gegen Gesetze verstoßen wird.

Die Frage nach einer Beantwortung beschreibt ein Interviewpartner wie
folgt: Eine Reaktion müsse höflich, bestimmt, angemessen und der Post
auf einem gewissen Niveau sein. Dazu gehöre auch, dass der Nutzer nicht
anonym sein dürfe. Die Pressestelle arbeite mit Kürzeln und sei dadurch
kenntlich. „Da kann ich dann hinschreiben, dass wir ja auch namentlich bekannt sind und namentlich angeschrieben werden. Und dass wir uns in der
Kommunikation natürlich freuen würden, irgendwen zur Kommunikation
zu haben, der sich namentlich zu erkennen gibt." Dabei stehe die Politik in
der Pflicht, eine bestimmte Netiquette und ein bestimmtes Niveau zu halten.
Sie habe Vorbildfunktion. Viele Posts müsse man aushalten und die Ruhe
bewahren. Es gelte, eine Kontinuität in der Kommunikation herzustellen,
und selbst die Kommunikation, dass es noch nichts Neues gebe, könne eine
Debatte beruhigen.

Die Hass-Rede wird potenziert in einem Shitstorm. Ein Wort ergibt das
nächste. Da jeder Shitstorm anders verläuft, gelte auch hier die Einzelfallentscheidung über den Umgang damit. Man müsse dabei trennen, was man
unter Kritik verstehe, welche Kritik berechtigt und welche außergewöhn-
lich sei, also über das gewöhnliche Netzrauschen hinausgehe. In vielen
Fällen schwäche sich ein solcher verbaler Sturm im Netz ab. Es sei die
eleganteste Form, einen Shitstorm zu lösen, wenn andere Nutzer zu Hilfe
eilen.

Man müsse auch aufpassen, dass ein Shitstorm entgegen mancher Annahme nicht als Ausdruck von Volkes Wille erscheine. Man müsse ebenso aufpassen, dass man gewisse Themen nicht „verschlimmbessere". „Ich erinnere mich an einen Fall des Weltunternehmens Nestlé, das geradezu empathisch die Menschen aufgefordert hatte, Fragen zu stellen. Die sind dann auch alle eingestellt worden, sehr kritisch, polemisch, satirisch. Und allein die Fragen reichten schon aus, um die Geschichte zu skandalisieren." Es sei ein weit verbreiteter Irrglaube, man könne mit einer Antwort ein Thema beruhigen. „In Wirklichkeit befeuert man die Geschichte nur, weil dann die Leute erklären: ‚Das sind alles nur Ausreden', ‚Stimmt doch nicht'. Ich behaupte, es ist in den meisten Fällen klüger, [den Shitstorm] einfach über sich ergehen zu lassen, als zu glauben, man könne ihn begleiten oder stoppen oder gar drehen." Umgekehrt müsse man der Vollständigkeit halber auch darauf hinweisen, dass es im Gegensatz zu Shitstorms auch so genannte Candystorms gebe, die positive Variante dazu, und dass es auch zu einer Vernunftwelle kommen könne, die aber nicht von alleine ausgelöst werde: „Sie muss aus allen Bereichen unserer Gesellschaft [. . .] befördert werden. Politiker wissen sehr wohl, was sie mit Worten anrichten können [. . .]."

Unabhängig vom Umgang mit Shitstorms weist ein Interviewpartner an dieser Stelle auf ein tieferliegendes Problem hin, nämlich dass wegen der Technologie, in der jeder Nutzer senden kann, „wir es jetzt mal ungefiltert ins Gesicht kriegen. Ich glaube, dass sowohl Regierende als auch Programmmacher oder Journalisten das nicht gewohnt waren, dass [es] da nach der vierten Gewalt plötzlich noch eine fünfte gibt, die das letzte Wort hat."

Da es sich beim Fall Homo-Ehe um eine Community handelte, die in der Gänze durch eine interpretierte Nachricht getroffen wurde, ist naheliegend, dass sich alle Mitglieder dieser Community betroffen fühlten – analog den extremen Tierschützern oder Stuttgart21-Gegnern, die aus den eigenen Kreisen und den eigenen Medien, die sich etabliert haben, informiert werden. Beispielhaft soll diese Community für eine Filterblase bzw. Echokammer stehen, in der die eigene Meinung widerhallt und es schwierig ist, rationale Informationen zu platzieren. Schließlich liege es auf der Hand, dass man sich seinesgleichen sucht. Das geben vier der 16 Befragten an. Man kann im konkreten Fall von den Empörten sprechen, von denen ein Interviewpartner behauptet, sie setzten die Themen und er erklärt das mit der Minderheit, die behauptet in der Mehrheit zu sein, weil sie lauter spreche. Dies erinnert wiederum an die Schweigespirale von Noelle-Neumann. Nur folgerichtig ist, dass vier der 16 Befragten Filterblasen die Funktionen Bestätigung und Verstärkung zuordnen.

Dennoch müsse eine Kommunikation die Intention verfolgen, in solche echo chambers rein zu kommen, weil sonst eine Parallelwelt entstehen könne. Man müsse individueller kommunizieren. Bei der Frage nach dem Wie gibt es keine erklärende Antwort, verschiedene Ansätze werden beim „Umgang mit Filterblasen" beschrieben. Ein Interviewpartner beschreibt es mit dem Prinzip Trial-and-Error, ein anderer mit gezielter Stakeholder-Kommunikation. „Früher hat man gesagt: ein Runder Tisch. Das gab es in der Politik schon immer, das gab es auch bei Unternehmen schon immer. Sprechen hilft. Sprechen kann digitales Sprechen sein, kann aber auch ganz originäres wie früher sein. Wenn man verschiedene Gruppen und Für- und Widersprecher an einen Tisch holt, kommt keine Filterblase zustande." Verschiedene Gruppen zueinander zu bringen, liegt als Intention den so genannten Bürgerdialogen zugrunde. „Man könnte ein Thema reingeben und schauen, welches Echo dazu rauskommt." Man könne dieses Phänomen auch positiv nutzen und stärker zur Wechselkommunikation einsetzen, um wieder in den Dialog zu kommen.

Lautet eine Empfehlung, einen Shitstorm über sich ergehen zu lassen, so steht dies diametral zum empfohlenen Umgang mit Fake News. Zwar solle man sich nicht verunsichern lassen und an seiner Linie festhalten, aber grundsätzlich eine falsche Nachricht entlarven und klarstellen. Diese Kombination des Widerspruchs stellt Kommunikatoren vor besondere Herausforderungen.

Bei der Entlarvung werden zwei Varianten unterschieden. Hat die Fake News nur eine geringe Reichweite, wird von einer Reaktion abgeraten wegen der Gefahr, die Nachricht damit bekannt zu machen. Es herrsche das Prinzip der „schwarzen Katze". „Das geht so: Dahinten ist die schwarze Katze in einer Ecke, dahinten ist so eine schwarze Katze, guck da doch mal hin. Eine schwarze Katze, guck doch mal da hin. Du guckst natürlich nicht dahin. Es wurde jetzt drei Mal über die schwarze Katze gesprochen und allein deshalb hast du an die schwarze Katze gedacht."

Die Kognitionswissenschaftlerin Elisabeth Wehling benutzt hierfür den Begriff des Framings. „Wer [...] die Frames seiner politischen Gegner nutzt, propagiert deren Weltsicht, und zwar höchst effektiv. Denn sprachliche Wiederholung von Frames -egal, ob sie verneint oder bejaht werden – stärkt diese in unseren Köpfen und lässt sie zunehmend zum gesellschaftlichen und politischen Common Sense werden."[196] Dies lässt sich auf das Prinzip „schwarze Katze" übertragen wie auch auf die Vorgehensweise und den kommunikativen und damit auch politischen Erfolg der AfD.

Interviewpartner warnen davor, auf jeden Post zu reagieren; man könne nicht alles mitmachen: „Man muss nicht auf jede Nachricht, die nicht stimmt, einsteigen, weil man oft sogar Gefahr läuft, dass man sie dadurch erst verbreitet. Das ist ja das Gefährliche, dass wenn ich erkläre: ‚Die Nachricht ist falsch' [...], dass der eine oder andere sagt: ‚Na ja, vielleicht stimmt sie ja doch!'" Es gelte, dass bei allen Fake News „immer irgendetwas zurückbleibt". Man dürfe sich aber nicht von Online-Kommentaren „irre machen lassen". Lautet die Entscheidung „Reaktion", so müsse diese „blitzartig" erfolgen, bevor eine Nachricht durch den viralen Effekt verbreitet wird. Es sei an das bereits beschriebene Beispiel der angeblichen Steuererleichterung für muslimische Unternehmen während des Ramadans erinnert: In solchen Fällen müsse man „einfach beinhart einschreiten". Für drei der 16 Befragten sind insbesondere Geschwindigkeit und Multiplizität relevante Faktoren, die auf die technologischen Entwicklungen zurückzuführen sind. Dabei müsse man dieselben Instrumente nutzen wie diejenigen, die sie verbreiten, nämlich die sozialen Medien und die diversen Kanäle, „um sehr schnell und sehr klar und sehr hart Geschichten entweder zu dementieren oder die Wahrheit zu verbreiten".

Inzwischen sind auch die technischen Hilfsmittel fortgeschritten. Diese könnten manipulierte Bilder ausfindig machen, Fälschungen in Texten stilistisch erkennen und anhand der Stimme in der Sprache Fake News offenlegen. Dabei sei auch ein Fake-News-Filter nach dem Vorbild eines Email-

---

[196] Wehling, E. (2016). Politisches Framing. Wie eine Nation sich ihr Denken einredet und daraus Politik macht. Köln: Halem. S. 191.

Spam-Filters technisch denkbar. Die Löschung von Fake News dürfe nicht mehr manuell geschehen, sie müsse automatisiert werden.

Bei der Klarstellung von Fake News wird die Nutzung des gleichen Kanals empfohlen, wobei die Regel Gründlichkeit vor Schnelligkeit gelte. Dabei müsse die Gegendarstellung rein sachlich sein: klar und konsequent, gelassen und bestimmt und „trocken". Die Sachlichkeit ist für sieben der 16 Befragten die Grundlage einer Reaktion – und es sollte eine journalistische Prüfung der Fakten vorausgegangen sein, wofür zwei der 16 Befragten plädieren.

Ein Interviewpartner spricht beim Umgang mit Fake News von einer individuellen Güterabwägung: „Ist es ein kleines Scharmützel, dann reicht auch der kollegiale Finger oder der persönliche Anruf, dann kann es auch unter dem Betriff Lausbubenstreich funktionieren. Aber man muss auch aufpassen, denn viele Lausbuben versauen einem auch das komplette Terrain, dann muss man eben dagegen vorgehen. Es ist schwer, da gibt es kein digitales Ja und Nein." Die öffentliche Aufmerksamkeit für Fake News habe dazu geführt, dass die Sensibilität höher sei als früher, wenngleich es Fake News schon immer gab. So sehen es drei der 16 Befragten.

Die hier skizzierten Ausführungen stehen für die Veränderung einer gesamten Branche. Raupp et al. fassen diese Veränderung wie folgt zusammen: „Die Beschleunigung des Kommunikationstempos hat durch Onlinemedien deutlich zugenommen. Folgen sind eine stark fragmentierte und diffuse politische Öffentlichkeit, eine höhere Dynamik, Unstetigkeit und Unübersichtlichkeit von Kommunikationsprozessen und eine nachlassende Aggregationsfunktion von politischen Organisationen."[197]

MONITORING IN ZEITEN DER DIGITALISIERUNG

Es liegt in der Natur der Sache, dass eine Hausspitze wissen möchte, wie erfolgreich eine Kommunikationsmaßnahme war. Was früher einfacher zu messen war, wird heutzutage durch das Mehr an Kommunikationsinstrumenten und -kanälen unübersichtlicher. Ein klassischer Pressespiegel reiche nicht mehr aus, wird betont, das Monitoring müsse ein anderes werden.

---

[197] Raupp, J., Kocks, J. & Murphy, K. (Hrsg.) (2018). Regierungskommunikation und staatliche Öffentlichkeitsarbeit. Implikationen des technologisch induzierten Medienwandels. S. 30.

Dabei sei klar, dass bei steigender Zahl von Kanälen der Aufwand größer wird. Es brauche technische Lösungen, was fünf der 16 Befragten so sehen. Andererseits sei ein Monitoring notwendig, um Fake News ausfindig zu machen und schneller auf diese reagieren zu können. Für das Monitoring der Regierungskommunikation 4.0 lässt sich das Mittel der W-Fragen anwenden:

- Wer: Jedes Monitoring brauche einen Menschen, der es auswerten, die Fakten checken und eine Plausibilitätskontrolle machen kann. Die Kompetenz sollte beim Regierungssprecher liegen.
- Wie: Diese Auswertung erfolgt sowohl quantitativ, müsse aber auch qualitativ sein.
- Was: Das Monitoring diene dem Zweck herauszufinden, welche Themen die Bevölkerung für relevant hält. Es stellt sich die Frage, ob sich die politische Agenda mit der Agenda der Bürger überschneidet. Diese Intention gab es schon vor dem Zeitalter der Digitalisierung, allerdings gäben die Nutzer heutzutage mehr Daten frei, was ein Monitoring interessanter macht.
- Wo: Da Nutzer lokalisiert werden können, bringt die Digitalisierung mit sich, dass das Monitoring herausfinden kann, in welcher Region welche Probleme herrschen.
- Wann: Das Monitoring diene auch heutzutage als Seismograph für Themen im Netz und damit in der Bevölkerung. Der Unterschied dieses Frühwarnsystems zu früher sei, dass keine Deadlines mehr existieren, womit ein Alarmsystem minütlich funktionieren müsse.

Während bislang der Fokus auf Klickzahlen und Reichweite und damit auf der quantitativen Auswertung liegt, stellt sich die Frage nach der neuen Währung im Internet: „Wenn der Erfolg einer Pressestelle bislang daran gemessen wurde, wie oft wir abgedruckt, im Hörfunk genannt, in den Abendnachrichten zu sehen waren, dann ist das immer noch eine wichtige Währung. Aber eben nicht mehr die alleinige. Es ist wichtig zu beobachten: Kommen wir vor, werden unsere Inhalte geteilt? Wenn nein, warum nicht? Haben wir vielleicht nicht die richtige Ansprache gefunden? Liegt es am Thema? Wer hat uns geteilt?" Die Kommunikation sei heutzutage nicht mehr mit Messgrößen wie Einschaltquote und Auflage zu bewerten.

Schließlich stehe die Zahl der Follower für sich ohne Mehrwert. Relevanter ist die Reichweite aufgrund des viralen Effekts. Damit müsse man von der quantitativen Auswertung zur qualitativen übergehen.

Zu einer qualitativen Auswertung und damit auch zu einer neuen Währung gehöre ebenso eine weitere, bislang wenig beachtete Form der Rückkopplung hinzu, das Eye-Tracking. Mit Hilfe der Frontkameras an Endgeräten könne man beim Nutzer beobachten, welche Stellen er auf dem Gerät betrachtet: „Wenn Sie so ein Eye-Tracking haben, dann können Sie ja noch individueller agieren, dann können wir ja sogar das Tempo der Präsentation der Augenbewegung anpassen. Ich merke, der starrt hier das Wort an, der hat das ja gar nicht kapiert. Ich biete ihm mal eine Übersetzung oder Erklärung an." Die Technik ließe sich so weiterentwickeln, dass beim Lesen der Geschichte „Der kleine Prinz" an einer gewissen Stelle eine gewisse Musik gespielt werde. Damit ließe sich Werbung noch intensiver personalisieren: „Die technischen Möglichkeiten sind enorm. [...] [Diese] auch im Sinne verbesserter *user experience* für eine optimierte Demokratie zu nutzen, [...] das ist schon eine Riesenherausforderung."

3 SCHLUSSFOLGERUNGEN FÜR MEDIEN, GESELLSCHAFT, REGIERUNG UND WISSENSCHAFT

3.1 IMPLIKATIONEN FÜR DIE NEUE MEDIENWELT

„Die von Marshall McLuhan [...] entwickelte Vision vom elektronischen ‚globalen Dorf‘ ist inzwischen Wirklichkeit geworden. Tatsächlich ist politische Information über die Medien heute so allgegenwärtig wie nie zuvor."[198] Sozusagen sekündlich ist Tag wie Nacht „eine immense Fülle vielfältiger Angebote an politischen Nachrichten, Hintergrundberichten, Analysen und Kommentaren in Zeitungen und Zeitschriften, Radio und Fernsehen, Videotext, Internet und Online-Diensten"[199] abrufbar.

„War öffentliche Kommunikation in den vergangenen Jahrzehnten weitgehend mit massenmedialer, durch Profikommunikatoren hergestellter Öffentlichkeit gleichzusetzen, so ist nun mit dem Social Web ein je nach Thema mehr oder weniger stark ausgeprägter vormedialer Raum entstanden [...]."[200] In diesem vormedialen Raum sind Social Media für die Auswahl und Verbreitung von Themen verantwortlich, die bekannten Standards klassischer Massenmedien zum Agenda Setting sind nur noch zweitrangig. „Damit ist der vormediale Raum ein hochgradig dynamischer Kommunikationsraum, in dem sich mehr oder weniger stark vernetzte Mikroöffentlichkeiten finden, die durch virtuell manifestierte soziale Beziehungen entstehen."[201]

Dabei ist festzustellen, dass in diesen neuen Öffentlichkeiten die Kluft zwischen Angebot und Nachfrage, also Nutzung immer größer wird: „Von

---

[198] Schulz, W. (2011). Politische Kommunikation. Theoretische Ansätze und Ergebnisse empirischer Forschung. S. 14.

[199] Ebd.

[200] Pleil, T. (2015). Online-PR. Vom kommunikativen Dienstleister zum Katalysator für ein neues Kommunikationsmanagement. S. 1023. In: Fröhlich, R., Szyszka, P. & Bentele, G. (Hrsg.) (2015). Handbuch der Public Relations. Wissenschaftliche Grundlagen und berufliches Handeln. Mit Lexikon. S. 1017–1038.

[201] Ebd.

der Fülle des Angebots wird nur ein Bruchteil genutzt und verarbeitet. Es hat auch nicht den Anschein, dass die Bürger durch das breitere Angebot politisch informierter und kompetenter geworden wären. Und die häufigere Medienpräsenz von Politikern, Parteien, Parlament und Regierung scheint eher eine skeptische Einstellung als größere Akzeptanz von Politik herbeizuführen."[202] Die Schnittmenge der Feststellungen von Schulz und Pleil sowie der hier befragten Interviewpartner zu den Auswirkungen der Digitalisierung auf das Mediensystem ist groß. Man kann ergänzen, dass insbesondere die Nutzung der Fülle des Angebots als kritisch angesehen wird, weil die Reizüberflutung bei den Rezipienten unterschiedliche Verhaltensweisen auslösen kann. Der Fokus gilt aber erst der medienhistorischen Einordnung.

„Spätestens seit Anfang des 21. Jahrhunderts befindet sich die Medienlandschaft in einem weitreichenden Wandel. Dieser Wandel hängt nicht nur mit der Mediennutzung zusammen, sondern auch mit neuen Mechanismen der öffentlichen Kommunikation. Betroffen sind hiervon aus PR-Sicht besonders das Informations- und Kommunikationsverhalten der unterschiedlichsten Bezugsgruppen und damit zusammenhängend eine veränderte öffentliche Sphäre."[203] Pleil nennt dabei „neue Publikations- und Darstellungsmöglichkeiten im Internet", die ein Kommunikationsmanagement vor neue Herausforderungen und Chancen stellen. Es gehe nicht darum, bewährte Instrumente „in den digitalen Raum" zu verlängern, sondern vielmehr um die Entwicklung neuer Ansätze.[204] Was Pleil für die PR-Branche beschreibt, gilt uneingeschränkt auch für die klassische Medienlandschaft: „Mit der Steigerung der Medienfunktionen kommt es zwangsläufig zur Vergrößerung ihrer Folgen, nämlich zu verstärkten strukturellen medialen Prägungen politischer Kommunikation, zur ubiquitären Verfügbarkeit medialer Politik und damit auch zu steigender Abhängigkeit von den Handlungslogiken und den typischen Verzerrungen in der medialen Politikdarstellung."[205]

---

[202] Schulz, W. (2011), a. a. O.

[203] Pleil, T. (2015). Online-PR. Vom kommunikativen Dienstleister zum Katalysator für ein neues Kommunikationsmanagement. S. 1017. In: Fröhlich, R., Szyszka, P. & Bentele, G. (Hrsg.) (2015). Handbuch der Public Relations. Wissenschaftliche Grundlagen und berufliches Handeln. Mit Lexikon. S. 1017–1038.

[204] Vgl. ebd.

[205] Schulz, W. (2011), a. a. O., S. 34.

„Wie die Geschichte zeigt, sind medientechnologische Entwicklungs-
schübe nicht mehr reversibel. Sie führen in der Regel nicht zu einem
Verschwinden ‚alter' Medien, sondern zu einem neuen Medienmix, was
Funktionalität und Gebrauch vorhandener medientechnischer Möglichkeiten anbelangt."[206] Sarcinelli nennt die Entwicklung von der Erfindung des
Buchdrucks, der Massendruckpresse, die Einführung des Rundfunks sowie die von der Digitalisierung geprägten Entwicklungen. Diese neueren
Entwicklungen bieten auch den klassischen Medien „neue internetgestütz-
te Plattformen und Vertriebswege für ihre Produkte"[207]. Während Sarcinelli
im Jahr 2011 noch über das Web 2.0 als „historischen Quantensprung"[208]
spekulierte, darf dies heute als bewiesen angesehen werden. Die digitalen Trends beeinflussen Produktion und Qualität massenmedialer Inhalte
maßgeblich, die Folgen sind weder medial noch gesellschaftlich absehbar.
Weder Entwicklungen noch Folgen machen vor der politischen Kommunikation – und der Regierungskommunikation im Speziellen – Halt. „Über
Umfang, Richtung und Wirkung der Einflüsse generalisierbare Aussagen
zu machen, verbietet sich jedenfalls derzeit"[209], schrieb Sarcinelli seiner-
zeit. Auch zehn Jahre später werden die Erkenntnisse – hier die Befunde
aus Experten-Interviews – nicht generalisierbar sein, geben aber einen Hinweis, in welchen Kontext die digitalen Entwicklungen eingebettet werden
können.

Der neue Medienmix von alten und neuen Medien spiegelt sich in den
Aussagen der befragten Experten wider. Es darf von einer Komplementärfunktion ausgegangen werden, wonach klassische Medien nicht vor dem
Aus stehen, sondern durch Social Media ergänzt werden. Die Geschäftsmo-
delle werden digital, warten aber noch auf ihren Durchbruch. Das Content-
Management verändert sich, aber auch hier scheinen die etablierten Massenmedien noch keine tragende Lösung gefunden zu haben. Klar aber ist,
dass ihr Alleinstellungsmerkmal, Nachrichten zu transportieren und Rezipienten damit beeinflussen zu können, verloren gegangen ist. Das Agenda

---

[206] Sarcinelli, U. (2011). Politische Kommunikation in Deutschland. Medien und Politikvermittlung im demokratischen System. S. 67f.
[207] Ebd.
[208] Ebd.
[209] Ebd.

Setting hat sich verändert. Themen, die die Nutzer sozialer Netzwerke platzieren, können sich wegen des viralen Effekts exponentiell verbreiten – stärker als über klassische Medien. Der Nutzer ist „Prosument". Damit löst sich auch die klassische Einbahnstraßen-Kommunikation von einem Massenmedium zu Rezipienten gänzlich auf, worüber sich die Interviewpartner einig sind.

Aus der Existenz von „Prosumenten" lässt sich für die Medienwelt der Begriff des Mitmach-Journalismus – negativ konnotiert: der Hobbyredakteure – ableiten, denen die Fähigkeit, Nachrichten richtig einordnen zu können, abzusprechen ist. Dies hat auch Folgen für den Umgang mit Gegendarstellungen. Heutzutage kann jeder Nutzer gegen aus seiner Sicht falsche Darstellungen angehen. Das Agieren von „Prosumenten" mag aus demokratietheoretischer Sicht positiv gesehen werden, weil jeder seine Meinung frei äußern kann. Gleichzeitig birgt es Gefahren: Das Prinzip *Audiatur et altera pars*, nämlich die Gegenseite zu hören, findet in sozialen Netzwerken für gewöhnlich nicht statt. Es dominiert die eigene und vermeintlich einzige wahre Meinung.

Der auf Art. 5 des Grundgesetzes der Bundesrepublik Deutschland basierende Journalismus und sein Pressekodex werden in Zeiten von Social Media ins Wanken gebracht. Social Media orientiert sich nicht an professionellen publizistischen Standards, womöglich sind den Nutzern Grundgesetzartikel und Pressekodex gar nicht bekannt. Mit der technischen Möglichkeit, dass jeder publizieren kann, was er denkt, kann auch jeder Nutzer jede Behauptung in den virtuellen Raum stellen. Die Qualität der (ungeprüften) Information steht dann im Hintergrund. Parallel dazu ist die Entwicklung zu beobachten, dass durch Auflösung der Dimension Raum Informationen aus aller Welt in deutschsprachige Systeme eingespeist werden können. Der Otto-Normalnutzer kann auf den ersten Blick die Herkunft einer Nachricht nicht erkennen, sie könnte manipuliert sein. Dies wird umso relevanter, als die Eigenschaft, eine Information zu hinterfragen, scheinbar zweitrangig wird: Für manche Rezipienten gelten Überschriften schon als gesamte Geschichte. Damit verliert die inhaltliche Ausgestaltung einer Berichterstattung an Wert, die der Überschrift nimmt zu. Dies erinnert genauso an den Trend zur Boulevardisierung wie ein steigender Unterhaltungsfaktor, der in sozialen Netzwerken als relevant in der Informationsbeschaffung angesehen wird. Aus den vorgenannten Gründen kann ein soziales Netzwerk nicht als seriöse Informationsquelle angesehen werden.

Für Sarcinelli mögen „die schwachen Bindungen" der sozialen Netzwerke „den Entwicklungstrends moderner Gesellschaften entsprechen": „Weil sich aber [...] Privates und Öffentliches, Relevantes und Irrelevantes zunehmend mischen, gewinnt die Frage nach den Maßstäben, die Frage nach Qualität und Selektion von Information, neue Bedeutung."[210] Er hält es für unwahrscheinlich, dass ein soziales Netzwerk wie Facebook einmal zum Leitmedium werden könnte. „Umso problematischer erscheint es, wenn die Orientierungsfunktion professioneller journalistischer Informationsselektion und -verarbeitung weiter an Bedeutung verlieren sollte. Denkbar und wünschenswert ist vielmehr ein Öffentlichkeitssystem, bei dem sich redaktionell-professionelle Informationsvermittlung auf der einen Seite und partizipative Vermittlung via Internet auf der anderen Seite ergänzen [...] und wechselseitig Anschlusskommunikation ermöglichen."[211]

Diese Anschlusskommunikation ist allerdings nicht zu verwechseln mit der oben beschriebenen Mobilisierung Gleichgesinnter, die schnell den Eindruck entstehen lassen kann, dass *trending topics* dem „Willen des Volkes" entsprächen und damit repräsentativ seien. Auch wurde bereits darauf hingewiesen, dass klassische Medien in ihrer Recherche u. U. auf Themen zugreifen, von denen sie online bereits stundenlang berieselt worden sind. Die Kombination beider Entwicklungen birgt die Gefahr der Manipulation des Agenda Settings und damit auch der Manipulation von Meinungen der Rezipienten. Es bedürfte neuer journalistischer Kontrollmechanismen in Redaktionen, bevor aus einem Online-Thema ein Print-Thema entsteht.

Ohnehin sehen sich Journalisten mit normativen Entwicklungen konfrontiert. Die etablierten Massenmedien haben in jüngerer Vergangenheit die Erfahrung machen müssen, dass sie nicht mehr als Aufklärer oder Transporteur von relevanten Informationen angesehen werden, sondern mit dem Vorwurf der Lügenpresse, der Manipulation und der Kollaboration mit herrschenden Eliten konfrontiert werden. Wurden sie bislang als eine vierte Gewalt im Staate angesehen, die neben einer Spiegelungs- auch eine Kon-

---

[210] Sarcinelli, U. (2011). Politische Kommunikation in Deutschland. Medien und Politikvermittlung im demokratischen System. S. 73.

[211] Ebd.

trollfunktion hatte, so werden sie heutzutage selbst kontrolliert. Es findet eine wechselseitige Medienkontrolle statt, die beiderseitig angelegt ist – sowohl der sozialen Netzwerke über die klassischen Medien wie auch umgekehrt. Medien beobachten Medien und nehmen Einfluss auf das Agenda Setting, was ebenfalls in beide Richtungen gilt. Daraus lässt sich ableiten, dass sich die etablierten Massenmedien in einer Phase der Neuorientierung befinden, in der sie sich auf ihre eigentlichen Stärken konzentrieren sollten: die Kontrolle des staatlichen Handelns, das Filtern von Informationen nach Relevanz, die einordnende und interpretierende sowie die Funktion der Orientierung. In Abgrenzung zu Social Media haben die traditionellen Massenmedien den Vorteil, dass sie Informationen strukturierter anbieten, die Breite der Debatte darstellen können und nicht nur Selbstvergewisserung stattfinden lassen. Der Journalismus sollte sich zu einer Wahrhaftigkeitsorganisation zurückentwickeln.

Russ-Mohl beschreibt eine Aufmerksamkeitsökonomie, die sich in eine Desinformationsökonomie fortgesetzt hat. In dieser sieht er einen „Vertrauensverlust gegenüber dem Journalismus und den Medien" sowie einen „generellen Vertrauensverlust [...] von Institutionen, der in Europa und den USA weit fortgeschritten ist. Ohne diesen Glaubwürdigkeitsverfall hätten Desinformations-Strategien weit geringere Erfolgschancen."[212]

Wer wahrhaftig arbeitet, legt die Basis für Glaubwürdigkeit und Vertrauen, die als Kompass in einer unüberschaubar anmutenden Medien- und Informationswelt dringender denn je benötigt werden. Es braucht (wieder) eine Instanz, die vertrauenswürdige Informationen produziert und dem gefühlten Informations-Overkill (Ein-)Ordnung gibt. Dass die Technologie den Nutzer in die Lage versetzt, sich zu jeder Zeit äußern zu können, steht diesem Anspruch entgegen. Es herrscht der Eindruck, es werde weniger recherchiert, weniger rückversichert und es gebe zu viele Schnellschüsse zu den Themen. Journalistische Standards können so nicht mehr garantiert werden. Dies gilt für die Nutzung von Social Media, dies färbt aber auch auf das klassische Mediensystem ab, in dem sich Standards verändern: Die Digitalisierung wirkt disruptiv auf Nachrichtenwerte und die Gatekeeper-

---

[212] Russ-Mohl, S. (2017). Die informierte Gesellschaft und ihre Feinde. Warum die Digitalisierung unsere Demokratie gefährdet. S. 121f.

Funktion von Journalisten. Letztere scheint sich auf die PR-Schaffenden zu verlagern. Parallel zum steigenden Druck und der Schnelligkeit in Kombination mit Sparmaßnahmen in Medienhäusern greifen Journalisten häufiger auf produzierte Materialien aus den sozialen Netzwerken zu. Dies wiederum wird demokratietheoretisch als fragwürdig angesehen und entspricht nicht dem Selbstverständnis des klassischen Journalismus. Dieser Umstand unterstützt die Determinationsthese von Schulz, wonach es zu einem „zunehmenden Autonomieverlust der Massenmedien als Resultat von Instrumentalisierungsstrategien des politisch-administrativen Systems"[213] kommt.

Der klassische Journalismus sah sich bislang stets technischen Knappheiten ausgesetzt. Medienhistorisch lässt sich einordnen, wie sich beispielsweise die Anzahl von Frequenzen und Kanälen in der analogen Technologie entwickelt hat. Das Internet hingegen ist unlimitiert. Es gibt inzwischen in der Verfügbarkeit professioneller, redaktionell häufig auch qualitativ hochwertig aufbereiteter Quellen eine Öffnung in eine Vielfalt, die nur durch das Mediennutzungsverhalten begrenzt wird. Man spricht in den Interviews der Experten von einer neuen Mediennutzungskaskade: Es existieren nicht nur mehr, sondern auch unterschiedlichere Medien, damit unterschiedlichere Quellen und gleichzeitig auch unterschiedlichere Rezeptionsweisen der von Institutionen gesteuerten, weil personalisierten Information. Auch auf diese Rezeptionskaskade wirkt die Digitalisierung disruptiv.

Ohnehin ist das Nutzungsverhalten neu zu analysieren. Nach wie vor sind *good news bad news*. In einer digitalen Informationsgesellschaft, in der eine Dauerberieselung mit eben jenen personalisierten Informationen stattfinden kann, liegt die Vermutung nahe, dass eine Flut negativer Informationen eine gewisse Ohnmacht erzeugt und sich der Nutzer von Informationen abwendet. Er schreckt vor der Informationsflut zurück, fühlt einen Überdruss: Eine Masse an Informationen wird als Hindernis für eine fundierte Information und als ein Mehr an Arbeit angesehen, um die Fülle an Informationen sortieren und verarbeiten zu können. Auch dadurch droht das Entstehen von Filterblasen, weil eine Reizüberflutung dazu führt, sich nur

---

[213] Schulz, W. (2011). Politische Kommunikation. Theoretische Ansätze und Ergebnisse empirischer Forschung. S. 49.

noch wenigen Kanälen und Informationen zu öffnen. Die Kombination aus Überforderung und Verunsicherung kann auch eine gewisse Aggressivität auslösen. Eine aggressive Grundhaltung in der Gesellschaft sucht sich ihr Ventil, die Regierung gilt dabei als ein potenzielles Ziel. Vor diesem Hintergrund ist der Ruf nach Orientierung in einer Mediengesellschaft nur allzu nachvollziehbar. Hierzu bieten sich die klassischen Massenmedien geradezu an.

Eine veränderte Medienwelt mit technischem Einfluss auf die Diskussionen im Netz, Nutzer, die selbst Nachrichten niederschwellig produzieren können, und eine unüberschaubar anmutende Informationsflut – all das evoziert die Frage nach den Themen, die in dieser Informationsgesellschaft vorherrschen. Dabei ist festzuhalten, dass sich die Rahmenbedingungen für den klassischen Ansatz des Agenda Setting verändert haben. Die Experten-Befunde lauten: Je onlineaffiner die Nutzer sind, desto relevanter sind Themen der digitalen Welt für sie. Es darf davon ausgegangen werden, dass die Onlineaffinität in der Gesellschaft zunehmen wird.

Es ist festzustellen, dass es bereits schlagkräftige Organisationen gibt, die online sehr aktiv sind und ihre Themen platzieren. Verbreiten sich diese Themen mittels des viralen Effekts und erzielen große Reichweiten, werden sie für die Medienwelt als relevant eingestuft. Deshalb ist es nachvollziehbar, wenn in Medienhäusern das Social Media-Monitoring ausgebaut und Themen auch in sozialen Netzwerken generiert werden, zumal Journalisten zuvor bereits in ihrer Meinungsbildung von eben diesen Netz-Themen beeinflusst worden sind. Über die Rolle von Trollen wird dabei ambivalent diskutiert. Einerseits handelt es sich bei ihnen um eine Art Lobbyisten, sind damit nicht prioritär zu behandeln, andererseits sind sie Teil des Souveräns und damit ernst zu nehmen.

Es liegt auf der Hand, dass man sich wissenschaftlich dem Nutzungsverhalten der Rezipienten weiter widmen sollte. Es ist dabei auch zu diskutieren, ob die von Pörksen genannten „vernetzten Vielen" mit ihrer Wirkmacht existieren. In den Interviews fällt die Bewertung ambivalent aus. Auch wird kontrovers darüber diskutiert, ob es sich um eine vermeintlich fünfte Gewalt im Staate handelt. Eine Machtverschiebung jedenfalls sei erkennbar, das einst passive Medienpublikum habe heutzutage Macht und Einfluss. Aus Passivität wird potenzielle Aktivität.

Geht es nach Sarcinelli, hat diese Machtverschiebung uneingeschränkt bereits begonnen. Er sieht in den Social Media einen Strukturwandel heranreifen, der zu einer „neuen und aktiven Öffentlichkeit" führt, die „nicht allein von professionellen Anbietern" gemacht wird: „Das ist Last und Chance zugleich. Eine große Herausforderung ergibt sich in diesem Zusammenhang darin, dass sich die bereits vorhandene mediale ‚Wissenskluft' (knowledge gap) nicht in einer ‚digitalen Spaltung' (digital divide) der Gesellschaft weiter fortsetzt und vertieft."[214] Ihm zufolge stehen Social Media für eine „nie da gewesene Pluralisierung von Sichtweisen und für die Diversifikation von Öffentlichkeit", es zeichnen sich „schon die Konturen neuer Hierarchien und Zentralitäten im virtuellen Raum ab"[215]. Macht werde neu verteilt. Diese Sichtweise wird auch von den befragten Experten geteilt.

Die veränderte Rolle des Rezipienten in der Mediengesellschaft ist aus einer weiteren Perspektive zu durchleuchten. Nicht nur die Regierungskommunikation sieht sich einer *24/7*-Erwartungshaltung ausgesetzt, dies trifft auch auf Medienhäuser zu. Die Schnelligkeit des Internets gilt auch für Medien – und zwar in der Aktion wie auch in der Reaktion. Das Echtzeit-Feedback auf Internet-Seiten der klassischen Massenmedien wird ebenso erwartet wie eine zeitnahe Berichterstattung über ein Ereignis. Die technologische Weiterentwicklung hat dazu geführt, dass die klassischen Strukturen von Anzeigen- oder Druckschluss aufgebrochen worden sind. Hier macht sich wiederum die Neubewertung der Dimensionen Zeit und Raum bemerkbar. Ereignisse zur amerikanischen Tagzeit fallen wegen unterschiedlicher Zeitzonen in die deutsche Nachtzeit – und werden genau dann für ein Medium relevant, selbst wenn es sich um ein Printmedium handelt. Blogger publizieren nicht in vorgeschriebenen Arbeitszeiten, sondern nach Gusto.

In der Konsequenz ist davon auszugehen, dass sich Pressezyklen weiter beschleunigen werden und sich das auf die alltägliche Arbeit der Journalisten auswirkt. Schnelligkeit geht einher mit einem steigenden Druck, publizieren zu müssen. Dies wiederum wirkt sich auf die Rechercheleistung aus und der Grundsatz *Gründlichkeit vor Schnelligkeit* wird auf eine erneute Probe gestellt.

---

[214] Sarcinelli, U. (2011). Politische Kommunikation in Deutschland. Medien und Politikvermittlung im demokratischen System. S. 72f.

[215] Ebd.

„Dass wir zwar rasch informiert sind, dass irgendetwas Furchtbares passiert ist, aber nicht in vergleichbarer Geschwindigkeit wissen können, was von alldem wirklich stimmt, wird offensichtlich, wenn man sich mit der Berichterstattung über Attentate und Terroranschläge befasst. Hier zeigen sich in brutaler Regelmäßigkeit folgende Muster: Sofort-Berichte, Sofort-Reaktionen, Falschmeldungen in Serie, allgemeine Desorientierung, pauschale Verdächtigungen; dies alles in den sozialen Netzwerken, aber durchaus auch in den etablierten Medien und den klassischen Redaktionen, die im Wettlauf um Geschwindigkeitspokale unbedingt mitmischen wollen."[216] Von den Experten wird dieses Phänomen auch mit dem „sofortigen Sofortismus" umschrieben. Demzufolge wird quasi minütlich bei Politikern eine Stellungnahme angefragt – unabhängig davon, ob die Nachrichtenlage einen neuen Input hergibt. Es handelt sich um ein rein medial gesehenes Erfordernis. Neu gegründete Rechercheverbünde gelten als erste Gegenbewegung zu dieser medialen Beschleunigungswelt.

Zu Beginn des Jahrzehnts war für Sarcinelli die „schöne neue Web 2.0-Welt... mehr Zukunftsmusik" denn „öffentlichkeitsrelevanter und vor allem politischer Faktor der Gegenwart".[217] Dies darf zum Ende des Jahrzehnts als überholt angesehen werden, wenngleich Sarcinellis Einschätzung durchaus verständlich ist: „Ein großer Teil dessen, was Social Web oder Social Media ausmacht, hat keine im engeren Sinne publizistische Funktion. Was als ‚sozial' bezeichnet wird, erweist sich in der Regel gesellschaftlich und politisch als nicht dauerhaft relevant. Denn es dient ganz überwiegend der Privat- und Gruppenkommunikation. Insofern sind die netzgestützten Communities auch nicht mit einer Kommunikation gleichzusetzen, die von öffentlichem Interesse ist. Allerdings bestätigen besondere Krisen oder Phasen (z. B. Kampagnen, Wahlkämpfe) als Ausnahmen diese Regel, wenn mit Hilfe des Social Web latent bereite Individuen oder Gruppen mobilisiert werden und sich als ‚aktive Öffentlichkeit' [...] artikulieren."[218]

---

[216] Pörksen, B. (2018). Die große Gereiztheit. Wege aus der kollektiven Aufregung. S. 47.

[217] Sarcinelli, U. (2011). Politische Kommunikation in Deutschland. Medien und Politikvermittlung im demokratischen System. S. 70.

[218] Ebd.

Russ-Mohl ordnet dieser Entwicklung grundsätzlich mehr Bedeutung und Relevanz zu. Er spricht von einer Aufmerksamkeitsökonomie, deren Eigendynamik den klassischen Journalismus bedrängt. „[Der Journalismus] hat nicht nur seine exklusive Schleusenwärter-Funktion verloren; auch seine Recherchekapazität schrumpft, selbst wenn da und dort Investigativ-Teams aufgebaut werden und Stiftungen solche Aktivitäten unterstützen. Zur Bedrängnis tragen auch *citizen journalists* bei, also Blogger und oftmals schlichtweg Selbstdarsteller [. . .]. Journalisten sind nicht mehr die Alleinentscheider, ob eine Nachricht Nachrichtenwert hat und damit ‚Zutritt' zum öffentlichen Raum bekommt."[219]

Schulz bemüht zur Einordnung der Metapher von den Massenmedien als Spiegel der Wirklichkeit eine „naive, wenn auch alltagspraktisch notwendige Sichtweise": „Für viele Realitätsbereiche haben wir keinen anderen Zugang zur Wirklichkeit als über die Massenmedien, und daher müssen wir uns darauf verlassen, dass sie uns objektiv und wahrheitsgetreu informieren. Bei genauer Prüfung, wie es mit wissenschaftlichen Methoden möglich ist, erweist sich jedoch die Spiegel-Metapher als unzutreffend. Es lässt sich stattdessen mit den Ergebnissen der Forschung besser vereinbaren, die Medien als informationsverarbeitende Systeme zu begreifen. Sie sichten und selektieren Informationen, interpretieren und bewerten diese, und entwerfen ein Weltbild, das den sozialen und politischen Bedürfnissen der Mediennutzer entgegenkommt."[220] Übertragen auf die Medienwelt, in der alte und neue Systeme zusammentreffen, kann weder von der objektiven und wahrheitsgetreuen Information ausgegangen werden noch von einem System, das Informationen interpretiert und bewertet und damit ein Weltbild entwirft. Die Architektur, die die sozialen und politischen Bedürfnisse der Rezipienten abbildet, muss in Frage gestellt werden. Zu heterogen präsentiert sich die Medienwelt mit ihrer Vielzahl an Kanälen, Formaten und Interessen der Nutzer, als dass ein solches Weltbild medial abgebildet werden könnte. Dabei ist spätestens seit der Schweigespirale von Noelle-Neumann bekannt, dass „Konsonanz [. . .] eine Bedingung

---

[219] Russ-Mohl, S. (2017). Die informierte Gesellschaft und ihre Feinde. Warum die Digitalisierung unsere Demokratie gefährdet. S. 57f.

[220] Schulz, W. (2011). Politische Kommunikation. Theoretische Ansätze und Ergebnisse empirischer Forschung. S. 76.

für starke Medienwirkungen" ist: „Gemeinsame Überzeugungen und Wertorientierungen wie auch übereinstimmende professionelle Orientierungen der Journalisten führen zu einer relativ homogenen Berichterstattung im gesamten Mediensystem. Zumindest zeitweise kann es zu einer stark übereinstimmenden Behandlung eines Themas oder einer Person auch durch Medien mit unterschiedlicher politischer Grundrichtung kommen."[221] Diese Annahme der Konsonanz scheint nach den vorstehenden Überlegungen zu den Auswirkungen von Social Media auf das klassische Mediensystem in Frage gestellt.

Pörksen hat drei Gesetze herausgearbeitet, die das veränderte „neue" Weltbild mitbestimmen. Sie basieren auf der veränderten Informationsverbreitung durch soziale Netzwerke. Pörksen nennt sie das „Gesetz der blitzschnellen Verbreitung", das „Gesetz der ungehinderten Veröffentlichung" sowie das „Gesetz der einfachen Dekontextualisierung und Verknüpfung". Er beschreibt damit die schnelle Verbreitung unter digitalen Bedingungen, die Auflösung der Dimension Raum sowie die Verbreitung von Informationen in immer neuen Kontexten. „Diese Formen der Informationsverbreitung sind für sich genommen weder gut noch schlecht, aber sie sind [...] auch nicht neutral. Sie wirken verschärfend, begünstigen und befördern eine Dynamik der unmittelbaren Eskalation und erzeugen den Schock der direkten Gegenwart, der totalen Präsenz des Ereignisses."[222] Die Gesetze stehen damit im Widerspruch zur oben genannten Sehnsucht nach einem Weltbild getreu der sozialen Bedürfnisse der Rezipienten.

Sarcinelli stellt indirekt die Frage nach dem Zusammenwachsen dieser alten und neuen Systeme, er zitiert Aldous Huxleys „schöne neue Welt" der „Neuen Medien" als „Weiterentwicklung des Internets im Web 2.0", die „historisch erstmals die Chance [bietet], dass Öffentlichkeit nicht mehr allein von Massenmedien ‚gemacht' wird, sondern als Artikulationsbühne einer aufgeklärten Aktivbürgerschaft ‚entsteht'. Dabei verbietet es sich eigentlich, die Öffentlichkeit des Internets isoliert von einer medienübergreifenden Öffentlichkeit zu betrachten, gibt es doch inzwischen vielfältige Verflechtungen zwischen dem Internet und den traditionellen Massenmedi-

---

[221] Schulz, W. (2011), a. a. O., S. 109.
[222] Pörksen, B. (2018). Die große Gereiztheit. Wege aus der kollektiven Aufregung. München: Carl Hanser Verlag. S. 46.

en Presse und Rundfunk."[223] Die Medienlandschaft befindet sich demzufolge in einem epochalen Wandel.

Eine oft zitierte Feststellung Luhmanns fasst schon früher zusammen, was die Medienwelt mit Presse, Funk, Fernsehen und Internet heutzutage ausmacht: „Was wir über unsere Gesellschaft, ja über die Welt, in der wir leben, wissen, wissen wir durch die Medien."[224] Nur selten allerdings ist überliefert, dass dies nur ein Teil des gesamten Zitats ist. Der Zusatz lautet: „Andererseits wissen wir so viel über die Massenmedien, dass wir diesen Quellen nicht trauen können."[225] Heute wird das Internet in diese Massenmedien explizit mit einbezogen.

Wie die Ausführungen zeigen, stellt eine Medienlandschaft, die sich grundlegend, weil disruptiv verändert, nicht nur die PR- und Medienschaffenden vor große Herausforderungen, sondern auch die Rezipienten. Ihnen Gefühl, Wissen und Verständnis für die neue Medienwelt zu vermitteln, darf als eine der größten Aufgaben in dieser Informationsgesellschaft angesehen werden. Dabei kommt dem Spannungsverhältnis zwischen Algorithmen und Demokratie die entscheidende Rolle zu.

3.2 Implikationen für die Mediengesellschaft

Wie die Ausführungen der befragten Experten gezeigt haben, ist von einer Komplementärfunktion der sozialen Netzwerke auszugehen, wobei die klassischen Massenmedien für die Demokratie weiter unverzichtbar sein werden. Womöglich wird ihre Bedeutung ob ihrer Orientierungsfunktion im Informations-Overkill wieder steigen; in einer Informationsüberflutung und einem Kampf um Aufmerksamkeit[226] wird die Herstellung von Orientierung immer notwendiger[227]. „Hier kommen neben technischen Lösungen

---

[223] Sarcinelli, U. (2011). Politische Kommunikation in Deutschland. Medien und Politikvermittlung im demokratischen System. S. 66f.

[224] Luhmann, N. (1996): Die Realität der Massenmedien. Opladen: Westdeutscher Verlag. S. 9.

[225] Ebd.

[226] Vgl. Zerfaß, A. & Boelter, D. (2005). Die neuen Meinungsmacher. Weblogs als Herausforderung für Kampagnen, Marketing, PR und Medien. Graz: FastBook, Nausner Consulting. S. 86.

[227] Vgl. Pleil, T. (2007). Online-PR zwischen digitalem Monolog und vernetzter Kommunikation. S. 11. In: Pleil (Hrsg.). Online-PR im Web 2.0. Fallbeispiele aus Wirtschaft

wie Suchmaschinen Nutzer bzw. Institutionen ins Spiel, die die Rolle digitaler Kuratoren einnehmen. […] Dabei ist digitales Kuratieren zumindest grundsätzlich sozial egalitär, wichtige Voraussetzungen für diese Rolle sind nicht Beruf oder Status, sondern eine hohe Themen- und Kommunikationskompetenz."[228] Unter diesen Bedingungen können Personen oder Organisationen zu neuen Meinungsmachern[229] werden, „wobei diese Rolle bei der Lenkung von Aufmerksamkeit beginnt. Dabei sind Akzeptanz und Vernetzung von Akteuren im Internet untrennbar verbunden und wichtige Elemente einer Onlinereputation. Sie wiederum kann als Element des Sozialkapitals verstanden werden."[230] Pörksen hält fest, dass es der vernetzten Gesellschaft noch nicht gelungen ist, ein „kommunikatives Register"[231] zu entwickeln, um mit der Ungewissheit und Orientierungslosigkeit umzugehen. Er bezieht dies zwar auf Krisenereignisse, die Aussage darf aber als allgemeingültig angesehen werden.

Hinzu kommt, so Russ-Mohl, dass Konzerne gemeinsam mit Geheimdiensten auf unsere Informationswelt wirken, in der „wir uns mit Facebook, Twitter, Snapchat und Youtube zu Tode amüsieren, und sie lassen uns dabei sogar die Illusion der Partizipation und Interaktivität. Letztlich entscheiden aber doch sie mithilfe ihrer intransparenten Algorithmen, was ein wachsender Teil der Menschheit erfährt und was nicht – überbordende Fluten von Infomüll inklusive."[232]

Diese veränderte Funktion des Kuratierens verändert das gewohnte demokratische System, wobei der Einfluss von Social Media ambivalent und kontrovers diskutiert wird. Es ist grundsätzlich weiter von einer klassischen Mediendemokratie auszugehen, in der laut Sarcinelli „Sichtbarkeit, Sympa-

---

und Politik. Konstanz: UVK. S. 10–32.

[228] Pleil, T. (2015). Online-PR. Vom kommunikativen Dienstleister zum Katalysator für ein neues Kommunikationsmanagement. S. 1020. In: Fröhlich, R., Szyszka, P. & Bentele, G. (Hrsg.) (2015). Handbuch der Public Relations. Wissenschaftliche Grundlagen und berufliches Handeln. Mit Lexikon. S. 1017–1038.

[229] Vgl. Zerfaß, A. & Boelter, D. (2005), a. a. O.

[230] Pleil, T. (2015), a. a. O.

[231] Pörksen, B. (2018). Die große Gereiztheit. Wege aus der kollektiven Aufregung. München: Carl Hanser Verlag. S. 49.

[232] Russ-Mohl, S. (2017). Die informierte Gesellschaft und ihre Feinde. Warum die Digitalisierung unsere Demokratie gefährdet. S. 331.

thie und Prominenz einen hohen Stellenwert"[233] haben. Eigenschaften, die auch auf soziale Netzwerke zutreffen. In dieser Mediendemokratie korrespondieren ihm zufolge „die Sehnsucht nach dem unmittelbaren Ausdruck eines medial dauerpräsenten Volkswillens mit einer ‚Abneigung gegen alles Institutionelle'"[234]. Auch dieser Widerspruch lässt sich auf die sozialen Netzwerke übertragen, in denen das Vertrauen in die Institutionen zu sinken scheint und stattdessen sich eine „Art Ted-Demokratie mit täglicher Zustimmungsmessung"[235] entwickelt. „Auf der Strecke bliebe dann das Bewusstsein für den institutionell-rechtlich vermittelten Legitimationsmodus als unentbehrlicher normativer Kristallisationspunkt von Liberalität und Freiheit – auch in der ‚Mediendemokratie'."[236] An anderer Stelle hält Sarcinelli fest, dass „das stimmungsdemokratische Element quasi-plebiszitärer Legitimationsbeschaffung über die Medien in den Vordergrund und die institutionell-verfassungsstaatliche Ordnung, aber auch das intermediäre System organisierter Willensbildung und Interessenvermittlung in den Hintergrund"[237] geraten.

Nach der Dominanz-Dependenz-These von Patrick Donges und Otfried Jarren hätten sich die politischen Akteure ohnehin bereits „an die Eigengesetzlichkeiten von Journalismus und Medien mehr oder minder angepasst, weil sie Thematisierungen und beim Publikum entsprechende Wirkungen erreichen wollen"[238]. Sie verweisen hierzu auf Thomas Meyers „Mediokratie" und die „Kolonialisierung der Politik durch die Medien".[239]

Geht man im Allgemeinen weiter vom großen Einfluss der Medien auf das politische System aus, so stellt sich die Frage, welche Rolle den sozialen Netzwerken im Speziellen zuteil wird. Es darf als bewiesen angesehen werden, dass in einer Demokratie mit den Prinzipien der Meinungsbildung

---

[233] Sarcinelli, U. (2011). Politische Kommunikation in Deutschland. Medien und Politikvermittlung im demokratischen System. S. 117.

[234] Ebd.

[235] Ebd.

[236] Ebd.

[237] Sarcinelli, U. (2011), a. a. O., S. 106.

[238] Donges, P. & Jarren, O. (2017). Politische Kommunikation in der Mediengesellschaft. Eine Einführung. S. 187.

[239] Vgl. Meyer, T. (2001). Mediokratie. Die Kolonialisierung der Politik durch die Medien. Frankfurt/M.: Suhrkamp.

und Meinungsvielfalt bloße Überschriften in Social Media nicht als qualitative Informationsquelle ausreichen. Deshalb braucht es weiterhin einen großen Medienmix, der auch als Quellenvielfalt ausgelegt werden kann – mit den klassischen Medien als Basis. Der CEO des Axel Springer-Verlags, Mathias Döpfner, postuliert dies: „Der beste Garant für den mündigen Bürger ist die Vielfalt der Information, der Meinungen und Wahrheiten unterschiedlicher Verleger, TV- und Radio-Sender oder Online-Anbieter."[240] Ob sich die Rezipienten dieser Vielfalt bedienen, ist eine andere Frage.

Selbst wenn man diese Quellenvielfalt im besten demokratischen Sinne unterstützt, kann sie im Internet nicht garantiert werden. Sie erfährt in der Praxis Einschränkungen, die von privatwirtschaftlichen Unternehmen wie den Betreibern der sozialen Plattformen vorgenommen werden. Da die großen Betreiber ihren Sitz außerhalb der Bundesrepublik Deutschland haben, werden diese sich nicht an das Grundgesetz gebunden fühlen.

Inwiefern, wie intensiv und wie differenziert diese Einschränkungen vorgenommen werden, ist noch nicht abschließend untersucht. Es darf davon ausgegangen werden, dass sie im Sinne einer personalisierten Werbung und damit stark differenziert vorgenommen werden. Daraus ergibt sich ein sehr heterogenes Nutzungsverhalten im Netz. Je heterogener das Rezipientenverhalten, umso schmäler wird die Basis gemeinsamer Themen, über die man sich austauschen kann. Man spricht auch von der Sekundärkommunikation, die durch Social Media verloren geht. Der gemeinsame Bestand an Information als Grundlage des demokratischen Diskurses schwindet, die zentrifugalen Kräfte wachsen, ebenso das Risiko des Aneinander-Vorbeiredens und des Sich-Missverstehens. Als Folge droht ein Auseinanderdriften der Gesellschaft.

Diese Meinungsvielfalt unterliegt weiteren Phänomenen, die durch die Digitalisierung in neuer Dimension diskutiert werden. Die Existenz von Filterblasen und Echokammern führt zu eben jenem oben beschriebenen Effekt des Auseinanderdriftens. Damit steigt auch die Gefahr der Manipulation der Rezipienten mit der Folge von Verschärfung und Zuspitzung der Themen, einer Segmentierung der Gesellschaft und der Aufspaltung in

---

[240] Zit. nach Homburger & Engel. In: Russ-Mohl, S. (2017). Die informierte Gesellschaft und ihre Feinde. Warum die Digitalisierung unsere Demokratie gefährdet.

Milieus, die sich untereinander kommunikativ verstärken und nach außen abgrenzen. Andersartige Meinungen schaffen den Einbruch in diese Kammern nicht.

„Mit *Clicks* und *Shares* sorgen also viele von uns im Zusammenspiel mit den Algorithmen der Suchmaschinen und sozialen Netzwerken dafür, dass Desinformation, urbane Legenden und Verschwörungstheorien sich in den sozialen Medien in atemberaubendem Tempo weiterverbreiten – und zwar jeweils in ganz bestimmten Resonanz-Räumen."[241] Diese Resonanz-Räume sind jene Filterblasen, die auch als Selbstvergewisserungsblasen beschrieben werden. Dies steht dem demokratischen Grundverständnis des Diskurses und dem Austausch unterschiedlicher Meinungen diametral entgegen. Dabei gilt die Meinungsvielfalt als essenziell für das demokratische System. Deshalb kommt dem Programmierer von Algorithmen eine besondere Verantwortung zu. Schließlich steuert der Mensch die Technologie und trägt damit selbst die Verantwortung für eine pluralistische Denkweise. Vor diesem Hintergrund kann ein Algorithmus durchaus behilflich sein, die Meinungsvielfalt herzustellen und Suchergebnisse nicht nur nach Interessen der Nutzer zu sortieren, sondern ihnen bewusst auch andersartige Informationen zu präsentieren.

Wer sich nur mit seiner eigenen Sicht auf die Welt auseinandersetzt, gerät leichter in die Gefahr, Fake News aufzusitzen, ist wegen des Tunnelblicks nicht in der Lage, sie zu erkennen und verbreitet mit einem Klick falsche Informationen weiter. Für Russ-Mohl kommt noch ein weiterer Faktor hinzu. Demnach haben Falschnachrichten „oftmals einen genuinen verführerischen Sex-Appeal, wohl auch deshalb, weil ein kreativer Kopf sie genauso erfinden kann, dass sie möglichst viele Nachrichtenfaktoren bedienen"[242]. In der Mediendemokratie weiß man, dass Ereignisse mit einem hohen Nachrichtenwert – bestimmt durch viele Nachrichtenfaktoren – auch medial stattfinden.

Die neue Dimension der Demokratie-Gefährdung wird darüber hinaus begründet mit der Geschwindigkeit der Verbreitung und der Multiplizität durch die Digitalisierung. Die Möglichkeiten zur Verbreitung sind vielfäl-

---

[241] Russ-Mohl, S. (2017). Die informierte Gesellschaft und ihre Feinde. Warum die Digitalisierung unsere Demokratie gefährdet. S. 102.

[242] Russ-Mohl, S. (2017), a. a. O., S. 101.

tiger, zahlreicher und niederschwelliger geworden. Auch ihre Aufmachung und Nicht-Auffindbarkeit unterliegen einer gewissen Professionalität. Es ist deshalb darauf hinzuweisen, dass gefälschte Informationen in Social Media zur Nachricht in klassischen Medien werden (können). Sie finden den Weg von der virtuellen in die reale Welt und erreichen damit das Ziel ihrer Absender. Es ist bekannt, dass Fake News höhere Reichweiten als ihre Richtigstellung erzielen.

Die Generierung höherer Reichweiten lässt sich heutzutage mit digitaler Technik realisieren. Social Bots sind in der Lage, sich als real existierende Personen auszugeben und den viralen Effekt zur Verbreitung von (gefälschten) Informationen zu nutzen. Dem Demokratieprinzip liegt allerdings der Geist des Menschen zugrunde. Als potenzielle Gefahren, die von Social Bots ausgehen, werden deshalb neben der Vortäuschung einer realen Person die Beeinflussung der politischen Debatte, eine Art technische Lüge mit dem Potenzial, das Verhalten von Rezipienten zu manipulieren, sowie ein nicht nachvollziehbares und sich entwickelndes Eigenleben genannt.

Für Russ-Mohl spielen Social Bots in seiner Desinformationsökonomie eine entscheidende Rolle. Zum einen glaube der Nutzer durch den Vertrauensverlust von Institutionen Desinformations-Strategien eher. Zum anderen „gilt es zu sehen, dass Algorithmen, Social Bots und künstliche Intelligenz sich nicht nur massiv auf den Journalismus und die Art und Weise, wie wir (des)informiert werden, auswirken, sondern absehbar in nahezu alle Bereiche unseres Lebens auf den Kopf stellen werden. Zu den Fehlleistungen und Eigentoren des Journalismus zählt fraglos, dass er uns diese neuen Lebens- und Horror-Welten noch viel zu wenig nahebringt, obschon wir längst spüren, dass es kein Entkommen zu geben scheint."[243]

Andererseits werden Bots als technische Hilfsmittel beschrieben, um das demokratische System zu festigen. Begründet wird dies damit, dass Bots zu rein informativen Zwecken eingesetzt und damit für das Regierungssystem Ressourcen freigesetzt werden können, um mit Bürgern reell in Kontakt zu kommen. Noch nicht bewiesen ist der Einfluss von Social Bots auf die politische Willensbildung.

---

[243] Russ-Mohl, S. (2017). Die informierte Gesellschaft und ihre Feinde. Warum die Digitalisierung unsere Demokratie gefährdet. S. 121 f.

Nach Marshall McLuhan ist das Medium die Botschaft. Allerdings wird in diesem Zitat selten mit überliefert, dass der Satz eine Fortsetzung hat: *„The medium is the message – and the user is its content!"* Wenn der Nutzer also der Inhalt der Botschaft ist, stellt Pörksen zurecht die Frage nach den vernetzten Vielen und deren Daseinsberechtigung als vermeintlich fünfte Gewalt im Staat, worin er die Empörungsdemokratie zu erkennen glaubt.

Beim Übergang der oben beschriebenen Medien- zu Pörksens Empörungsdemokratie spielen soziale Netzwerke die entscheidende Rolle. Aus dem Interviewinhalt geht hervor, dass den vernetzten Vielen durch die Digitalisierung eine Stimme gegeben worden ist – und diese auch das letzte Wort haben, nicht mehr der Politiker mit seinem Interview. Sie könnten dadurch Druck ausüben und Themen platzieren. Daraus lässt sich eine Machtverschiebung ableiten, mit der Minderheiten vom viralen Effekt profitieren und ihre Macht immer größer wird. Die Macht verschiebe sich durch die Infrastruktur Internet weg vom Anbieter hin zum Nachfrager; in der Wirtschaft ist dies der Kunde, in der Politik jeder einzelne Bürger. Es ist davon auszugehen, dass das wahre Ausmaß dieser Machtverschiebung gedanklich noch nicht in der Gesellschaft und Wissenschaft angekommen ist. Jedenfalls hätten es eine Bewegung wie Pegida oder eine Partei wie die AfD deutlich schwieriger gehabt, ohne Digitalisierung Gleichgesinnte für ihre Themen zu sensibilisieren und Gruppierungen zu mobilisieren. In den Interviews der Experten wird vor einem sich entwickelnden Meinungskartell gewarnt, das weder durch die Wahrheit legitimiert noch durch Repräsentativität bestätigt und gerechtfertigt wird. Die Argumentation wird damit begründet, dass Politik auf Themen im Netz reagiert – und damit in die Gefahr gerät, Themen aufzugreifen, die nur Minderheiten-Themen sind. Man kann in solchen Fällen auch von einer Pseudo-Massenbewegung sprechen.

Andererseits herrscht unter den Interviewten auch die Auffassung, dass keine fünfte Gewalt existiere, wobei bisweilen demokratietheoretisch bereits die vierte angezweifelt wird. Gleichzeitig wird den vernetzten Vielen eine Agenda-Wirkmacht abgesprochen, zu schwer wiege das Argument der leidenden Glaubwürdigkeit von Social Media.

Unabhängig von der Diskussion über eine mögliche Überführung der Medien- in eine Empörungsdemokratie sieht sich das politische System einer neuen Geschwindigkeit ausgesetzt, die die Demokratie unter Druck setzt. In einer Demokratie ist der Austausch von Meinungen unabdingbar – und dies gilt insbesondere für Abstimmungen in Regierungen im Allgemeinen und Koalitionsregierungen im Speziellen. Man differenziert dabei zwischen der Darstellungs- und Herstellungsebene. Letztere funktioniert ob der Digitalisierung schneller – was man exemplarisch auf die Technologie der Email im Gegensatz zum Fax zurückführen kann – aber immer noch nach den herkömmlichen Prozessen. Politik und Regieren finden überwiegend auf dieser Herstellungsebene statt, die sich neuen Herausforderungen ausgesetzt sieht: Alte Strukturen treffen auf neue Erwartungshaltungen. Es handelt sich dabei um ein neuartiges Spannungsverhältnis zwischen Demokratie und Digitalisierung. Nur wenige Themen erreichen öffentliche Aufmerksamkeit und gelangen auf die Darstellungsebene.

Informationen, Positionen und Aussagen, die es auf die Darstellungsebene schaffen, treffen dort auf breite und wegen der Digitalisierung auf neue Öffentlichkeiten, zu denen es für „einzelne Nutzer des Internets als auch für Organisationen"[244] einen „kaum begrenzten Zugang"[245] gibt. Bei der Bewertung dieser Öffentlichkeiten in sozialen Netzwerken sehen die Interviewten einen Verfall der Kultur im Umgang miteinander. Zurückzuführen ist dieser auf die Anonymität des Netzes („Je anonymer, desto schlimmer"), auf die Möglichkeit, mittels technischer Hilfsmittel seine Meinung verbreiten zu können, sowie auf die Geschwindigkeit des Netzes, die zur schnellen Reaktion anregt. Eine schnelle Reaktion wiederum animiert zu schnellen Gegenreaktionen. Je schneller die Reaktion ausfällt, umso weniger stark ist sie reflektiert – wie aus den Interviews hervorgeht.

Ferner wird der Eindruck beschrieben, dass die Hemmschwelle gesunken ist und dies zu einer Enthemmung gegenüber Eliten und Führungspersonen führt. Es herrsche eine Verrohung und Verflachung der Debatte. Im Experten-Interview werden Politiker als „teilweise Freiwild" beklagt:

---

[244] Pleil, T. (2015). Online-PR. Vom kommunikativen Dienstleister zum Katalysator für ein neues Kommunikationsmanagement. S. 1020. In: Fröhlich, R., Szyszka, P. & Bentele, G. (Hrsg.) (2015). Handbuch der Public Relations. Wissenschaftliche Grundlagen und berufliches Handeln. Mit Lexikon. S. 1017–1038.

[245] Neuberger, C. & Pleil, T. (2006). Online-Public-Relations: Forschungsbilanz nach einem Jahrzehnt. Im Internet abrufbar: http://www.scribd.com/doc/100124234/Neuberger-Christoph-Pleil-Thomas2006-Online-Public-Relations-Forschungsbilanz-nach-einem-Jahrzehnt (Zugriff: 29.11.2018).

Was man für sich selber in Anspruch nimmt, gelte für Politiker nicht mehr. Hass-Rede ist ein Phänomen, bei dem die Härte der Sprache bei gleichzeitiger Aufgabe der Anonymität zugenommen hat. Dies zeigt sich nicht nur in sozialen Netzwerken, sondern auch in der klassischen Briefform an Politiker.

Nun wäre es ein Einfaches, als Begründung die Bildungspolitik und damit die Medienkompetenz heranzuziehen. Hierzu herrscht unter den Experten Einstimmigkeit, nämlich dass das derzeitige Bildungssystem nicht für die Herausforderungen der digitalen Welt aufgestellt ist. Dies gilt insbesondere deshalb, weil weder die Curricula an Schulen, geschweige denn die Lehrerausbildung darauf ausgerichtet sind – und dies bei einer rasend anmutenden Schnelligkeit der Digitalisierung. Hier trifft sprichwörtlich erneut der Tanker auf das Schnellboot, das sich mit seinen flinken Wendungen stets neuen Begebenheiten anpassen kann.

Aus den Expertenaussagen geht hervor, dass die Medienkompetenz insgesamt zu schwach ausgeprägt sei. Fünf Aspekte sind hervorzuheben:

1. Es fehlt grundlegend die Eigenschaft, Nachrichten von Meinungen zu unterscheiden. Damit darf unterstellt werden, dass der Nutzer womöglich die Meinung eines anderen als wahre Tatsache annimmt und weiterverbreitet.

2. Man kann zwar zu jeder Meinung eine Bestätigung einholen, aber es fehlt ein kritisches Hinterfragen. Auch hier gilt, dass der Nutzer sich in die Gefahr der Abhängigkeit zu einer falschen Tatsache oder Behauptung gibt.

3. Der Nutzer ist zu befähigen, Manipulationen und Falschnachrichten selbst erkennen zu können. Dies gilt sowohl für Texte wie auch für Fotos und Bewegtbilder. So lässt sich das Risiko eindämmen, dass Fake News geteilt werden.

4. Jeder Nutzer sollte verstehen, dass das Internet keine Exklusivität beansprucht und es andere (vertrauenswürdigere) Informationsangebote gibt. Es ist an das demokratische Grundprinzip der Meinungsvielfalt zu erinnern. Dies wirkt vorbeugend gegen die Weiterverbreitung von falschen Informationen.

5. Ebenso wird aber auch darauf hingewiesen, dass der Mensch dazu befähigt werden sollte, Social Media zu nutzen. Damit liegt die Verant-

wortung nicht mehr nur allein in der Bildungspolitik, sondern bei jedem einzelnen Bürger, der nach und nach diese Mittel an die Hand bekommt, aber nie den Umgang damit gelernt hat. Richard Nixon wird ein Zitat zugeschrieben, das es treffend zusammenfasst: „*With great power goes great responsibility.*"[246]

Russ-Mohl sieht diese Verantwortung ähnlich. Jeder Nutzer sollte öfters prüfen, bevor er etwas *liked* oder teilt. „Dass Hassbotschaften und Fake News sich verbreiten, hat [...] auch damit zu tun, dass viele Menschen sehr großzügig mit dem ‚Like'- und ‚Share'-Button umgehen. Die Angewohnheit, wahllos zu teilen, ohne vorher ge[k]lickt und gelesen zu haben, erkläre, weshalb die Internet-Kultur sich in eine Jauchegrube verwandeln konnte."[247]

Ein Ansatz zur Erklärung des Verfalls der Medien-Kultur mit dem Aufkommen des Internets steckt in der Intention der Nutzung von Social Media. Martin Altmeyer hat sich dahingehend mit dem Seelenleben und der Suche nach Resonanz auseinandergesetzt. Er stellt fest, dass Social Media Menschen, die nicht der Elite angehören, „die Flucht aus der Anonymität in die Sphäre sozialer Sichtbarkeit erlaubt"[248]. Sie nutzen die „Chance auf mediale Spiegelung", „auf ein Echo aus der Umwelt"[249] ausgiebig. „Mit dem exzentrischen Selbst entwickelt sich ein moderner Persönlichkeitstyp, der auf der Suche nach sozialer Resonanz aus sich herausgeht, um sich und der Welt zu zeigen, was in ihm steckt – ganz gleich, was das ist."[250]

Der Nutzer findet in sozialen Netzwerken die Befriedigung zwischenmenschlicher Grundbedürfnisse wie: sich miteinander zu verbinden, zu kommunizieren, sich füreinander zu öffnen, sich auszutauschen und von-

---

[246] Diversen Quellen zufolge soll der US-Präsident 1972 nach der Unterzeichnung der SALT-Verträge zur Begrenzung der strategischen Rüstung im russischen Fernsehen eine Rede an das russische Volk mit genanntem Zitat gehalten haben. Andere Quellen nennen regelmäßig Spider-Man mit „Aus großer Macht folgt große Verantwortung." Unabhängig der Urfassung steht hier die Bedeutung im Vordergrund.

[247] Russ-Mohl, S. (2017). Die informierte Gesellschaft und ihre Feinde. Warum die Digitalisierung unsere Demokratie gefährdet. S. 329.

[248] Altmeyer, M. (2016). Auf der Suche nach Resonanz. Wie sich das Seelenleben in der digitalen Moderne verändert. Göttingen: Vandenhoeck & Ruprecht. S. 13.

[249] Ebd.

[250] Ebd.

einander Antworten zu bekommen. Die „digitale Moderne" verhelfe im „zeittypischen Drang zur medialen Sichtbarkeit" dazu, das „elementare Resonanzverlangen" zufrieden zu stellen. Somit stellen Social Media ein „historisch einzigartiges, allen zugängliches Resonanzsystem, unter dessen Spiegel-, Echo- und Verstärkerwirkungen sich die Menschen stärker aufeinander beziehen – im Guten wie im Bösen"[251] dar.

Altmeyer argumentiert in eine ähnliche Richtung wie Hartmut Rosa, der in der Resonanz die „Grundsehnsucht nach einer Welt, die einem antwortet"[252], sieht. „Resonanz ist kein Gefühlszustand, sondern ein Beziehungsmodus."[253] Folgt man seiner Resonanz-Theorie, so handelt es sich bei der Demokratie um ein „Resonanzversprechen": „Gesetze und Autoritäten sollten uns nicht feindlich gegenüberstehen oder indifferent, sondern uns antworten[, nämlich] dialogisch."[254] „Demokratie funktioniert dann, wenn ein Resonanzverhältnis geschaffen wird – man fragt, bekommt eine Antwort, und diese zwei Stimmen agieren zusammen."[255]

Die Resonanz-Funktion kann als Begründung verschiedener Phänomene der Digitalisierung dienen. Rosa sieht dieses Verhältnis der beiden Stimmen, die zusammen agieren, momentan gestört. „Die Menschen haben das Gefühl, dass der Resonanzdraht zur politischen Welt durchgeschnitten ist."[256] Wer nicht gehört, gesehen, gemeint oder adressiert werde, fordere dieses Bedürfnis ein. „Die fehlende Selbstwirksamkeit wird wettgemacht, indem ich mich bemerkbar mache und dem anderen meinen Willen aufzwinge. Zum Beispiel, indem ich ihm eine reinhaue. Wir beobachten das

---

[251] Altmeyer, M. (2016), a. a. O., S. 10.

[252] Rosa, H. (2016). „Langsamer machen reicht nicht". Achtsamkeit als Trend. Ein Interview von Eva Thöne. Spiegel Online vom 21.03.2016. Vgl. zur Definition von Resonanz auch Rosa, H. (2017). Resonanz. Eine Soziologie der Weltbeziehung. 5. Auflage. Berlin: Suhrkamp. S. 298.

[253] Rosa, H. (2017), a. a. O., S. 288.

[254] Rosa, H. (2016). „Langsamer machen reicht nicht". Achtsamkeit als Trend. Ein Interview von Eva Thöne. Spiegel Online vom 21.03.2016.

[255] Rosa, H. (2017). Darum haben Trump und die AfD so viel Erfolg. Interview im Münchner Merkur online vom 22.01.2017. Im Internet abrufbar: https://www.merkur.de/politik/interview-prof-dr-hartmut-rosa-ueber-resonanz-wirksamkeit-afd-donald-trump-und-populismus-zr-7313606.html (Zugriff: 12.11.2018).

[256] Ebd.

auch bei der Gewaltforschung. Täter schlagen zu, um sich wieder zu spüren. Ähnlich ist das auch bei Hate-Speech – man schlägt verbal zu."[257] Dies führe zwar nicht zur Befriedigung des Resonanzbedürfnisses, aber endlich mal wieder zu einer Reaktion. Rosa nennt das „den vibrierenden Draht, den man braucht, um Resonanz überhaupt zu ermöglichen"[258] und erklärt damit eine Theorie, die man auch als ‚Theorie der affektiven Resonanz' bezeichnen könnte. Ihr zufolge stellt dieser vibrierende Draht zwischen Subjekt und Welt emotionssoziologisch die Verbindung zwischen eben jenen beiden her. Das Subjekt wird von einem Weltausschnitt berührt und bewegt – und es reagiert mit einer emotionalen Bewegung mit intrinsischem Interesse und einer entsprechenden Wirksamkeitserwartung.[259] „Affekt (von lat. A*dfacere* bzw. af*ficere* – *an*tun) und Emotion (von lat. *emovere* – *hinaus*bewegen) bilden dann also den ‚Draht', dessen bidirektionale Schwingung sich in spielerischer Form vielleicht als Affekt und Emotion darstellen ließe."[260]

Diese Theorie der affektiven Resonanz, bei der aus der Emotion und der intrinsischen und damit emotionalen Erwartungshaltung einer Resonanz gehandelt wird, darf als Ergänzung der Theorie der kognitiven Dissonanz von Festinger angesehen werden, die sich insbesondere in Noelle-Neumanns Schweigespirale wiederfindet.[261] Erst schirmt sich der Nutzer kognitiv von anderen Meinungen ab, dann reagiert er emotional, also affektiv in der Erwartung einer Resonanz.[262]

Rosa erklärt mit ihr auch Protestbewegungen wie Pegida, für die eine Störung der Resonanzbeziehung vorliegt: „Die Politiker hören nicht mehr auf uns, die haben die Beziehung verloren."[263] Dabei gehe es den Bürgern weniger darum, in eine unmittelbare Beziehung treten zu wollen, sondern vielmehr darum, „in einem Großkörper [zu] fusionieren". „Je nationalisti-

---

[257] Ebd.

[258] Ebd.

[259] Vgl. Rosa, H. (2017). Resonanz. Eine Soziologie der Weltbeziehung. 5. Auflage. Berlin: Suhrkamp. S. 279.

[260] Ebd.

[261] Vgl. hierzu auch Schweiger, W. (2007). Theorien der Mediennutzung. Eine Einführung.

[262] Siehe zu den Nutzungsmotiven auch Schweiger, W. (2007), a. a. O., S. 111.

[263] Rosa, H. (2016). „Langsamer machen reicht nicht". Achtsamkeit als Trend. Ein Interview von Eva Thöne. Spiegel Online vom 21.03.2016.

scher und faschistischer es wird, desto weniger geht es um das Wahrnehmen der Welt [...]. Alles, was anders ist, stumm machen, genau das steckt auch aktuell in diesem Ausruf ‚Wir sind das Volk‘.“[264] Als Beispiel für Nationalismus und Faschismus werden die Nazis mit ihren Liedern, Fahnen und Fackeln als Resonanz- bzw. Echoraum genannt. An anderer Stelle dieser Arbeit wird der Echoraum Filterblase bzw. Echokammer genannt. Birgit Stark sieht dabei die Filterblase als Voraussetzung für das Abrutschen in eine Echokammer. Diese Untersuchung erklärt die genannten Phänomene mit der Co-Existenz der Theorie der kognitiven Dissonanz und der Theorie der affektiven Resonanz.

Der Staat steht also in der Pflicht, sich nicht nur mit den disruptiven Veränderungen in der Regierungskommunikation, sondern sich auch mit dem gesellschaftlichen Ausmaß zu beschäftigen. Die Bildungspolitik sei hier nur stellvertretend genannt. Es ist zu klären, wie ein demokratisches System mit Algorithmen und all den Auswirkungen umgehen soll. Dabei sei ausdrücklich darauf hingewiesen, dass Phänomene wie Hass-Rede, Fake News oder Filterblasen nicht erst durch die Digitalisierung erfunden worden sind. Die Technologie verhilft ihnen aber zu einer Durchschlagskraft unbekannten Ausmaßes. Dies haben die Interviews und die oben skizzierte Theorie der affektiven Resonanz gezeigt.

Diese Einordnung stützt auch Russ-Mohl, der die Technologie ebenfalls als Treiber sieht. „Wenn die Produktionskosten für Fake News und Stimmungsmache mithilfe von Bots gegen Null gehen, obendrein keine wirksamen Kontrollen und keine ernst zu nehmenden Sanktionen drohen und die Verursacher, die mit solchen Programmen arbeiten, noch nicht einmal feststellbar sind, dann herrschen jedenfalls für all diejenigen, die mit Desinformation und Desorientierung ihren Vorteil suchen, paradiesische Ausgangsbedingungen.“[265] Dieses absichtliche Wirken gegen das demokratische System führt unmittelbar zu einem Spannungsverhältnis zwischen Demokratie und Technologie und, wie im vorliegend untersuchen Fall beschrieben, zu Spannungen zwischen Demokratie und Algorithmen.

---

[264] Ebd.

[265] Russ-Mohl, S. (2017). Die informierte Gesellschaft und ihre Feinde. Warum die Digitalisierung unsere Demokratie gefährdet. S. 113.

Es stellt sich die Frage, wie mit diesem Spannungsverhältnis umgegangen werden kann, für das Russ-Mohl „paradiesische Zustände"[266] sieht. Beim Staat liegt die Möglichkeit der Regulierung nahe. Diese ist notwendig, wenn die Intransparenz den Staat gefährdet (Stichwort: Fake News und Social Bots, Einfluss des Auslands auf Wahlen), wenn Menschen in Folge der Technisierung unerreichbar werden, weil sie für einen Algorithmus nicht mehr ins Raster passen, sowie als eine Antwort auf die Schnelligkeit der Entwicklung durch eine kluge Gesetzgebung. Trotz des digitalen Tempos brauchten Regelungen Zeit, um handwerklich und vorausschauend aufgesetzt und verabschiedet werden zu können.

Russ-Mohl unterstreicht genau dies und sieht in der Undurchsichtigkeit der Algorithmen, „mit denen die Plattformen den Nachrichtenverkehr steuern, und die Macht, diese jederzeit zu ändern"[267], einen großen Unsicherheitsfaktor für die gewohnte Mediendemokratie. Bell und Owen gehen einen Schritt weiter und sehen die klassischen Medien zwar in der Lage „frei [zu] entscheiden, was sie auf Facebook posten, aber der Algorithmus entscheidet, was die Leser erreicht"[268]. „Was heute funktioniert, garantiert nicht zukünftigen Erfolg."[269]

Es wird unter den Experten darüber diskutiert, ob eine neue Währung im Internet zielführend sein könnte. Solange die Klickzahlen, also die Generierung von Reichweite, als alles entscheidend angesehen werden, werden Nutzer und Betreiber das so genannte *clickbaiting* weiter vorantreiben. Interessant sind allerdings Fragen wie: Wie lange liest jemand einen Artikel? Liest er ihn ganz? Wird er archiviert? Wird er geteilt? Daraus leitet sich die nächste noch nicht beantwortete Frage ab: Was ist Relevanz – und wer definiert sie? Hier ist eine nationale Regulierung naheliegend.

Für die weitere Regulierung werden in den Interviews die verpflichtende Herstellung von Transparenz zur Arbeitsweise von und die generelle Kennzeichnungspflicht für Algorithmen genannt. Es könnte ein TÜV- oder

---

[266] Ebd.
[267] Russ-Mohl, S. (2017), a. a. O., S. 96.
[268] Bell, E. & Owen, T. (2017). The Platform Press: How Silicon Valley Reengineered Journalism. S. 10 und 53. Im Internet abrufbar: http://towcenter.org/wp-content/uploads/2017/04/The_Platform_Press_Tow_Report_2017.pdf (Zugriff: 20.11.2018).
[269] Ebd.

Qualitätsstempel eingeführt werden, weil ein Verbot keine Lösung sei. Eine Digitalisierung geht einher mit der Auflösung der Dimension Raum. Damit liegt auf der Hand, dass technische Mittel nicht vor nationalen Grenzen Halt machen. Eine potenzielle Regulierungsmaßnahme kann demzufolge keine alleinige Aufgabe des Bundes sein, vielmehr handelt es sich um eine EU-weite oder gar globale Herausforderung. Dass diese globale Lösung aussichtslos erscheint, nimmt den nationalen Gesetzgeber wiederum in die Pflicht, nationale Regelungsmöglichkeiten auszuschöpfen. Es müssten im Netz Verantwortlichkeiten definiert werden. Was für jedes Presseerzeugnis gilt, hat auch für das Internet zu gelten. Dass dieser Argumentation das Betriebsgeheimnis ausländischer privatwirtschaftlicher Unternehmen gegenübersteht, muss gelöst werden. Zumal jedes Unternehmen an Gesetze gebunden ist – auch die Betreiber von Plattformen oder Suchdiensten. Es ist darüber nachzudenken, wie sie zu gewissen Sorgfaltskriterien zu verpflichten sind – wozu jedes Medienhaus durch den Pressekodex auch verpflichtet ist. Standards für die klassischen Massenmedien sollten auch für Social Media gelten.

Algorithmen sind neutral, und was man damit macht, entscheidet ein Mensch. Dieser Mensch unterliegt sozialen Normen, die es allgemeinverbindlich zu überprüfen gilt. Soziale Normenbildung vollzieht sich bekanntlich in der Gesellschaft von unten nach oben oder tatsächlich durch den Gesetzgeber und damit quasi von oben nach unten. In diesem Konstrukt ist für den Algorithmus als bestimmendes Element der sozialen Norm kein Platz.

Die sozialen Normen hierzulande stützen sich auf das Grundgesetz der Bundesrepublik. Die dort verankerten Prinzipien sind zu schützen, insbesondere die Meinungsfreiheit und diese insbesondere durch den Staat und seine Garantie. Allerdings gebe es auch für diese Medaille eine Kehrseite, so die Experten. Jeder Prosument, der produziert, konsumiert und Nachrichten verteilt, ist für sein Tun und Handeln verantwortlich. Russ-Mohl nennt das Wortspiel vom „Prosumer" eine Binse: „Dass intransparent bleibt, wie Nachrichten und damit auch Fake News an wen verteilt werden, spricht allen Prinzipien Hohn, die postulieren, dass Demokratie letztlich auch auf gleichberechtigtem Zugang der Stimmbürger zu den wichtigsten Nachrichten und Informationen beruht."[270]

Der Mensch macht die Technologie zu dem, was sie ist. Deshalb sind nicht nur Staat und Plattform-Betreiber in der Pflicht, sondern es ist auch jeder einzelne Bürger in die Verantwortung zu nehmen. Das Internet ist kein rechtsfreier Raum, auch dort gelten Regelungen wie das Allgemeine Gleichbehandlungsgesetz. Wer dagegen verstößt, ist ordnungs- und/oder strafrechtlich zu verfolgen.

3.3 IMPLIKATIONEN FÜR DIE REGIERUNGSKOMMUNIKATION IN DER PRAXIS

Die disruptive Wirkung der Digitalisierung ist unbestritten. In der Regierungskommunikation 4.0 – der Begriff entlehnt sich der Industriellen Revolution 4.0 – werden die Dimensionen Raum und Zeit neu bewertet. Bildlich gesprochen wird der Schmetterling mit seinem Flügelschlag in die Lage versetzt, einen Tsunami auszulösen. Dieser wirkt sich nicht mehr regional, sondern grenzenlos national oder gar international aus. Die Auflösung von Grenzen wird umso bedeutender, als auch die Dimension Zeit eine neue Bewertung erfährt. Posts sind heutzutage nicht nur schnell produziert und publiziert, sondern auch schnelllebig überholt oder erledigt. Diese Geschwindigkeit wirkt für den vom Schmetterling ausgelösten Tsunami exponentiell. Er ist in der Lage, in kürzerer Zeit größere Flächen zu verwüsten. Es geht also um die Auswirkungen des viralen Effekts.

Das schnelle und grenzenlose Verbreiten von Informationen darf deshalb als Quantensprung für die Regierungskommunikation angesehen werden, weil die Kommunikation so zielgerichtet wie noch nie zuvor in der Medienhistorie möglich ist. Sie funktioniert individualisiert, Streuverluste können damit vermieden werden. Eine zielgerichtete Ansprache bedeutet auch, in kürzerer Zeit mehr relevantes Publikum erreichen zu können. Damit einher gehen neue Möglichkeiten zur Mobilisierung Gleichgesinnter, was sowohl für die Regierung, für die Befürworter wie auch für die Gegner einer Regierung gilt. Der Einsatz von und die Vernetzung in Social Media

---

[270] Russ-Mohl, S. (2017). Die informierte Gesellschaft und ihre Feinde. Warum die Digitalisierung unsere Demokratie gefährdet. S. 226.

darf aus den vorgenannten Gründen für die Regierungskommunikation 4.0 als essenziell angesehen werden. Zwei Perspektiven unterstreichen dies: Zum einen möchte man am Lagerfeuer dabeisitzen, zum anderen aber auch wissen, was die anderen am Lagerfeuer über einen sagen.

Dies gilt umso mehr, als sich nicht nur die Regierungskommunikation, sondern auch die Medienwelt durch Social Media verändert hat. Soziale Netzwerke berieseln die klassischen Medien stundenlang, bevor diese zu einem Ereignis publizieren können. Ein Einfluss ist zwar nicht bewiesen, darf aber als gegeben angenommen werden. Damit scheint auch die Gültigkeit des Prinzips „Wer schreit am lautesten" in Ansätzen begründet zu sein. Eine mobilisierte Gruppe, die mit den technologischen Möglichkeiten ihre Sicht der Dinge kundtut, findet den Weg in die klassischen Medien.

War Kommunikation bislang ein Steuerungselement für die Regierung (Faustregel: Erfolgreiche Politik ist zu 99 Prozent erfolgreiche Kommunikation), so kann man inzwischen von einem Verlust dieser Steuerungsmöglichkeit und damit von einer Machtverschiebung sprechen. Die Ware Information gewinnt an Relevanz: Es ist zu unterscheiden zwischen einer schlichten und einer glaubwürdigen, um nicht zu sagen: journalistischen Information.

Die Veränderung der Medienwelt wirkt sich auch auf deren Inhalte und Darstellung aus. Die Regierungskommunikation 4.0 hat sich in der Berichterstattung auf eine stärkere Individualisierung und Personalisierung einzustellen. Regierungsverantwortliche geraten persönlich schneller in den Fokus. Diese Schnelligkeit bewerten die Interviewpartner mit einhelligem Tenor: Es entsteht der Eindruck eines Echtzeit-Kanals, der wiederum eine hohe Deutungskonkurrenz auslöst. Dies hat für die Regierungskommunikation zur Folge, dass sie „always on" zu sein hat und die internen Abläufe zur Findung einer Sprachregelung als mögliche Zitation, der alle betroffenen Protagonisten zugestimmt haben, beschleunigt werden müssen. Deadlines brechen auf, Pressezyklen werden schneller und die Reaktionszeiten kürzer. Das Gebot für die Regierungskommunikation liegt dabei darin, kein Wettrennen um die schnelle Schlagzeile einzugehen.

Eine schnelle Schlagzeile mag kurzfristig erfolgreich sein, ihre Langfristwirkung darf angezweifelt werden. Die Welt ist komplex, es existiert meist nicht die eine Antwort auf eine vermeintlich einfache Frage. Aufgabe der Regierungskommunikation ist es, Themen in Zusammenhängen einzuordnen – und zwar wohl überlegt und fachlich fundiert, auch, um einem Informations-Overkill vorzubeugen. Dies ist umso wichtiger, als Social Media in der Lage sind, einen „Whataboutism" auszulösen: Dessen Funktionsweise zufolge wird eine Lösung von den Rezipienten zwar angenommen, dank des Interaktion ermöglichenden Rückkanals aber unmittelbar nach einem neuen Thema gefragt.

Eindämmen lässt sich das Phänomen des „Whataboutism" mit steigender Glaubwürdigkeit. Wer einer Marke (im konkreten Fall: Regierungsinstitution) vertraut, neigt weniger dazu, sprichwörtlich ein neues Fass aufzumachen. Verkörpert wird die Glaubwürdigkeit einer Institution kraft Amtes vom Führungspersonal, also der Regierungsspitze. Dabei gilt insbesondere für die Regierungskommunikation die bewährte Faustregel: „Alles, was gesagt wird, muss wahr sein. Nicht alles, was wahr ist, muss gesagt werden." Sachlichkeit und Rationalität steigern die Seriosität, damit die Glaubwürdigkeit und damit das Vertrauen. Es darf festgehalten werden, dass die Regierungskommunikation 4.0 durch die Digitalisierung alte Phänomene in neuer Wucht erlebt.

Neu ist, dass die Bürger nicht mehr nur in Wahlen ihren politischen Willen direkt ausdrücken können, sondern täglich – mit der Chance auf Publikumsakzeptanz. Ein Wahlkampf in Zeiten von Social Media findet nicht mehr alle vier Jahre statt, sondern mit jedem Klick. Ein Klick in Social Media ist gleichzusetzen mit der Bewertung eines Posts: Der Rezipient drückt sein Gefühl mittels eines Emoticons aus oder er teilt einen Beitrag kommentierend und damit wertend. Da dies *24/7* stattfinden kann und Politik von der Vermittlung und dem Diskurs lebt, hat Regierungskommunikation sozusagen ebenso ständig stattzufinden. Sarcinelli formuliert es so: „Demokratische Politik ist zustimmungsabhängig und damit auch begründungspflichtig. Deshalb ist jedes demokratische System auf die Legitimation durch Kommunikation angewiesen. Kommunikation sollte dabei nicht nur Mittel zur Erreichung politischer Ziele sein. Sie ist kein Appendix, sondern integraler Teil von Politik, weil Kommunikation selbst politisches Handeln ist."[271]

Diese vermittelnde Kommunikation sollte erklärend sein: Es genügt nicht mehr nur eine Botschaft abzusetzen, die Kommunikationsmaßnahme ist auch zu begründen und in einen Kontext zu stellen. Auch dies gehört zur Aufgabe der Regierungskommunikation – ebenso wie die Herstellung von Akzeptanz und Transparenz; wobei die größte Schwierigkeit in der Persuasion liegt. Für die Umsetzung wird vorausgesetzt, den Rezipienten in seiner individuellen Sprache und Ausdrucksweise erreichen zu können.

Regierungskommunikation setzt deshalb auch eine Disziplin zur internen Organisation einer Meinungsbildung voraus. Als Hort der Wahrhaftigkeit muss das Ergebnis der Abstimmung rechtsmittelfähig zu sein. Um rechtsmittelfähig zu sein, bedarf es einer rationalen Basis, Affekte sind auszublenden. Je emotionaler die Diskussion in sozialen Netzwerken geführt werden, umso nüchterner – und empathischer – muss die Regierungskommunikation reagieren. Sie darf sich nicht von Empörungswellen beeindrucken lassen und hat auch in ihrer Sprache und Ausdrucksweise ein gewisses Niveau einzuhalten. Es ist deshalb kein leichtes Unterfangen, mit den Rezipienten „auf Augenhöhe" zu kommunizieren, einer Eigenschaft, die guten Politikern nachgesagt wird. Zielgruppe der Regierungskommunikation muss immer die Breite der Gesellschaft sein.

Es braucht in einer Regierungszentrale ein Innovations-Lab, um die Kommunikation der Zukunft testen zu können. Dazu gehört die Frage, ob bekannte Robot-Techniken aus dem Journalismus auch in die Regierungskommunikation übersetzt werden können und welche Zukunft die Plattform-Technologien für die Regierung haben. Der Regierungskommunikation kommt aus Gründen der Neutralität mehr denn anderen Branchen (Stichwort: freie Wirtschaft) die Verpflichtung zu, klassische und neue Medien zugleich zu bedienen.

Die Regierungskommunikation 4.0 darf – oder: muss – sich hierfür technischer Hilfsmittel bedienen. Während Avatare noch Zukunftsmusik zu sein scheinen, liegt der Einsatz von Social Bots auf der Hand: Sie sind

---

[271] Sarcinelli, U. (2011). Politische Kommunikation in Deutschland. Medien und Politikvermittlung im demokratischen System. S. 350.

dort gerechtfertigt, wo wertneutrale Informationen (Auskünfte, Beschlüsse) transportiert werden. Andererseits werden Bots in der politischen Kommunikation grundsätzlich als unmoralisch angesehen, weil der Kern der politischen Auseinandersetzung und der politischen Meinungsbildung der Austausch von Argumenten Mensch zu Mensch ist. Über den Einsatz technischer Hilfsmittel ist im Einzelfall zu entschieden.

Technische Innovationen bringt man für gewöhnlich nicht zuallererst mit einer Behörde in Verbindung. Die Interviews zeigen allerdings, dass es keine Trennung mehr zwischen „alter" und „neuer" Medienarbeit mehr geben darf. Die Online-Kommunikation zählt auch im Sinne einer integrierten Kommunikation zum integralen Bestandteil der Gesamtkommunikation. Alle Maßnahmen zur Kommunikation, auch die der klassischen Öffentlichkeitsarbeit, sind in einer Einheit zu bündeln, die sinnvollerweise beim Regierungssprecher angesiedelt ist.

Damit kommt auf die Regierungskommunikation als struktureller Einheit einer Behörde eine Vorbild-Funktion zu, in der der Kulturwandel vorgelebt werden sollte. Dabei geschieht der Wandel in der Organisation nicht getrennt bottom-up oder top-down, sondern indem beide Ansätze das gleiche Ziel verfolgen und sich sozusagen in der Mitte treffen.

Zur Gestaltung des Kulturwandels in der Behörde empfiehlt es sich, den Mitarbeitern eine größtmögliche Sicherheit zu geben. Ein potenzielles Mittel ist die Ausarbeitung von Social Media-Guidelines, die als Handreichung zum professionelleren Umgang mit sozialen Netzwerken in Dienst und Freizeit (respektive bei Beamten) verstanden werden sollten.

Diesem Kulturwandel darf auch die Sprache zugeteilt werden, die in einer Verwaltung grundsätzlich eher auf die Kommunikation innerhalb der Behörde oder von Behörde zu Behörde ausgerichtet ist. Für diese Behördensprache ist in Zeiten von Social Media eine höhere Übersetzungsleistung in eine Alltagssprache nötig, die im Sinne einer Informationsspeicherung und -weitergabe niederschwellig der Regierungskommunikation zur Verfügung stehen sollte, um eine schnelle Reaktion zu gewährleisten. Es bietet sich hierzu eine Quellendatenbank mit autorisierten Zitaten der Hausspitze an. So lassen sich Abstimmungswege in einer Behörde zur Autorisierung verkürzen. Strukturell bietet sich hierzu auch die Einrichtung eines Newsrooms nach dem Vorbild von Newsdesks in Redaktionen von Medienhäusern an, in denen wöchentliche Redaktionspläne ebenso erstellt werden wie das Schichtsystem des Social Media-Teams. In solchen Newsrooms herrschen flache Hierarchien, um schnell handlungsfähig zu sein. Trotz und gerade wegen der gebotenen Schnelligkeit sollte das Vier-Augen-Prinzip als Standard gelten. Das Vertrauen der Regierungsspitze in die Kommunikatoren gilt dabei als fundamentale Voraussetzung. Es handelt sich um strukturelle Veränderungen, die Behörden bislang fremd waren.

Werden strukturelle Anpassungen vorgenommen, müssen diese vom Personal umgesetzt werden. Demzufolge verändern sich auch die Anforderungen an die Personalpolitik. Die Bedeutung der Regierungskommunikation für den Kulturwandel ist bereits dargestellt worden. Auch die Regierungskommunikation kann man personalisieren, nämlich durch den Regierungssprecher. Dieser sollte medial wie technisch kompetent sowie offen und aufgeschlossen sein, Trends kennen und erkennen, alle Medien verstehen und bedienen können, die neuen Techniken der 360-Grad-Kommunikation beherrschen und empathisch sein, weil jede Situation neu bewertet und individuell behandelt werden muss.

Während im politischen System ein Hang zur Kontrolle herrscht, geht mit sozialen Netzwerken ein gewisser Kontrollverlust einher, was dazu führt, dass die Anforderungen an das Personal dahingehend steigen, dass ein gesamtes System überblickt werden muss, um die Folgen besser einordnen zu können. Das Personal der Regierungskommunikation hat journalistische Kompetenzen, politisches Verständnis, ist technisch bewandert, kann fotografieren und Videos produzieren, ist empathisch, um die Rezipienten zu verstehen, kann die Behörden- in die Alltagssprache übersetzen und unter hohem Zeitdruck zwischen affektiv und kognitiv unterscheiden und dadurch professionell kommunizieren. Diese Eigenschaften erfordern eine zusätzliche Expertise, die in den klassischen Ausbildungen (noch) nicht verankert sind. Hier besteht dringender Nachholbedarf.

Vor dem Hintergrund der gestiegenen Anforderungen an das Personal und dessen Ausbildung sollte mehr in Technologie und Köpfe investiert werden. Während die landläufige Meinung vorherrscht, die Digitalisierung sei mit Personalabbau gleichzusetzen, zeigt sich in der Medienbranche das Gegenteil: Es braucht in einer Kommunikationsabteilung mehr Personal, um den gestiegenen Herausforderungen gerecht werden zu können. Dies gilt insbesondere vor dem Hintergrund, dass heutzutage eine Pressestelle nach dem Prinzip *24/7* zu organisieren ist. Eine Pressestelle sollte multifunktional mit Expertisen verschiedener Disziplinen wie Soziologie, Politologie, Germanistik oder Journalistik sowie mit *digital natives* besetzt werden.

Die *digital natives* können hilfreich sein, da sie nicht nur mit der Technologie dieses Jahrtausends aufgewachsen sind, sondern auch die Denkweise ihrer Generation besser verstehen. Dies ist von Relevanz, weil mittels sozialer Netzwerke der Rezipient – hier: der Bürger – sich direkt an eine Regierungsinstitution wenden kann. Das klassische SOR-Modell, wonach zwischen Sender und Empfänger noch der Journalist als „Medium" steht, ist aufgebrochen. Ein Merkmal von Social Media ist nicht nur der user generated content, sondern auch die Interaktion, in die der Rezipient Erwartungen setzt.

Eine direkte Kommunikation hat zur Folge, dass die Kommunikation individueller und damit auch detaillierter wird. Kommunikatoren haben auf die Bedürfnisse der Rezipienten einzugehen, was bei reinem Informationsbedürfnis durchaus auch mit technischen Hilfsmitteln wie einem Social Bot erledigt werden könnte. Eine Orientierung an der Zielgruppe bedeutet auch, dass die Botschaft für die Rezipienten verständlich sein sollte. Da sich die Zielgruppen nicht mehr nur auf einer einzigen Plattform aufhalten, sind die verschiedenen Plattformen ausfindig zu machen und zu bedienen. Als herausforderndste Zielgruppe werden dabei junge Menschen beschrieben.

Bereits vor der Digitalisierung richtete sich die Kommunikation an verschiedene Medien und Kanäle. Die Anzahl der Medien hat sich inzwischen um das Internet vergrößert, die Zahl der Kanäle dabei um ein Vielfaches. An dieser Vielzahl von Kanälen hat sich die Regierungskommunikation 4.0 auszurichten. Man spricht auch vom Mix der plattformgerechten Verteilung von Informationen, zumal die Zielgruppe der Regierungskommunikation die Breite der Gesellschaft darstellt. Bedienen kann sich die Regierung dabei der so genannten Multiplikatoren-Channels, die in Kooperationen mit Bloggern entstehen und ungewöhnliche Formate entwickeln können. Die Kommunikation ist heutzutage nicht mehr nur am Rundfunk auszurichten, sondern auch an Smartphones oder digitalen Sprachassistenten wie Amazon Echo.

Die bereits erwähnten Formate werden als probates Mittel angesehen, um bewährte Kanäle zu durchbrechen und dort an Relevanz zu gewinnen, wo man bislang noch nicht präsent war – und um dadurch neue, interessante Zielgruppen zu erreichen. Eine Pressekonferenz samt Pressemitteilung als Mittel der Kommunikation reicht demzufolge nicht mehr aus; im Trend liegen eigene Kommunikationskanäle mit eigenem Material und mehr Video statt Text. Der Trend zum Video kann begründet werden mit der Parallelität zum Bewegtbild beim Fernsehen: „So wie wir unseren Augen trauen, verlassen wir uns auch auf die Berichterstattung der Medien, und das umso mehr, wenn wir das mediale Weltbild in so lebendiger und scheinbar authentischer Weise präsentiert bekommen, wie das bei audiovisuellen Medien der Fall ist. Bei der Einschätzung von Objektivität und Glaubwürdigkeit der Massenmedien durch die Bevölkerung schneidet daher das Fernsehen am besten ab."[272] Die Technik kann bei der Eigenproduktion hilfreich sein, den Inhalt in fremde Sprachen zu übersetzen und damit die Zielgruppe nicht unerheblich zu erweitern. Insbesondere in Zeiten der Diskussion um Migration und Integration bietet sich hierzu in der und durch die Kommunikation eine flankierende Maßnahme an.

Andererseits zeigen diese Kommunikationsmaßnahmen auch Grenzen auf. Das Nutzerverhalten hat sich dahingehend verändert, dass Videos in Social Media mobil, in Sitzungen oder an Bushaltestellen konsumiert werden – meist also ohne Ton. Das Untertiteln eines Videos darf als Standard angesehen werden, wofür die Komplexität des Themas reduziert werden muss. Sarcinelli verbindet die Reduktion von Komplexität mit symbolischer Politik, der in Form von „geeigneten Begriffen, Sprachformeln oder Bildern [...] eine legitime Verweis- und Verdichtungsfunktion zukommen"[273] kann. Dies beinhaltet gleichzeitig die Gefahr eines Qualitätsverlusts. Anders formuliert: Weder mit 280 Zeichen (auf Twitter) noch mit 90 Sekunden-Videos (bei Facebook) lässt sich Politik machen.

Journalisten reichen solche Formate bei der Ausübung ihrer Profession durchaus. Sie sind nämlich darauf angewiesen, Zitatgeber zu finden,

---

[272] Schulz, W. (2011). Politische Kommunikation. Theoretische Ansätze und Ergebnisse empirischer Forschung. S. 78.

[273] Sarcinelli, U. (2011). Politische Kommunikation in Deutschland. Medien und Politikvermittlung im demokratischen System. S. 350.

die ihnen Informationen geben – oder bestätigen. Vor dem Hintergrund der aufgelösten Dimension Zeit bedeutet das, dass ein Journalist schneller als früher jemanden finden kann, der sich zu einem Thema äußert. Politische Akteure befürchten in einer solchen Situation, an der Diskussion und damit an der Meinungsbildung nicht mehr ausreichend zu partizipieren – und reagieren deshalb schneller, um mediale Beachtung zu finden. Dies steht im Gegensatz zur Empfehlung, sich nicht auf ein Wettrennen um die schnelle Schlagzeile einzulassen.

Die regelmäßige Nachfrage nach Zitaten und Einschätzungen von Politikern hat für Kommunikatoren zur Folge, dass die Reaktionszeiten und damit auch die Entscheidungsfindung einer Sprachregelung verkürzt werden. Man befindet sich in einer Welt der Echtzeitdiskussion, in der es darum geht, wer in der ersten Meldung mit der ersten Botschaft erwähnt wird. Wer nicht binnen kürzester Zeit geantwortet hat, gilt als meinungslos. Allerdings darf eine schnelle Reaktion nicht mit einer schnellen Information gleichgesetzt werden. Wein wird besser, je länger er reifen kann. Man möchte hinzufügen, dass dies auch für Zitate gilt.

Hatte ein Kommunikator prä-digital mehr Zeit und Muße zum Nachdenken, steht er heute unter Druck, sich binnen kürzester Zeit zu informieren, sich abstimmen und dann kommunizieren zu müssen. Insbesondere in Krisenfällen setzt sich inzwischen durch, dass im Zweifel eine Reaktion auch „Wir haben noch keine Erkenntnisse" oder „Wir prüfen noch" lauten darf. Die Intention dieser Prozesskommunikation, Zeit zu gewinnen, steht dann im Vordergrund.

In sozialen Netzwerken gewinnt man den Eindruck, dass insbesondere Emotionen im Vordergrund stehen. Deshalb hat sich Regierungskommunikation mit der Emotionalisierung von Themen zu beschäftigen. Auf der einen Seite können Emotionen der Regierungsinstitution hilfreich sein. Sie machen ein Thema greifbar und spannend und lassen sich beispielsweise über den Einsatz von Bildern herstellen. Gleichzeitig schaffen sie Aufmerksamkeit und helfen dabei, über *soft moves* zu den *hard moves* zu kommen. Sie können im Sinne eines Ereignismanagements als Eintrittstor dienen. Auf der anderen Seite hat die Regierungskommunikation in einer emotional aufgeladenen Mediengesellschaft mit eben jenen umzugehen. Dabei wird Sachlichkeit als Grundlage dafür angesehen, sich gegen den Affekt durchsetzen zu können. Je emotionaler und dadurch oberflächlicher, subjektiver und persönlicher die Diskussionskultur in Social Media wird, desto nüchterner, klarer und sachlicher hat die Regierungskommunikation zu reagieren. In diesem Fall gilt, dass die Kommunikation nicht auf Augenhöhe und damit auch nicht in gleicher Ausdrucksweise stattzufinden hat.

Auf eben jene Emotionalität lässt sich Hass-Rede in Social Media zurückführen und ein gewisser Enthemmungseffekt feststellen. Für die Regierungskommunikation werden von den Interviewten nur wenige Optionen zum Umgang mit Hate Speech aufgezeigt. Ignoranz scheint demnach eine sinnvolle Variante, weil keine Sachlichkeit möglich ist und sich die Regierung nicht auf die affektive Ebene einlassen sollte. Für viele Posts gilt, sie auszuhalten und Ruhe zu bewahren. Eine potenzielle, da nötige oder korrigierende Reaktion sollte höflich, bestimmt, angemessen und auf einem gewissen Niveau sein – und nur auf die Äußerungen nicht anonymisierter Nutzer erfolgen. Sie hat deeskalierend zu wirken.

Dabei gilt zu beachten, dass ein Shitstorm mit Hass-Rede nicht der Ausdruck von „Volkes Wille" und damit repräsentativ ist. Es handelt sich meist um Minderheiten, die Stimme und Plattform bekommen. Man kann diese Gleichgesinnten in der Minderheit auch in eine Filterblase bzw. Echokammer einordnen. Die Existenz dieser beiden Phänomene ist zwar umstritten. Aber es liegt auf der Hand, dass der Mensch sich seinesgleichen sucht. Es sei an die Theorie der kognitiven Dissonanz erinnert: Demzufolge macht sich der Mensch Informationen zu eigen, „die Kognitionen etablieren, welche mit bereits bestehenden kognitiven Elementen konsonant sind"[274]. Dissonanzen, die auf eine abweichende Meinung zurückzuführen sind, lassen sich reduzieren, „indem man (a) die eigene Meinung ändert, (b) andere Personen beeinflusst, ihre Meinung zu ändern, oder (c) diejenigen Personen ablehnt, mit denen keine Übereinstimmung der Meinungen besteht"[275]. Überträgt man diese Theorie auf das hier genannte Phänomen, so können Filterblasen der Bestätigung und Verstärkung und damit auch zur Mobilisierung dienen. Sie führen gleichzeitig dazu, dass die vermeintlich Oberen

---

[274] Festinger, L. (2012). Theorie der kognitiven Dissonanz. Herausgegeben von Martin Irle und Volker Möntmann. 2. Auflage. Bern: Verlag Hans Huber. S. 257.
[275] Ebd.

abgelehnt werden und die Minderheit versucht, die andersdenkende Mehrheit für die eigene Position zu gewinnen.

Tobias D. Krafft et al. haben in ihrer Datenspende-Studie nachgewiesen, dass vier grundlegende Mechanismen die Filterblasen-Theorie stützen: Ergebnisse bei Suchmaschinen sind personalisiert, weisen eine geringe Überlappung mit anderen Filterblasen auf, präsentieren Inhalte, die erst bei brisanten Themen problematisch werden, und isolieren die Rezipienten von anderen Informationsquellen.[276] Wer sich in einer Filterblase oder Echokammer aufhält und nicht mehr für andere Meinungen offen ist, schafft sich demzufolge also seine eigene Welt. Die Regierungskommunikation hat die Intention zu verfolgen, keine Parallelwelten entstehen zu lassen. Wie sich dies in der Praxis umsetzen lässt, dazu gibt es aus dem Datenmaterial keine eindeutigen Aussagen, nur Ansätze. Diese reichen von ‚Runden Tischen‘, Stakeholder-Kommunikation bis hin zur Installation regelmäßiger Bürgerdialoge.

Lautet eine Empfehlung, einen Shitstorm über sich ergehen zu lassen, so steht dies diametral zum empfohlenen Umgang mit Fake News. Grundsätzlich ist eine falsche Nachricht zu entlarven und klarzustellen. Diese Kombination des Widerspruchs stellt Kommunikatoren vor besondere Herausforderungen. Bei der Entlarvung werden zwei Varianten unterschieden. Erstens: Hat die Fake News nur eine geringe Reichweite, wird mit Hinweis auf das Prinzip ‚Schwarze Katze‘ von einer Reaktion abgeraten. In der Kognitionswissenschaft steht hierfür der Begriff des Framings. Zweitens: Lautet die Entscheidung Reaktion, so müsse diese blitzartig passieren, bevor eine Information durch den viralen Effekt exponentiell verbreitet wird. Geschwindigkeit und Multiplizität gewinnen an Relevanz. Entscheidet man sich für eine Reaktion, so hat diese über den gleichen Kanal zu erfolgen, auf dem die Verbreitung stattgefunden hat. Es gilt trotz aller Geschwindigkeit die Faustregel, wonach Gründlichkeit vor Schnelligkeit geht. Als Grundlage der Reaktion gilt hier ebenso wie bei der Hate Speech die Sach-

---

[276] Vgl. Krafft, T., Gamer, M. & Zweig, K. (2018). Wer sieht was? Personalisierung, Regionalisierung und die Frage nach der Filterblase in Googles Suchmaschine. Abschlussbericht zum Forschungsprojekt „#Datenspende: Google und die Bundestagswahl 2017" der Bayerischen Landeszentrale für neue Medien. Kaiserslautern.

lichkeit. Im besten Fall hat zuvor eine journalistische Prüfung der Fakten stattgefunden.

Um überhaupt in der Lage zu sein, die beschriebenen Phänomene ausfindig zu machen, ist ein der Regierungskommunikation 4.0 angemessenes Monitoring notwendig. Dabei stellen sich die bewährten W-Fragen: Jedes Monitoring ist von einem Menschen – hier: dem Regierungssprecher – zu bewerten (Wer). Die Auswertung hat quantitativ wie qualitativ zu erfolgen (Wie). Das Monitoring dient dem Zweck herauszufinden, wie die Agenda des Publikums lautet (Was). Da Nutzer lokalisiert werden können, ist interessant herauszufinden, in welchen Regionen welche Themen dominieren (Wo). Dabei darf das Monitoring als Seismograph angesehen werden, um frühzeitig auf sich ausbreitende Themen hingewiesen zu werden (Wann). Bei der Bewertung ist zu beachten, dass der Fokus beim Monitoring bislang auf Klickzahlen und Reichweite lag. Sie sagen allerdings nichts über die Qualität des Nutzerverhaltens aus, nämlich ob eine Nachricht auch gelesen worden ist. Es ist die Forderung nach einer neuen Währung im Internet abzuleiten.

Die Branche sieht sich in der Onlinewelt allgemein „zahlreichen Herausforderungen gegenüber, denn das Netz verändert sich laufend und ist zumindest auf den ersten Blick chaotisch. Kommunikation findet dort rund um die Uhr und oft mit enormem Tempo statt und folgt eigenen Gesetzen. Rahmenbedingungen, mit denen die PR zurechtkommen muss, denn mittlerweile hat das Netz alltägliche Vorgänge und das Kommunikationsverhalten zahlreicher Stakeholder deutlich verändert. Gleichzeitig bietet das Internet die Chance, ohne Gatekeeper direkt mit Bezugsgruppen zu kommunizieren und Beziehungen aufzubauen."[277]

Diese Ausführungen zeigen, dass die Digitalisierung zu normativen und strukturellen Veränderungen der Regierungskommunikation führt. Die strukturellen Veränderungen werden sich wenig bis gar nicht regulieren oder steuern lassen, weil niemand vorhersagen kann, wie disruptiv die technologischen Entwicklungen wirken werden. Wohl aber ließen sich die nor-

---

[277] Pleil, T. (2015). Online-PR. Vom kommunikativen Dienstleister zum Katalysator für ein neues Kommunikationsmanagement. S. 1017. In: Fröhlich, R., Szyszka, P. & Bentele, G. (Hrsg.) (2015). Handbuch der Public Relations. Wissenschaftliche Grundlagen und berufliches Handeln. Mit Lexikon. S. 1017–1038.

mativen Veränderungen zum Anlass nehmen, über eine neue grundsätzliche Ausrichtung der Regierungskommunikation im Speziellen und der
PR-Branche im Allgemeinen zu diskutieren. Neben Recht und Gesetz sind
auch Ethik und Moral in sich verändernden Zeiten den Erfordernissen der
Gegenwart anzupassen. Es genügt beispielsweise nicht mehr, den Einsatz
von Social Bots grundlegend abzulehnen, sondern zu differenzieren und in
einen neuen Kodex für die PR-Branche zu überführen.

3.4 SCHLUSSFOLGERUNGEN FÜR DIE WEITERFÜHRENDE FORSCHUNG

Die Mediengesellschaft befindet sich in einem epochalen Wandel. Dies hat
zugleich Auswirkungen für die Regierungskommunikation in der Praxis,
für die Medienwelt sowie für die Gesellschaft insgesamt; sie sind in dieser Arbeit im nationalen Kontext diskutiert worden. Die Ergebnisse und
abgeleiteten Handlungsempfehlungen für eine gelingende Regierungskommunikation 4.0 sowie die weitere Entwicklung der (Medien-) Gesellschaft
sind vor dem Hintergrund der Limitationen zu reflektieren, aus denen sich
parallel Hinweise für zukünftige Schwerpunkte in der Forschung ergeben.
Diese beruhen insbesondere auf der schmalen Datenbasis auf diesem Forschungsfeld – und zwar sowohl national wie international. Interessant ist
es, das Forschungsfeld nicht nur im deutschsprachigen Raum, sondern auch
darüber hinaus zu erweitern. Interessant wäre eine internationale Erhebung
mit der qualitativen Methode, um Vergleichbarkeit herstellen und etwa die
Regierungskommunikation 4.0 in einen internationalen Kontext stellen zu
können.
       Diese Untersuchung hat sich des qualitativen Ansatzes bedient und In-
terviews mit 16 deutschen Experten ausgewertet. Diese geben zwar aus
ihrer jeweiligen Perspektive wertvolles Wissen und Informationen preis
und sind zu relevanten Einschätzungen und Prognosen in der Lage, allerdings fehlt Ihnen die Perspektive der Rezipienten. Vor diesem Hintergrund wäre etwa zu empfehlen, die Datenbasis um eine quantitative Befragung der Rezipienten zu erweitern. Eine repräsentative Bürgerbefra-
gung könnte in diesem Kontext wichtige Hinweise auf die Erwartungshaltung an die Regierungskommunikation, an die Medien als Institution

und den gesellschaftlichen Umgang mittels Medien liefern. Dies inkludiert das Kommunikations-, Informations- und Mediennutzungsverhalten ebenso wie die Nutzung von Kanälen und Formaten in sozialen Netzwerken. Darauf aufbauend wäre zu untersuchen, welche Währung künftig das Netz bewertet wissen will. Konkret ist die Währung Klickzahl weiterzuentwickeln und damit der Begriff der Relevanz einer Information bzw. Nachricht neu zu definieren. Hierzu finden sich Ansätze in der Marktforschung zu den klassischen Massenmedien, die es weiterzuentwickeln gilt.

Die Neudefinition von Relevanz hat auch Auswirkungen auf Suchmaschinen und ihre Ergebnisse. Es ist demzufolge der Algorithmus als das technische Hilfsmittel in den Fokus der Forschung zu stellen. Um diesen fundiert und qualitativ untersuchen zu können, bedarf es eines größeren Detailwissens über die Ausgestaltung des jeweiligen Algorithmus'. Dies scheint unerlässlich, um Informationen über die Auswirkungen von Algorithmen auf die Rezipienten, deren Nutzungsverhalten, deren Wissenserwerb und ihre daraus resultierenden Handlungen zu gewinnen. Das Spannungsverhältnis zwischen Algorithmen und Demokratie samt (medien-)gesellschaftlichen Konsequenzen bleibt nicht hinreichend untersucht. Interessant ist aus demokratietheoretischer Perspektive auch, welche Möglichkeiten zur Regulierung der Staat in Zeiten der Digitalisierung und Globalisierung hat.

Zwar ist aus der Marktforschung der Trend zur Personalisierung bekannt. Was sich allerdings vorwiegend auf das Marketing von Produkten mit der Intention, die Kaufabsicht zu steigern, bezieht, kann nicht ohne weiteres auf die Meinungsbildung übertragen werden. Deshalb empfiehlt es sich, den Trend zur Personalisierung mit Blick auf das Informationsverhalten zu untersuchen. Hierzu zählt auch die Bestandsprobe der Filterblasen-Theorie samt potenzieller Auswirkungen auf die nachgelagerte Echokammer, deren Existenz es ebenfalls noch nachzuweisen gilt.

Als bewiesen darf die Existenz des Phänomens Fake News gelten. Hier fehlt es aber an aussagekräftigen Untersuchungen der Wirkungsforschung, welche Auswirkungen ihre Verbreitung und insbesondere auch die Verbreitung der Richtig- oder Gegendarstellung hat. Es ist zu hinterfragen, ob der Pressekodex, der für die klassischen Massenmedien erarbeitet worden ist, sich auch auf Social Media übertragen lässt.

Im Blick auf die Nutzer von sozialen Netzwerken ist ihre besondere Rolle zu hinterfragen. Es wäre herauszustellen, welche Rolle die vernetzten Vielen in der Gewaltenteilung einnehmen, ob sie tatsächlich als neue Gewalt neben der vierten angesehen werden können, und welchen Einfluss sie auf das Agenda Setting haben. Das neuartige Dreieck im Agenda Setting mit den sich beeinflussenden Playern aus politischer, medialer und Social Media-Sicht ist neu zu konstruieren und die Frage nach Social Media als politischem Akteur zu beantworten.

Es ist hier ferner herausgearbeitet worden, dass die Auswirkungen auf die Regierungskommunikation normativer wie struktureller Natur sind. Deshalb empfiehlt es sich, die Kommunikatorforschung zusätzlich auszurichten. Die Weiterentwicklung des Berufsstandes hin zum Corporate Communicator sei ebenso stellvertretend genannt wie eine Professionalisierungs- bzw. Modernisierungsthese. Dabei könnte der Schwerpunkt auf der Aus-, Fort- und Weiterbildung einer ganzen Branche liegen. In einer immer komplexer werdenden Welt ist zu wünschen, dass durch eine systematische Weiterentwicklung der Kommunikationsforschung auch angrenzende Forschungsfelder integriert werden, um so fruchtbare Ansätze für die Regierungskommunikation 4.0 zu gewinnen. Die Regierungskommunikation 4.0 steht in kausalem Zusammenhang mit dem Erfolg einer Regierung und damit indirekt auch mit den gesellschaftlichen Veränderungen.

Als Résumé wird hier in Anlehnung an den Begriff der Mediokratie festgestellt, dass die Gesellschaft in einer Algokratie als einer Form der Demokratie angekommen ist, auf die Algorithmen Einfluss ausüben. Umgekehrt gilt aber auch, was das Statement eines der befragten Experten eindrucksvoll unterstreicht, welches das Spannungsverhältnis zwischen Algorithmen und Demokratie deutlich macht: „Genauso wie die Demokratie das Netz aushalten muss, so muss auch das Netz die Demokratie aushalten."

LITERATURVERZEICHNIS

FORSCHUNGSLITERATUR

Altmeyer, M. (2016). Auf der Suche nach Resonanz. Wie sich das Seelenleben in der digitalen Moderne verändert. Göttingen: Vandenhoeck & Ruprecht.

Anda, B., Endrös, S., Kalka, J. & Lobo S. (Hrsg.) (2012). SignsBook – Zeichen setzen in der Kommunikation.

Baur, N. & Blasius, J. (Hrsg.) (2014): Handbuch Methoden der empirischen Sozialforschung. Wiesbaden: VS Verlag für Sozialwissenschaften.

Becker, J. & Lißmann, H. (1973). Inhaltsanalyse – Kritik einer sozialwissenschaftlichen Methode. In: Adrian, W., Enke, E. & Schössler, D. Arbeitspapiere zur politischen Soziologie. München: Günter Olzog Verlag. S. 39–79.

Bentele, G. & Seidenglanz, R. (2015). Vertrauen und Glaubwürdigkeit. Begriffe, Ansätze, Forschungsübersicht und praktische Relevanz. In: Fröhlich, R., Szyszka, P. & Bentele, G. (Hrsg.) (2015). Handbuch der Public Relations. Wissenschaftliche Grundlagen und berufliches Handeln. Mit Lexikon. 3., überarbeitete und erweiterte Auflage. Wiesbaden: Springer VS. S. 411–430.

Berghaus, M. (2011). Luhmann leicht gemacht. Eine Einführung in die Systemtheorie. 3. Überarbeitete und ergänzte Auflage. Köln: Böhlau.

Festinger, L. (2012). Theorie der kognitiven Dissonanz. Herausgegeben von Martin Irle und Volker Möntmann. 2. Auflage. Bern: Verlag Hans Huber.

Blöbaum, B., Nölleke, D. & Scheu A. (2016). Das Experteninterview in der Kommunikationswissenschaft. In: Averbeck-Lietz, S. & Meyen, M. (Hrsg.): Handbuch nicht standardisierte Methoden in der Kommunikationswissenschaft. Wiesbaden: VS Verlag für Sozialwissenschaften. S. 175–190.

Bogner, A., Littig, B. & Menz, W. (2014). Interviews mit Experten – Eine praxisorientierte Einführung.

Bolz, N. (2017). Die Pöbel-Demokratie. In: Cicero – Magazin für politische Kultur. 03/2017. S. 14–22.

Borchardt, A. (2012). Wir sind die Klicks: Das Internet ist gut für die Demokratie. Sagt man. Aber das könnte ein Irrtum sein. In: Anda, B., Endrös, S., Kalka, J. & Lobo S. (Hrsg.). SignsBook – Zeichen setzen in der Kommunikation. Wiesbaden: Gabler. S. 75–79.

Borucki, I. & Jun, W. (2018). Regierungskommunikation im Wandel – Politikwissenschaftliche Perspektiven. In: Raupp, J., Kocks, J. & Murphy, K. (Hrsg.). Regierungskommunikation und staatliche Öffentlichkeitsarbeit. Implikationen des technologisch induzierten Medienwandels. S. 25–46.

Breunig, C. & Engel, B. (2015). Massenkommunikation 2015. Pressekonferenz vom 10. September 2015.

Brodnig, I. (2017). Lügen im Netz. Wie Fake News, Populisten und unkontrollierte Technik uns manipulieren. Christian Brandstätter Verlag.

Di Lorenzo, G. (2015). Vierte Gewalt oder fiese Gewalt? Die Macht der Medien in Deutschland. In: Pörksen, B. & Narr, A. (Hrsg.). Die Idee des Mediums. Reden zur Zukunft des Journalismus. Köln: Halem. S. 91–109.

Donges, P. & Jarren, O. (2017). Politische Kommunikation in der Mediengesellschaft. Eine Einführung. 4. Auflage. Wiesbaden: Springer VS.

Döpfner, M. (2015). Abschied vom Pessimismus. Warum der Journalismus von der digitalen Revolution profitiert. In: Pörksen, B. & Narr, A. (Hrsg.). Die Idee des Mediums. Reden zur Zukunft des Journalismus. Köln: Halem. S. 44–67.

Engel, B. & Best, S. (2016). Trendsetter der Mediennutzung. Ergebnisse einer Nachbefragung zur ARD/ZDF-Studie Massenkommunikation 2015. In: Media Perspektiven 4/2016. S. 216.

Engel, B. & Breunig, C. (2015). Massenkommunikation 2015: Mediennutzung im Intermediavergleich. Ergebnisse der ARD/ZDF-Langzeitstudie. In: Media Perspektiven 7–8/2015. S. 310.

Engel, B. (2016). Mediennutzung im demografischen Wandel. Mikrosimulation auf Basis der ARD/ZDF-Langzeitstudie Massenkommunikation. In: Media Perspektiven 5/2016. S. 270.

Frees, B. & Koch, W. (2018). ARD/ZDF-Onlinestudie: Zuwachs bei medialer Internetnutzung und Kommunikation. Ergebnisse aus der Studienreihe „Medien und ihr Publikum". In: Media Perspektiven 9/2018. S. 398–413.

Fröhlich, R., Szyszka, P. & Bentele, G. (Hrsg.) (2015). Handbuch der Public Relations. Wissenschaftliche Grundlagen und berufliches Handeln. Mit Lexikon. 3., überarbeitete und erweiterte Auflage. Wiesbaden: Springer VS.

Glaser, B. & Strauss, A. (2010). Grounded Theory. Strategien qualitativer Forschung. 3. Auflage. Bern: Huber.

Glaser, B. (1978). Theoretical sensitivity: Advances in the methodology of grounded theory. Sociology Press. San Francisco: University of California.

Hagen L., In der Au, A. & Wieland M. (2017). Polarisierung im Social Web und der intervenierende Effekt von Bildung. Eine Untersuchung zu den Folgen algorithmischer Medien am Beispiel der Zustimmung zu Merkels „Wir schaffen das!". In: Schmidt J., Kinder-Kurlanda K., Stegbauer C. & Zurawski N. (Hrsg.): Algorithmen, Kommunikation und Gesellschaft. Sonderausgabe von kommunikation@gesellschaft, www.kommunikation-gesellschaft.de/algorithmen2017.html, Jg. 18, Forschungsnotiz 1. Im Internet abrufbar: http://nbn-resolving.de/urn:nbn:de:0168-ssoar-51503-4 (Zugriff: 15.10.2018).

Hagen, L. (2017). Nachrichtenkompetenz durch die Schule. Studie für die Stiftervereinigung der Presse. Zusammenfassung. Im Internet ab-

rufbar: http://stiftervereinigung.de/wp-content/uploads/2017/09/Nachrichten
kompetenz-Zusammenfassung-170906.pdf (Zugriff: 15.10.2018).

Hegelich, S. (2016). Invasion der Meinungsroboter. Konrad-Adenauer-Stiftung.
Ausgabe 221. September 2016. Im Internet abrufbar: http://www.kas.de/c/
document_library/get_file?uuid=aa0b183f-e298-f66e-aef1-b41d6246370b&
groupid=252038 (Zugriff: 30.01.2019).

Hölig, S. & Hasebrink, U. (2016). Nachrichtennutzung über soziale Medien im
internationalen Vergleich. In: Media Perspektiven. Heft 11/2016. S. 534–548.

Hölig, S. & Hasebrink, U. (2016). Reuters Institute Digital News Survey 2016 –
Ergebnisse für Deutschland. Hans-Bredow-Institut.

Hussy, W., Schreier, M. & Echterhoff, G. (2013). Forschungsmethoden in Psychologie und Sozialwissenschaften für Bachelor. Berlin Heidelberg: Springer-
Verlag.

Kaiser, R. (2014). Qualitative Experteninterviews. Konzeptionelle Grundlagen und
praktische Durchführung. Wiesbaden: VS Verlag für Sozialwissenschaften.

Kind, S., Bovenschulte, M., Ehrenberg-Silles, S., Jetzke, T. & Weide, S. (2017):
Social Bots. Thesenpapier zum öffentlichen Fachgespräch „Social Bots –
Diskussion und Validierung von Zwischenergebnissen" am 26. Januar 2017
im Deutschen Bundestag. Im Internet abrufbar: http://www.tab-beim-bundes
tag.de/de/aktuelles/20161219/Social%20Bots_Thesenpapier.pdf (Zugriff:
15.10.2018).

Kind, S., Jetzke, T., Weide, S., Ehrenberg-Silles, S. & Bovenschulte, M. (2017).
Social Bots. TA-Vorstudie. TAB-Horizon-Scanning Nr. 3. April 2017. Im Inter-
net abrufbar: http://www.tab-beim-bundestag.de/de/aktuelles/20170912.html
(Zugriff: 05.11.2018).

Koreng, A. (2014). Netzneutralität und Meinungsmonopole. In: Stark, B., Dörr, D.
& Aufenanger, S. (2014). Die Googleisierung der Informationssuche. Such-
maschinen zwischen Nutzung und Regulierung. Berlin, Boston: De Gruyter.
S. 245–261.

Korte, K.-R. (2013). Kommunikationsstress: Politisches Entscheiden unter den
Bedingungen von Überall-Medien. S. 121. In: Czerwick, E. (Hrsg.). Politische Kommunikation in der repräsentativen Demokratie der Bundesrepublik Deutschland. Festschrift für Ulrich Sarcinelli. Wiesbaden: Springer VS.
S. 121–132.

Krafft, T., Gamer, M. & Zweig, K. (2018). Wer sieht was? Personalisierung, Regionalisierung und die Frage nach der Filterblase in Googles Suchmaschine. Abschlussbericht zum Forschungsprojekt „#Datenspende: Google und die Bundestagswahl 2017" der Bayerischen Landeszentrale für neue Medien. Kaiserslautern.

Kupferschmitt, T. (2018). Onlinevideo-Reichweite und Nutzungsfrequenz wachsen, Altersgefälle bleibt. Ergebnisse der ARD/ZDF-Onlinestudie 2018. In: Media Perspektiven 9/2018. S. 427–437.

Leutheusser-Schnarrenberger, S. (2017). Eine Digitalcharta für Europa. In: Schröder, M. & Schwanebeck, A. (Hrsg.) Big Data – In den Fängen der Datenkranken. Die (un-)heimliche Macht der Algorithmen. Baden-Baden: Nomos. S. 123–136.

Leyendecker, H. (2015). Die Zukunft der Enthüllung. Wut, Macht, Medien – wo bleibt die Aufklärung? In: Pörksen, B. & Narr, A. (Hrsg.). Die Idee des Mediums. Reden zur Zukunft des Journalismus. Köln: Halem. S. 68–91.

Loewenberg, G. (2007): Paradoxien des Parlamentarismus, in: Zeitschrift für Parlamentsfragen 38 (4), S. 816–827.

Luhmann, N. (1996). Die Realität der Massenmedien. 2., erweiterte Auflage. Opladen: Westdeutscher Verlag.

Luhmann, N. (2003). Die Politik der Gesellschaft. Herausgegeben von André Kieserling. Suhrkamp Verlag.

Mayring P, & Fenzl, T. (2014). Qualitative Inhaltsanalyse. In: Baur, N. & Blasius, J. (Hrsg.) (2014): Handbuch Methoden der empirischen Sozialforschung. Wiesbaden: VS Verlag für Sozialwissenschaften. S. 543–556.

Mayring, P. (2000). Qualitative Content Analysis. Forum Qualitative Sozialforschung /Forum: Qualitative Social Research, 1(2). Im Internet abrufbar: http://www.qualitative-research.net/index.php/fqs/article/view/1089/2383. (Zugriff: 15.10.2018).

Mayring, P. (2015). Qualitative Inhaltsanalyse, Grundlagen und Techniken. 12., überarbeitete Auflage. Weinheim und Basel: Beltz Verlag.

Mayring, P. (2016). Einführung in die qualitative Sozialforschung. 6., neu ausgestattete, überarbeitete Auflage. Weinheim und Basel: Beltz Verlag.

Mey, G. & Mruck, K. (Hrsg.) (2011). Grounded Theory Reader. 2., aktualisierte und erweiterte Auflage. Wiesbaden: VS Verlag für Sozialwissenschaften.

Meyer, T. (2001). Mediokratie. Die Kolonialisierung der Politik durch die Medien. Frankfurt/M.: Suhrkamp.

Pariser, E. (2011). Filter Bubble. Wie wir im Internet entmündigt werden. München: Carl Hanser Verlag.

Pörksen, B. & Krischke, W. (Hrsg.) (2013). Die gehetzte Politik. Die neue Macht der Medien und Märkte. Köln: Halem.

Pörksen, B. (2015). Die fünfte Gewalt des digitalen Zeitalters. In: Cicero online vom 17.04.2015. Im Internet abrufbar: http://cicero.de/berliner-republik/trolle-empoerungsjunkies-und-kluge-koepfe-die-fuenfte-gewalt-des-digitalen. (Zugriff: 15.10.2018).

Pörksen, B. (2017). Donald Trump – Sind wir an alldem schuld? In: Die Zeit Nr. 6 vom 05.02.2017. Im Internet abrufbar: http://www.zeit.de/2017/06/donald-trump-wladimir-putin-autoritaere-weltordnung-postmoderne. (Zugriff: 15.10.2018).

Pörksen, B. (2018). Die große Gereiztheit. Wege aus der kollektiven Aufregung. München: Carl Hanser Verlag.

Raupp, J. & Kocks, J. (2018). Regierungskommunikation und staatliche Öffentlichkeitsarbeit aus kommunikationswissenschaftlicher Perspektive. In: Raupp, J., Kocks, J. & Murphy, K. (Hrsg.). Regierungskommunikation und staatliche Öffentlichkeitsarbeit. Implikationen des technologisch induzierten Medienwandels. S. 7–24.

Rosa, H. (2017). Resonanz. Eine Soziologie der Weltbeziehung. 5. Auflage. Berlin: Suhrkamp.

Rössler, P. (2014). Synergien zwischen Verschlagwortung und Codierung. Zur Verknüpfung von digitaler Erschließung und quantitativer Inhaltsanalyse. In: Sommer, K., Wettstein, M., Wirth, W. & Matthes, J. (Hrsg.). Automatisierung in der Inhaltsanalyse. Methoden und Forschungslogik der Kommunikationswissenschaft. Köln: Halem. S. 162–173.

Russ-Mohl, S. (2017). Die informierte Gesellschaft und ihre Feinde. Warum die Digitalisierung unsere Demokratie gefährdet. Köln: Halem.

Sängerlaub, A. (2018). Feuerwehr ohne Wasser? Möglichkeiten und Grenzen des Fact-Checkings als Mittel gegen Desinformation. Juli 2018. Stiftung Neue Verantwortung. Think Tank für die Gesellschaft im technologischen Wandel.

Sängerlaub, A., Meier, M, & Rühl, W.-D. (2018). Fakten statt Fakes. Verursacher, Verbreitungswege und Wirkungen von Fake News im Bundestagswahlkampf 2017. Im Internet abrufbar: https://www.stiftung-nv.de/de/publikation/fakten-statt-fakes-verursacher-verbreitungswege-und-wirkungen-von-fake-news-im. (Zugriff: 05.11.2018).

Sarcinelli, U. (2003). Demokratie unter Kommunikationsstress? Das parlamentarische Regierungssystem in der Mediengesellschaft. In: Aus Politik und Zeitgeschichte. Beilage zur Wochenzeitung Das Parlament. 53. Jahrgang. 20. Oktober 2013. B43/2003, S. 39ff.

Sarcinelli, U. (2011). Politische Kommunikation in Deutschland. Medien und Politikvermittlung im demokratischen System. 3., erweiterte und überarbeitete Auflage. Lehrbuch. Wiesbaden: VS Verlag für Sozialwissenschaften.

Sarcinelli, U. (2013). Legitimation durch Kommunikation? Politische Meinungs- und Willensbildung in der „post-modernen" Demokratie. In: Korte, K. & Grunden, T. (Hrsg.) (2013). Handbuch Regierungsforschung. Wiesbaden: Springer VS. S. 93–102.

Schaar, P. (2017). Wie die Digitalisierung unsere Gesellschaft verändert. In: Schröder, M. & Schwanebeck, A. (Hrsg.) Big Data – In den Fängen der Datenkranken. Die (un-)heimliche Macht der Algorithmen. Baden-Baden: Nomos. S. 105–122.

Schmidt, J., Dunger, C., & Schulz, C. (2015). Was ist „Grounded Theory"? In: Schnell, M., Schulz, C., Heller, A. & Dunger, C. (Hrsg.). Palliative Care und Hospiz. Eine Grounded Theory. Wiesbaden Springer VS: S. 35–59.

Schmidt, J., Merten, L., Hasebrink, U., Petrich, I. & Rolfs, A. (2017). Zur Relevanz von Online-Intermediären für die Meinungsbildung. Arbeitspapiere des Hans-Bredow-Instituts Nr. 40. Hamburg: Verlag Hans-Bredow-Institut.

Schmidt, J.H. (2018). Social Media. 2. Auflage. Wiesbaden: VS Verlag für Sozialwissenschaften.

Schröder, M. (2017). Regieren in der Twitter-Demokratie oder: Trolle an der Macht. In: Schröder, M. & Schwanebeck, A. (Hrsg.). Big Data – In den Fängen der Datenkranken. Die (un-)heimliche Macht der Algorithmen. Baden-Baden: Nomos. S. 71–84.

Schulz, W. (2011). Politische Kommunikation. Theoretische Ansätze und Ergebnisse empirischer Forschung. 3., überarbeitete Auflage. Wiesbaden: VS Verlag für Sozialwissenschaften.

Schulz, W. (2015). Folgen „neuer Medien" für demokratische Prozesse. Eine kritische Betrachtung empirischer Forschungsergebnisse. In: Media Perspektiven 4/2015. S. 210.

Schweiger, W. (2007). Theorien der Mediennutzung. Eine Einführung. Lehrbuch. Wiesbaden: VS Verlag für Sozialwissenschaften.

Stark, B., Dörr, D. & Aufenanger, S. (2014). Die Googleisierung der Informationssuche. Suchmaschinen zwischen Nutzung und Regulierung. Berlin, Boston: De Gruyter.

Stark, B., Magin, M., & Jürgens, P. (2017). Ganz meine Meinung? Informationsmediäre und Meinungsbildung – Eine Mehrmethodenstudie am Beispiel von Facebook. Im Internet abrufbar: http://publikationen.medienanstalt-nrw.de/modules/pdf_download.php?products_id=492 (Zugriff: 30.01.2019).

Stegbauer, C. (2018). Shitstorms. Der Zusammenprall digitaler Kulturen. Wiesbaden: Springer.

Strauss, A. & Corbin, J. (1996). Grounded Theory: Grundlagen qualitativer Sozialforschung. Weinheim: Beltz. Psychologie-Verlags-Union.

Strübing, J. (2014). Grounded Theory. Zur sozialtheoretischen und epistemologischen Fundierung eines pragmatistischen Forschungsstils. Wiesbaden: VS Verlag für Sozialwissenschaften.

Taddicken, M. & Schmidt, J. (2017). Entwicklung und Verbreitung sozialer Medien. In: Schmidt, J. & Taddicken, M. (Hrsg.). Handbuch Soziale Medien. Wiesbaden: VS Verlag für Sozialwissenschaften. S. 3–22.

Taylor, S. & Bogdan, R. (1998). Introduction to Qualitative Research Methods. A Guidebook and Resource. Hoboken, New Jersey: Wiley.

Titscher, S., Meyer, M., Wodak, R. & Vetter, E. (2000): Methods of Text and Discourse Analysis. London: Sage.

Vowe, G. (2013). Politische Kommunikation in der Online-Welt. Welchen Einfluss hat das Internet auf die politische Information, Diskussion und Partizipation?. S. 87. In: Czerwick, E. (Hrsg.). Politische Kommunikation in der repräsentativen Demokratie der Bundesrepublik Deutschland. Festschrift für Ulrich Sarcinelli. S. 87–101.

Wehling, E. (2016). Politisches Framing. Wie eine Nation sich ihr Denken einredet – und daraus Politik macht. Köln: Halem.

Wiedemann, H. & Noack, L. (2016). Mediengeschichte Onlinemedien. In: Altendorfer, O. & Hilmer, L. (Hrsg.) (2016). Medienmanagement. Band 2: Medienpraxis – Mediengeschichte – Medienordnung. Wiesbaden: Springer VS. S. 213–248.

Zerfaß, A. & Boelter, D. (2005). Die neuen Meinungsmacher. Weblogs als Herausforderung für Kampagnen, Marketing, PR und Medien. Graz: FastBook, Nausner Consulting.

ONLINE-TEXTE UND WEITERE PRINTMEDIEN

Bell, E. & Owen, T. (2017). The Platform Press: How Silicon Valley Reengineered Journalism. Im Internet abrufbar: https://www.cjr.org/tow_center_reports/platform-press-how-silicon-valley-reengineered-journalism.php/ (Zugriff: 15.10.2018)

Brunner, K. & Ebitsch, S. (2017). Von AfD bis Linkspartei – so politisch ist Facebook. In: Süddeutsche Zeitung digital vom 2. Mai. Im Internet abrufbar: http://www.sueddeutsche.de/politik/2.220/politik-auf-facebook-rechte-abschottung-ohne-filterblase-1.3470137. (Zugriff: 15.10.2018).

Dobbert, S. (2017). Fake News made in Russia. Zeit online vom 23. Februar: Im Internet abrufbar: http://www.zeit.de/politik/ausland/2017-02/falschmeldungen-fake-news-russland-propaganda-putin-donald-trump/komplettansicht. (Zugriff: 15.10.2018).

Edsall, T. (2017). Democracy, Disrupted. Im Internet abrufbar: https://www.nytimes.com/2017/03/02/opinion/how-the-internet-threatens-democracy.html. (Zugriff: 15.10.2018).

Habeck, R. (2019). Twitter und ich. Interview in der Frankfurter Allgemeinen Sonntagszeitung vom 13.01.2019. S. 2.

Hamann, G. (2017). Facebook: 14 Millionen Dollar für Studien zu Fake-News. Im Internet abrufbar: http://www.zeit.de/digital/internet/2017-04/facebook-millionen-dollar-falschmeldungen-news-integrity-initiative. (Zugriff: 15.10.2018).

Heinrich-Böll-Stiftung (2017). Social Bots. Im Internet abrufbar: https://www.boell.de/de/2017/02/09/social-bots. (Zugriff: 15.10.2018).

Hill, K. (2014). Facebook Manipulated 689,003 Users' Emotions For Science. Im Internet abrufbar: https://www.forbes.com/sites/kashmirhill/2014/06/28/facebook-manipulated-689003-users-emotions-for-science/#3b046a10197c. (Zugriff: 15.10.2018).

Hölig, S. (2017). „Angst vor der Filterblase ist übertrieben". Interview in: heise online vom 22. Februar. Im Internet abrufbar: https://www.heise.de/newsticker/meldung/Medienforscher-Angst-vor-der-Filterblase-ist-uebertrieben-3632255.html. (Zugriff: 15.10.2018).

Hurtz, S. & Tanriverdi, H. (2017). Filterblase? Selbst schuld!. In: Süddeutsche Zeitung digital. 2. Mai. Im Internet abrufbar: http://www.sueddeutsche.de/digital/facebook-filterblase-selbst-schuld-1.3479639. (Zugriff: 15.10.2018).

Hurtz, S. (2017). Sieben Dinge, die ich in der rechten Facebook-Echokammer gelernt habe. Im Internet abrufbar: http://www.sueddeutsche.de/digital/2.220/soziale-medien-sieben-dinge-die-ich-in-der-rechten-facebook-echokammer-gelernt-habe-1.3581195. (Zugriff: 15.10.2018).

Lobe, A. (2016). Gefährden Meinungsroboter die Demokratie? Im Internet abrufbar: https://www.spektrum.de/news/gefaehrden-meinungsroboter-die-demokratie/1426157. (Zugriff: 15.10.2018).

Lobo, S. (2017). Vorschlag zur Aufrechterhaltung der liberalen Demokratie. Blog-Eintrag des Autors vom 23.04.2017. Im Internet abrufbar: https://saschalobo.com/2017/04/23/vorschlag-zur-aufrechterhaltung-der-liberalen-demokratie/ (Zugriff: 19.11.2018).

Lobo, S. (2018). Nicht einmal Facebook versteht Facebook. Eine Kolumne. Im Internet abrufbar: http://www.spiegel.de/netzwelt/web/soziale-medien-das-realitaetsgefuehl-ist-die-neue-realitaet-a-1232508.html (Zugriff: 01.11.18).

Maaßen, H.-G. (2016). Infrastrukturen in Deutschland völlig unzureichend geschützt. Im Internet abrufbar: http://www.deutschlandfunk.de/cyberattacken-und-gehackte-router-infrastrukturen-in.684.de.html?dram:article_id=373154. (Zugriff: 15.10.2018).

Nelson, J. (2017). Is 'fake news' a fake problem? Im Internet abrufbar: https://www.cjr.org/analysis/fake-news-facebook-audience-drudge-breitbart-study.php. (Zugriff: 15.10.2018).

Neuberger, C. & Pleil, T. (2006). Online-Public Relations: Forschungsbilanz nach einem Jahrzehnt. Im Internet abrufbar: http://www.scribd.com/doc/100124234/Neuberger-Christoph-Pleil-Thomas2006-Online-Public-Relations-Forschungsbilanz-nach-einem-Jahrzehnt (Zugriff: 29.11.2018).

Pariser, E. (2015). Did Facebook's Big Study Kill My Filter Bubble Thesis? Im Internet abrufbar: https://backchannel.com/facebook-published-a-big-new-study-on-the-filter-bubble-here-s-what-it-says-ef31a292da95. (Zugriff: 15.10.2018).

Pleil, T. (2007). Online-PR zwischen digitalem Monolog und vernetzter Kommunikation. In: Pleil, T. (Hrsg.). Online-PR im Web 2.0. Fallbeispiele aus Wirtschaft und Politik. Konstanz: UVK. S. 10-32.

Pörksen, B. (2016). Berichterstattung über Berliner Anschlag – „Medien können den Geschwindigkeitswettbewerb nicht gewinnen". Interview in: Deutschlandfunk vom 27.12.2016. Im Internet abrufbar: http://www.deutschlandfunk.de/berichterstattung-ueber-berliner-anschlag-medien-koennen.691. de.html?dram:article_id=374447. (Zugriff: 15.10.2018).

Pörksen, B. (2017). Journalismus – „Es gibt nicht mehr den einzig mächtigen Gate Keeper". In: Interview mit Deutschlandfunk vom 11.01.2017. Im Internet abrufbar: http://www.deutschlandfunk.de/journalismus-es-gibt-nicht-mehr-den-einzig-maechtigen-gate.691.de.html?dram:article_id=376142. (Zugriff: 15.10.2018).

Pörksen, B. (2017). Missbrauch und Medien – Wir brauchen die Skandalisierung des Skandalösen. In: Neue Zürcher Zeitung online vom 27.01.2017. Im Internet abrufbar: https://www.nzz.ch/feuilleton/missbrauch-und-medien-wir-brauchen-die-skandalisierung-des-skandaloesen-ld.142093. (Zugriff: 15.10.2018).

Pörksen, B. (2018). „Wir sind auf dem Weg zur Empörungsdemokratie". Im Internet abrufbar: https://www.nzz.ch/feuilleton/bernhard-poerksen-wir-sind-auf-dem-weg-zur-empoerungsdemokratie-ld.1355041. (Zugriff: 15.10.2018).

Rosa, H. (2014). „Hier kann ich ganz sein, wie ich bin". Interview von Ulrich Schnabel vom 28.08.2014. Im Internet abrufbar: http://www.zeit.de/2014/34/hartmut-rosa-ich-gefuehl/komplettansicht? (Zugriff: 15.10.2018).

Rosa, H. (2017). Darum haben Trump und die AfD so viel Erfolg. Interview im Münchner Merkur online vom 22.01.2017. Im Internet abrufbar: https://www.merkur.de/politik/interview-prof-dr-hartmut-rosa-ueber-resonanz-wirksamkeit-afd-donald-trump-und-populismus-zr-7313606.html. (Zugriff: 15.10.2018).

Rosen, J. (2018). Brief an die deutschen Journalisten. Gastbeitrag bei FAZ online. Im Internet abrufbar: http://www.faz.net/aktuell/feuilleton/debatten/jay-rosen-schreibt-einen-brief-an-die-deutschen-journalisten-15765235.html (Zugriff: 01.11.18).

Schäuble, W. (2018). Rede von Bundestagspräsident Dr. Wolfgang Schäuble am „Tag der deutschen Einheit" in Berlin. Im Internet abrufbar: https://www.bundestag.de/parlament/praesidium/reden/017/571556 (Zugriff: 01.11.18).

Stahel, L. (2016). Ich, der Troll: Wieso Online-Hasser gerne ihren vollen Namen nennen. Im Internet abrufbar: https://www.defacto.expert/2016/06/30/online-hasser/. (Zugriff: 15.10.2018).

Stark, B. (2017). Gefangen in der Echokammer? Politische Meinungsbildung auf Facebook. Im Internet abrufbar: http://www.wwwagner.tv/?p=34923. (Zugriff: 15.10.2018).

Stein, J. (2016). How Trolls Are Ruining the Internet. Im Internet abrufbar: http://time.com/4457110/internet-trolls/. (Zugriff: 15.10.2018).

Vosoughi, S., Roy, D. & Aral, S. (2018). The spread of true and false news online. In: Science Issue 6380, S. 1146--1151. Im Internet abrufbar: http://science.sciencemag.org/content/359/6380/1146. (Zugriff: 05.11.2018).

Voßkuhle, A. (2017). Höchster Richter warnt vor aufgeblähtem Bundestag. Im Internet abrufbar: https://www.waz.de/politik/verfassungsrichter-in-sorge-um-demokratie-in-usa-und-tuerkei-id210046853.html, (Zugriff: 15.10.2018).

Welchering, P. (2017). Wahlkampf der Algorithmen. Deutschlandfunk vom 22. Januar. Im Internet abrufbar: http://www.deutschlandfunk.de/social-bots-wahlkampf-der-algorithmen.740.de.html?dram:article_id=376345. (Zugriff: 15.10.2018).

Studien zur politischen Kommunikation
Studies in Political Communication

Lore Hayek
Design politischer Parteien
Plakatwerbung in österreichischen Wahlkämpfen
Wahlplakate sind das Wahlwerbemittel in österreichischen Wahlkämpfen, das am längsten präsent und doch am wenigsten erforscht ist. Diese Studie untersucht, wie politische Parteien in Form des Wahlplakats in direkter Weise Wählerinnen und Wähler anzusprechen versuchen. Dafür wurden alle Plakatsujets aus den Nationalratswahlkämpfen der Zweiten Republik zwischen 1945 und 2013 analysiert. Die Ergebnisse bestätigen internationale Kommunikationstrends und offenbaren österreichische Wahlkampfspezifika. Als langlebiges Medium zeigen sich Plakate geeignet, langfristige Entwicklungen in Wahlkämpfen zu untersuchen.
Bd. 14, 2016, 240 S., 29,90 €, br., ISBN 978-3-643-50763-1

Melani Barlai; Birte Fähnrich; Christina Griessler; Markus Rhomberg (Eds.)
The Migrant Crisis: European Perspectives and National Discourses
For a long time migration to Europe has been a subordinate issue on the public agenda. But with the recent wave of refugees from Arab and African countries, the question of how the EU, national governments and societies are able to cope with the arrival of millions of migrants, has become a core theme of public discourse. This volume displays the debates for the countries which are on the migration routes or which are among the most desired targets, hence are the most affected. The book thus attempts to give a broader – European – perspective on the migrant crisis and its public repercussions.
Bd. 13, 2017, 386 S., 34,90 €, br., ISBN 978-3-643-90802-5

Dorothee Kopetzky
Agenda-Setting in Zeiten des Web 2.0
Neue Möglichkeiten zur Schaffung politischer Gegenöffentlichkeit?
Durch das Web 2.0 werden die Artikulation von politischen Belangen und die Aggregation politischen Engagements vereinfacht, so dass alternative Wege der politischen Teilhabe entstehen. Die vorliegende Studie analysiert dieses neue Partizipationspotential der Bürger anhand dreier Fallbeispiele, dem Rücktritt des Bundespräsidenten Horst Köhler, der Plagiatsaffäre um Karl-Theodor zu Guttenberg sowie der Entwicklung des Zugangserschwerungsgesetzes. Die Nutzung Sozialer Medien zur Generierung von Gegenöffentlichkeit weist dabei fallspezifische Thematisierungsprofile und -erfolge auf.
Bd. 12, 2015, 300 S., 39,90 €, br., ISBN 978-3-643-12901-7

Oliver Gruber
Campaigning in Radical Right Heartland
The politicization of immigration and ethnic relations in Austrian general elections, 1971–2013
Immigration and ethnic diversity are contentious political issues in contemporary Europe. Both increasingly structure the campaigning strategies of political parties. This book provides insights into the processes driving party politicization. It presents findings from the heartland of the radical right studying competition on migration and diversity in Austria since the 1970s. It reveals how parties adapt their electoral priorities to changes in the party system and the socio-structural conditions. The findings document the evolution of a new dimension of political competition and how niche parties can impact on mainstream party politicization in the electoral arena.
Bd. 11, 2014, 240 S., 29,90 €, br., ISBN 978-3-643-90517-8

LIT Verlag Berlin – Münster – Wien – Zürich – London
Auslieferung Deutschland / Österreich / Schweiz: siehe Impressumsseite

Benedikt Porzelt
Politik und Komik
‚Fake-Politiker' im Bundestagswahlkampf
Der Komik wird häufig etwas Unernstes zugesprochen. Doch tatsächlich stellt sie eine wichtige Kommunikationsform zur unterhaltsamen Informationsvermittlung und Kritik an politischen Missständen dar. Besonders deutlich wurde dies im Bundestagswahljahr 2009, in dem drei Komiker mit ihrem Auftreten als angebliche Politiker die Grenze zwischen Fiktion und Realität einrissen und medienwirksam mit realen politischen Akteuren interagierten. Anhand dieses Phänomens werden in der vorliegenden Studie die gesellschaftlichen Potentiale, aber auch Risiken eines komischen Umgangs mit Politik untersucht.
Bd. 10, 2013, 320 S., 34,90 €, br., ISBN 978-3-643-12390-9

Iris Höller
Haupt- und Nebenwahlkämpfe?
Mediale Berichterstattung und politische PR in österreichischen Wahlkämpfen
Europawahlkämpfe werden gemeinhin als Nebenwahlkämpfe bezeichnet und scheinen nationalen Wahlkämpfen, also Hauptwahlkämpfen, nachgeordnet zu sein. Die vorliegende Studie untersucht diese Annahme in Bezug auf Parteienkommunikation und Medienberichterstattung im Nationalratswahlkampf 2008 und im Europawahlkampf 2009 in Österreich anhand vergleichender Inhaltsanalysen und liefert erste empirische Belege für die Unterschiedlichkeit, mit der Haupt- und Nebenwahlkämpfe von Medien und Parteien bestritten werden. Zudem verdeutlicht sie, in welchem Maße es den Parteien gelingt, Einfluss auf die Medienagenda zu nehmen.
Bd. 9, 2014, 400 S., 29,90 €, br., ISBN 978-3-643-50517-0

Peter Maurer
Medieneinfluss aus der Sicht von Politikern und Journalisten
Ein deutsch-französischer Vergleich
Die vorliegende Untersuchung nimmt den scheinbaren Widerspruch zwischen Theorien zur voranschreitenden „Medialisierung" der Politik und den allenfalls moderaten empirischen Befunden zum Anlass einer empirischen Neubestimmung des politischen Einflusses der Medien. Sie konfrontiert die bisher vorliegenden Ergebnisse mit den Wahrnehmungen von Politikern und Journalisten in Deutschland und Frankreich. Auf Basis der geäußerten Einschätzungen der Betroffenen und der „Verursacher" von Medieneinfluss werden Divergenzen im Ländervergleich aufgedeckt, die mit der Wirkung politisch-institutioneller Rahmenbedingungen erklärt werden können.
Bd. 8, 2013, 200 S., 29,90 €, br., ISBN 978-3-643-12145-5

Miriam Freudenberger
Bürgerdialoge in der Europäischen Union – der Weg in eine europäische Öffentlichkeit?
Eine Untersuchung am Beispiel der Europäischen Bürgerkonferenzen 2009
Je schneller der politische Zusammenschluss in der EU voranschreitet, umso wichtiger wird die Frage nach der Legitimation politischen Handelns auf EU-Ebene. Dies impliziert die Frage nach einer europäischen Öffentlichkeit bzw. den Möglichkeiten transnationaler Kommunikation in Europa. Im Fokus dieser Arbeit steht der Ansatz transnationaler Bürgerbeteiligung, den die EU-Kommission als Kern ihrer Kommunikationspolitik definiert hat. Diesem Ansatz wird nachgegangen und untersucht, welchen Beitrag organisierte Bürgerdialoge zur Entstehung einer europäischen Öffentlichkeit leisten (können).
Bd. 7, 2013, 312 S., 34,90 €, br., ISBN 978-3-643-12018-2

Sebastian Stier
Die Bedeutung des Internets als Medium der politischen Kommunikation in Deutschland und den USA
Ein vergleichende Fallstudie
Die ursprünglich aus amerikanischen Wahlkämpfen stammenden technologischen Innovationen sind von deutschen politischen Akteuren stets übernommen worden, so auch Neuerungen in der Online-Kommunikation. Dennoch hat das Internet im politischen Prozess in den USA noch immer eine größere Bedeutung als in Deutschland. Die vorliegende Studie begründet diese Divergenz mit technologischen, systemischen und politisch-kulturellen Unterschieden und prognostiziert, inwiefern es in Zukunft zu weiteren Angleichungseffekten kommen wird.
Bd. 6, 2012, 120 S., 19,90 €, br., ISBN 978-3-643-11831-8

LIT Verlag Berlin – Münster – Wien – Zürich – London
Auslieferung Deutschland / Österreich / Schweiz: siehe Impressumsseite

Jens Tenscher; Philipp Scherer
Jugend, Politik und Medien
Politische Orientierungen und Verhaltensweisen von Jugendlichen in Rheinland-Pfalz
Politik und Medien haben im Alltag junger Menschen ganz unterschiedliche Bedeutungen. Viele Jugendliche gelten als medienfixiert und zugleich als distanziert gegenüber „der" Politik. Inwieweit besteht aber ein Zusammenhang zwischen diesen beiden Phänomenen? Dieser für die politische Kultur-, Kommunikations- und Jugendforschung gleichermaßen relevanten Frage wird am Beispiel einer repräsentativen Befragung unter rheinland-pfälzischen Schülerinnen und Schülern nachgegangen. Dabei werden – unter besonderer Berücksichtigung des politischen Kommunikations- und Mediennutzungsverhaltens – die politischen Einstellungsmuster der Teenager beleuchtet sowie Unterschiede und Gemeinsamkeiten in ihren Orientierungen erklärt.
Bd. 4, 2012, 240 S., 24,90 €, br., ISBN 978-3-643-50435-7

Denise Burgert
Politisch-mediale Beziehungsgeflechte
Ein Vergleich politikfeldspezifischer Kommunikationskulturen in Deutschland und Frankreich
Bei einer Pressekonferenz des französischen Präsidenten gewinnt ein deutscher Beobachter leicht den Eindruck, der Audienz eines Monarchen beizuwohnen. Anders in Deutschland: Hier gehört kritisches Nachfragen zum normalen Umgang von Journalisten und Politikern. Dass politische Kommunikation immer auch eine Frage der Beziehungen zwischen Akteuren ist, geprägt durch den nationalen Kontext, wird beim politikfeldspezifischen Vergleich besonders deutlich. Diese im Politikfeld „Arbeit und Soziales" verortete Studie schließt eine Lücke: Erstmals werden tiefgehende Einblicke in den alltäglichen Austausch und das Kräftespiel zwischen Ministeriumssprechern und Journalisten in Paris und Berlin eröffnet. Auf Basis von 52 Leitfadengesprächen offenbart der Vergleich nicht nur Gemeinsamkeiten, sondern vor allem länderspezifische Besonderheiten in den Kommunikationskulturen diesund jenseits des Rheins.
Bd. 3, 2010, 408 S., 39,90 €, br., ISBN 978-3-643-10461-8

Jens Tenscher; Henrike Viehrig (Hg.)
Politische Kommunikation in internationalen Beziehungen
Zu Beginn des 21. Jahrhunderts sind politische Strukturen, Prozesse, Inhalte und Akteure in hohem Maße von kommunikativen Leistungen und medialen Logiken abhängig – und das nicht nur im nationalen Rahmen. Der vorliegende Band widmet sich der weithin vernachlässigten internationalen Ebene politischer Kommunikation unter besonderer Berücksichtigung von europäischer und globaler Öffentlichkeit, von Krisen- und Kriegskommunikation sowie von Akteuren und Strategien der Public Diplomacy. Hierzu werden aktuelle politik- und kommunikationswissenschaftliche Analysen und Befunde zusammengeführt und die Möglichkeiten einer interdisziplinären Perspektive erörtert.
Bd. 2, 2. Aufl. 2009, 240 S., 16,90 €, br., ISBN 978-3-8258-0279-0

Christian Schicha
Legitimes Theater?
Inszenierte Politikvermittlung für die Medienöffentlichkeit am Beispiel der „Zuwanderungsdebatte"
Politikvermittlung in der Mediendemokratie arbeitet mit Inszenierungsstrategien, um Aufmerksamkeit zu erreichen. Am Beispiel der Debatte um den „Eklat" im Bundesrat zum Zuwanderungsgesetz erfolgt eine qualitative Analyse ausgewählter Fernsehformate und Printbeiträge. Hierbei werden theatralische und unterhaltsame Präsentationsformen ebenso analysiert wie informative Aussagen und argumentative Begründungsverfahren. Zentral ist dabei, in welcher Form das Thema „Zuwanderung" behandelt wurde und inwiefern die relevanten politischen Prozesse angemessen widergespiegelt und eingeordnet worden sind. Die Untersuchung soll Bezugspunkte aufzeigen, um Entwicklungslinien einer politischen Öffentlichkeit unter Medienbedingungen erfassen und bewerten zu können.
Bd. 1, 2007, 480 S., 34,90 €, br., ISBN 978-3-8258-0292-9

LIT Verlag Berlin – Münster – Wien – Zürich – London
Auslieferung Deutschland / Österreich / Schweiz: siehe Impressumsseite